10 princípios para a aprendizagem visível

```
H366d    Hattie, John.
            10 princípios para a aprendizagem visível: educar para o
         sucesso / John Hattie, Klaus Zierer ; tradução: Grasielly
         Hanke Angeli ; revisão técnica: Luciana Vellinho Corso. -
         Porto Alegre : Penso, 2019.
            xxiii, 167 p. ; 23 cm.

            ISBN 978-85-8429-181-6

            1. Educação. 2. Didática. I. Zierer, Klaus. II. Título.
                                                            CDU 37
```

Catalogação na publicação: Karin Lorien Menoncin – CRB 10/2147

10 princípios para a aprendizagem visível

Educar para o sucesso

John Hattie | Klaus Zierer

Tradução
Grasielly Hanke Angeli

Revisão técnica
Luciana Vellinho Corso
Professora associada da Faculdade de Educação da Universidade Federal do Rio Grande do Sul (UFRGS)
Mestra em Educação pela Flinders University, Austrália
Doutora em Educação pela UFRGS

Porto Alegre
2019

Obra originalmente publicada sob o título *10 mindframes for visible learning: teaching for success*, 1st Edition.
ISBN 9781138635524

All Rights Reserved. Authorised translation from the English language edition published by Routledge, a member of the Taylor & Francis Group.
Copyright ©2018 by Routledge

Gerente editorial: *Letícia Bispo de Lima*

Colaboraram nesta edição
Editora: *Paola Araújo de Oliveira*
Capa: *Maurício Pamplona*
Imagens da capa: *Shutterstock.com/Bloomicons*
Preparação de originais: *Franciane de Freitas*
Leitura final: *Andrei dos Santos Moura*
Editoração: *Kaéle Finalizando Ideiais*

Reservados todos os direitos de publicação, em língua portuguesa, à
PENSO EDITORA LTDA., uma empresa do GRUPO A EDUCAÇÃO S.A.
Av. Jerônimo de Ornelas, 670 – Santana
90040-340 – Porto Alegre – RS
Fone: (51) 3027-7000 – Fax: (51) 3027-7070

SÃO PAULO
Rua Doutor Cesário Mota Jr., 63 – Vila Buarque
01221-020 – São Paulo – SP
Fone: (11) 3221-9033

SAC 0800 703-3444 – www.grupoa.com.br

É proibida a duplicação ou reprodução deste volume, no todo ou em parte, sob quaisquer formas ou por quaisquer meios (eletrônico, mecânico, gravação, fotocópia, distribuição na Web e outros), sem permissão expressa da Editora.

IMPRESSO NO BRASIL
PRINTED IN BRAZIL

Autores

John Hattie é professor, vice-reitor e diretor do Melbourne Education Research Institute na University of Melbourne, Austrália. É presidente do conselho do Australian Institute for Teaching and School Leadership e diretor associado do ARC-Science of Learning Research Centre.

Klaus Zierer é professor de Educação na University of Augsburg, Alemanha, e membro associado de pesquisa do Centre on Skills, Knowledge and Organisational Performance, financiado pelo Conselho de Pesquisa Socioeconômica da University of Oxford, Reino Unido.

Prefácio
Como refletimos sobre o impacto do que fazemos é mais importante do que o que fazemos

15 MIL HORAS COM 50 PROFESSORES

Todos passamos cerca de 15 mil horas de nossa vida na escola (RUTTER *et al.*, 1980) e temos aulas com aproximadamente 50 professores diferentes nesse período. Quando tentamos nos lembrar dos professores que nos impactaram de forma positiva, em geral conseguimos nos recordar de poucos. Alguns eram bons, outros eram ruins. Em ambos os casos, às vezes lembramos dos nomes e talvez das roupas que usavam ou de alguns de seus maneirismos. Embora possamos contar nos dedos da mão os professores que nos "mudaram", talvez precisássemos de mais mãos para contar aqueles ruins. Seja como for, a boa notícia sobre essa memória é que quase todos nós acabamos tendo um ou dois bons professores. A má notícia é que apagamos da nossa memória a maioria dos professores que tivemos na escola, não sabemos os seus nomes nem a matéria que ensinaram ou qualquer outra coisa sobre eles.

Como é possível que alguns professores permaneçam em nossa memória por anos ou mesmo décadas, enquanto outros caem no esquecimento depois de um curto período?

Vamos dar uma olhada mais de perto nas nossas lembranças dos bons professores: o que você lembra quando pensa neles? Quando fizemos essa pergunta a vários adultos, escutamos duas respostas principais: eles se lembraram daqueles que tentaram deixá-los interessados por suas disciplinas ou daqueles que viram algo neles que eles mesmos não viram, ou as duas opções. É mais provável que se lembrem da maneira de pensar do professor, de como oferecia apoio, de como desafiava e demonstrava sua paixão. É improvável que lembrem de professores porque ensinaram uma matéria específica ou foram legais, as pessoas lembram dos professores que as impactaram de alguma forma.

Este livro trata apenas destes professores, aqueles que permaneceram em nossa memória de maneira positiva ao longo de anos. Eles impactaram de forma significativa nossa aprendizagem e nossa educação – e, muitas vezes, o efeito desse impacto ainda nos acompanha. O principal foco deste livro é aproximar o olhar das noções centrais de por que eles tiveram esse impacto.

SIMON SINEK E O CÍRCULO DOURADO

Existem paralelos claros entre um sólido conhecimento em educação e a liderança bem-sucedida. Em ambos os casos, a tarefa é desafiar e incentivar as pessoas o máximo possível em seu desenvolvimento, pensamento e ações. Em 2009, o palestrante motivacional e escritor norte-americano Simon Sinek realizou uma palestra no TED intitulada "Como grandes líderes inspiram ação", que rapidamente deu origem a discussões globais e ainda é um dos vídeos mais vistos no TED.com – com mais de 40 milhões de visualizações. Logo depois, ele publicou o livro *Comece pelo porquê* (2009), no qual desenvolveu a ideia apresentada na palestra.

À primeira vista, sua ideia parece simples demais para ser verdade: como três círculos concêntricos rotulados com "o que", "como" e "por que" podem explicar o sucesso? Somente após um exame mais detalhado, as conexões que esses círculos representam se mostram úteis para descrever uma liderança bem-sucedida. E também podem nos ajudar a entender melhor o conhecimento em educação.

Simon Sinek argumenta que a liderança pode ser considerada a partir de três perspectivas diferentes: primeiro, ela pode ser vista a partir do *que* os líderes de sucesso fazem. Segundo, podemos adotar a abordagem de perguntar *como* os líderes fazem o que fazem. E, terceiro, podemos nos perguntar *por que* os líderes fazem o que fazem. Para ilustrar esse conceito, Simon Sinek usa o desenho apresentado na Figura 0.1, que ele chama de "O círculo dourado" (SINEK, 2009).

A principal mensagem do conceito de Simon Sinek é a de que os líderes medianos começam e terminam seu raciocínio no círculo mais externo. Eles se perguntam o que estão fazendo e geralmente não passam disso. Portanto, eles não consideram as questões mais importantes de como e por que estão fazendo o que fazem.

Figura 0.1 O círculo dourado.

Dessa forma, os líderes medianos frequentemente perdem de vista seu objetivo real e, assim, acabam também falhando em sua tarefa principal, ou seja, desafiar e incentivar as pessoas o máximo possível em seu desenvolvimento, pensamento e ações. A resposta daqueles que seguem o líder é uma reação vazia e automática a estímulos externos; eles são incapazes de agir com uma convicção interior. Apenas fazem o trabalho, tomam as medidas necessárias e dirigem as escolas, independentemente da forma como impactarão os alunos.

Líderes bem-sucedidos adotam uma abordagem diferente. Para eles, a principal questão é por que algo deve ser feito. Isso os leva à questão de como fazer algo e, finalmente, ao que fazer. Simon Sinek argumenta: o que é importante para os líderes bem-sucedidos não é o que eles fazem; muito mais importante é como e por que o fazem. Assim, ele vê o segredo do sucesso em começar com o círculo interno perguntando por que e, depois, continuar a partir daí fazendo as perguntas de como e o quê. Simon Sinek apresenta três exemplos para ilustrar seu conceito: Apple, Martin Luther King Jr. e os irmãos Wright.

Qual é o segredo do sucesso da Apple? Certamente não tem relação com o que a Apple faz: fabricar computadores, *tablets* e celulares, assim como muitas outras empresas. Além disso, se olharmos esses dispositivos mais de perto, temos de admitir que não são muito melhores do que os da concorrência – um celular que entorta quando colocado no bolso da calça pode ter uma característica única, mas certamente não em um sentido positivo. Nem tem relação com a forma como a Apple faz o que faz, pois, se olharmos o histórico da empresa, veremos: baixos salários, alto impacto ao meio ambiente e más condições de trabalho. Assim, o segredo de seu sucesso deve estar no porquê: as pessoas que compram um produto da Apple hoje não recebem apenas um aparelho eletrônico. Elas também adquirem uma filosofia pessoal, um estilo de vida e uma paixão. A Apple representa o sentimento de viver uma vida melhor.

Por que Martin Luther King Jr. é um dos líderes mais conhecidos e influentes do movimento afro-americano pelos direitos civis? Certamente não apenas devido ao que fez. Ele não foi o único humanista de seu tempo, e suas ideias foram as ideias de um grupo maior de ativistas. Também não é como fez o que fez. Ele era, sem dúvida, um orador brilhante e apaixonado, mas mesmo isso não era o que o diferenciava de seus colegas ativistas. É necessário, portanto, procurar a razão para o sucesso de Martin Luther King Jr. em outro lugar: por que ele fez o que fez? As 250 mil pessoas que participaram da Marcha em Washington, em 28 de agosto de 1963, não haviam recebido nenhum convite. Elas foram porque acreditavam em Martin Luther King Jr. (menos no que ele disse ou em como disse e mais por que disse o que disse). Martin Luther King Jr. teve uma visão de por que ele estava fazendo o que estava fazendo. "Eu tenho um sonho" são suas palavras imortais – e não "Eu tenho um plano". As pessoas que o ouviram nesse dia ficaram profundamente comovidas, compartilharam os mesmos valores e tiveram um sonho comum. Todas acreditavam que esse dia tudo mudaria.

Em 17 de dezembro de 1903, os irmãos Wright se tornaram os primeiros a pilotar uma aeronave a motor. Por que eles? Em comparação com outras equipes com o mesmo objetivo, suas perspectivas eram muito ruins: sem financiamento, sem apoio governamental, sem conexões com pessoas poderosas e sem educação especializada. Samuel Pierpont Langley, seu mais conhecido rival na corrida para ser coroado como o pioneiro do voo, desfrutou de todas as vantagens que os irmãos Wright não tinham: financiamento, cooperação com o governo, excelentes contatos e até um cargo de professor na Academia Naval dos Estados Unidos. Então por que os irmãos Wright? Ambas as equipes estavam bastante motivadas, tinham um objetivo claro à vista e trabalharam muito para alcançá-lo. A diferença não foi sorte ou uma reviravolta favorável a eles – foi uma inspiração: enquanto a equipe de Langley queria ser a primeira a ganhar fama e honra, os irmãos Wright eram guiados pela crença no sonho de voar. A equipe de Langley foi motivada pelo que eles pretendiam fazer, enquanto os irmãos Wright estavam focados na questão de por que eles estavam fazendo isso.

Para resumir, o sucesso da Apple, de Martin Luther King Jr. e dos irmãos Wright ilustra a mensagem principal de Simon Sinek: todos começaram questionando não o que queriam fazer, mas por que queriam fazer alguma coisa. Todos tinham um sonho, uma paixão, uma crença – e todos eram capazes de comunicá-los e compartilhá-los com as demais pessoas.

O mesmo acontece com os educadores: o que os diferencia é seu sonho, sua paixão e sua crença de que podem melhorar e de fato melhoram a vida de aprendizagem dos alunos. Essa é a essência de "por que" os educadores fazem o que fazem. Um dos principais temas deste livro é explorar as maneiras pelas quais os educadores refletem sobre o próprio trabalho, e desejamos, pelo menos, mudar o debate de como ensinar melhor para como avaliar melhor o impacto desse ensino. Esta última opção é a essência do sucesso dos educadores e a razão para estarem nas escolas, auxiliando mais os alunos.

HOWARD GARDNER E OS 3 ES

É surpreendente e fascinante que a mensagem que Simon Sinek desenvolveu com base em experiência e especialização esteja de acordo com uma constatação empírica: Howard Gardner iniciou o "Good Work Project" (2005) junto com Mihály Csíkszentmihályi e William Damon em 1995. O objetivo foi responder à pergunta sobre o que constitui um trabalho bem-sucedido. Os três pesquisadores realizaram mais de 1,2 mil entrevistas com pessoas de nove áreas ocupacionais diferentes para determinar como o sucesso profissional nessas áreas é definido e como é possível identificar um bom trabalho nelas. A análise que realizaram do extenso conjunto de dados resume-se a uma fórmula aparentemente simples: o bom trabalho é caracterizado por 3 Es. Consiste em uma combinação e síntese de excelência, engajamento e ética.

Um profissional bem-sucedido sabe o que está fazendo, garante que as coisas sejam feitas e consegue nomear as razões pelas quais está fazendo o que faz. Não importa se estamos discutindo o trabalho de um zelador ou o trabalho de um gerente geral: um bom trabalho é uma questão de excelência, engajamento e ética.

Para ilustrar essa noção, consideremos um exemplo do cotidiano. Imagine a seguinte situação: você pede um café em um restaurante. No primeiro caso, o garçom é simpático e atencioso enquanto serve seu café, dando a sensação de que você é bem-vindo no local. No segundo caso, o garçom serve o café sem falar com você ou até mesmo sem olhar para você, dando-lhe a sensação de não ser bem-vindo. Em ambos os casos, você recebe seu café. Então o resultado é o mesmo, a diferença está em como ele foi obtido nos dois casos, e isso ilustra a mensagem principal dos 3 Es: bom trabalho não é apenas uma questão de excelência, conhecimento e habilidade necessários para realizá-lo, mas também é, especialmente, uma questão de engajamento, motivação para realizá-lo e ética – os valores e os motivos que estão sempre relacionados à realização de qualquer tipo de trabalho.

Assim, o ato de servir uma xícara de café pode ser de qualidade variável, embora a xícara de café que bebemos no final seja sempre a mesma. A qualidade depende fundamentalmente da excelência, do engajamento e da ética do garçom. Em relação à discussão sobre o conceito de liderança de Simon Sinek, podemos associar a excelência com o que, o engajamento com o como e a ética com o porquê. Portanto, é possível combinar o conceito de Simon Sinek com as descobertas empíricas obtidas por Howard Gardner, Mihály Csíkszentmihályi e William Damon. Mais uma vez, podemos ilustrar essa conexão na forma de um círculo simples (ver Fig. 0.2).

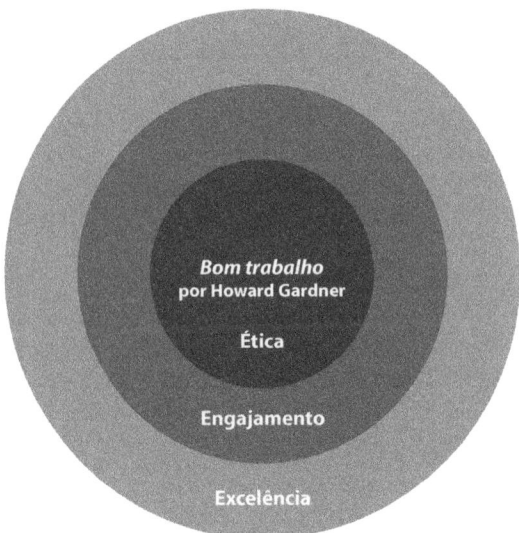

Figura 0.2 Os 3 Es.

CONHECIMENTO ESPECIALIZADO EM EDUCAÇÃO: COMPETÊNCIA E PRINCÍPIOS

O argumento aqui defendido enfoca mais a maneira como os professores refletem sobre suas tarefas. Isso está mais relacionado à questão de por quais motivos o fazem do que à tomada de decisão a todo instante em sala de aula (e junto a suas equipes). Essa reflexão é baseada na paixão e na vontade de causar impacto nos alunos. Essa paixão e essa vontade se manifestam no seguinte conjunto de 10 princípios. Os três primeiros referem-se ao impacto; os próximos dois, à mudança e ao desafio; e os últimos cinco, ao foco de aprendizagem.

A. Impacto
  1. Sou um avaliador do meu impacto na aprendizagem dos alunos.
  2. Vejo a avaliação como um fator que informa meu impacto e os próximos passos.
  3. Colaboro com os colegas e alunos sobre minhas concepções de progresso e meu impacto.
B. Mudança e desafio
  4. Sou um agente de mudanças e acredito que todos os alunos podem melhorar.
  5. Esforço-me para que os alunos sejam desafiados, e não apenas para que "façam o seu melhor".
C. Foco de aprendizagem
  6. Dou *feedback* e ajudo os alunos a entendê-lo, interpretando e agindo de acordo com o *feedback* que recebo.
  7. Envolvo-me tanto em diálogo quanto em monólogo.
  8. Explico aos alunos de forma clara como é o impacto bem-sucedido desde o início.
  9. Construo relacionamentos e confiança para que a aprendizagem ocorra em um ambiente seguro para cometer erros e aprender com os outros.
  10. Foco na aprendizagem e na linguagem da aprendizagem.

A característica distintiva desses princípios são as evidências empíricas demonstrando que os professores bem-sucedidos se comportam da maneira como se comportam devido a seus princípios. Trata-se de como refletem sobre o que mais importa no que fazem, como entendem seu impacto e sua busca por *feedback* para melhorar o impacto positivo que têm nos alunos. Dessa forma, os princípios podem se tornar visíveis. Assim, os professores especialistas têm respostas não apenas para a pergunta sobre o que estão fazendo, mas também para as perguntas sobre como e por que o estão fazendo.

Agora está claro como um sólido conhecimento em educação está conectado aos modelos propostos por Simon Sinek, Howard Gardner, Mihály Csíkszentmihályi e

William Damon: o segredo para o comportamento bem-sucedido na escola e no ensino não é apenas conhecimento e habilidade (nesse sentido, excelência e a questão o que), mas também vontade (nesse sentido, engajamento e a questão como) e julgamento (nesse sentido, ética e a questão por que). Particularmente interessante é o fato de que há uma ligação interna entre esses aspectos: a habilidade é baseada no conhecimento que só pode ser recuperado quando há vontade de fazê-lo, e, como sempre existem razões para fazê-lo, essa vontade será baseada no julgamento. Nesse sentido, a atividade pedagógica é profundamente ética. Um professor que consegue unir a habilidade, o conhecimento, a vontade e o julgamento necessários agirá de maneira apropriada em uma situação específica. E, se o contexto for favorável, ele também será bem-sucedido nessa empreitada. Se um desses aspectos estiver faltando (por exemplo, a vontade), o professor muito provavelmente irá fracassar. A Figura 0.3 resume esse argumento representado pelo modelo ACAC (atitude, competência, ação, contexto) (ZIERER, 2016a).

Um alto grau de competência, por si só, claramente não é suficiente para estabelecer as bases para a especialização, nem mesmo o melhor dos princípios. O importante é a interação entre a competência e os princípios. Se olharmos a biografia de professores comuns com essa questão em mente, descobriremos que, acima de tudo, os princípios é que são suscetíveis à mudança ao longo de suas carreiras: embora o conhecimento e a habilidade permaneçam relativamente estáveis, vontade e julgamentos são colocados à prova todos os dias em uma escola. Em

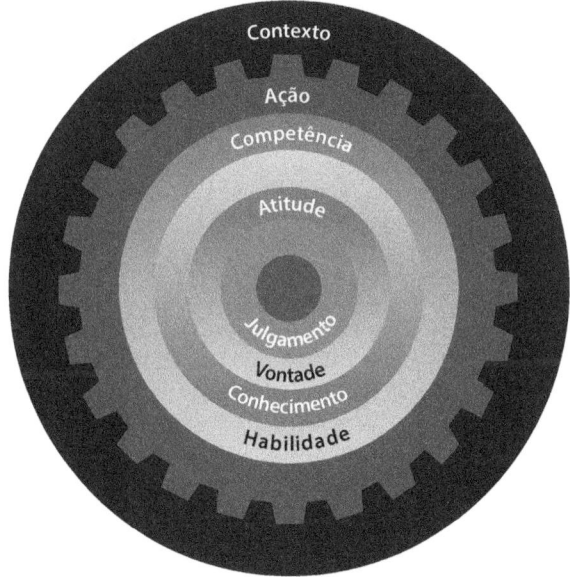

Figura 0.3 Modelo ACAC.

última análise, são os princípios dos professores que determinam se eles estão à altura da tarefa desafiadora de ensinar com sucesso durante toda a vida profissional.

Reserve um momento para considerar, com base em nosso modelo, por que profissionais bem-sucedidos subitamente se sentem esgotados. Com certeza isso não está relacionado à falta de competência. Pelo contrário, é devido a mudanças nos princípios que as pessoas antes bem-sucedidas não obtêm mais nenhum prazer ou satisfação no trabalho e, portanto, fracassam. Uma das principais razões pelas quais os princípios que estamos delineando são mantidos é sua alimentação contínua com evidências do impacto que os professores têm sobre os alunos. Pode ser autorrealizável.

Também está claro que é muito mais fácil promover a competência do que mudar os princípios. Mas isso significa que devemos simplesmente desistir? Se quisermos desenvolver a proficiência em educação, não temos outra escolha a não ser aceitar esse desafio e torná-lo o foco principal da formação de professores e o meio de renovação da aprendizagem profissional contínua.

Professores bem-sucedidos são apaixonados não apenas pela matéria que ensinam, mas também pelo ensino e pela aprendizagem em geral, pelos alunos e pela profissão. Pelo seu impacto nos alunos. Essa paixão é importante não apenas para se tornar um professor bem-sucedido, mas também para permanecer nessa profissão desafiadora e, portanto, para continuar sendo um profissional bem-sucedido a longo prazo.

POR QUE ESTE LIVRO?

Este livro é o produto de um exame do metaestudo Visible Learning (HATTIE, 2013, 2014, 2015; ZIERER, 2016b). Nós nos debruçamos sobre as evidências fornecidas nessas fontes, tentando dar um sentido, contar uma história e realizar interpretações sobre por que algumas intervenções na escola são muito mais impactantes do que outras. Discutimos, argumentamos e apreciamos a tentativa de entender os elementos centrais do sucesso. Alguns usaram o *ranking* de influências de maneira limitada, preferindo aquelas no topo e ignorando as da parte inferior. Outros não gostaram das evidências, uma vez que não se encaixavam em sua própria visão de mundo. Outros disseram "sim, mas minha aula é diferente". Alguns, ainda, fizeram uma escolha seletiva e valorizaram mais uma influência em relação a outras. Sim, talvez o livro *Visible learning* pudesse ter sido escrito de forma a não levar a essas interpretações errôneas. Embora esteja claro que a sobreposição de muitos fatores foi o que levou ao resultado obtido, isso pode não ter recebido o devido destaque.

A busca é pelas noções centrais do que realmente difere aqueles que têm alto impacto e daqueles que têm baixo impacto na vida de aprendizagem dos alunos. Esse é o propósito deste livro. Certamente, ficou claro que o conhecimento dos educadores faz mais diferença do que a estrutura das escolas. Com certeza os alunos são diferentes e únicos, mas a mensagem simples era a de que o que funcionava melhor tendia a funcionar mais acertadamente com a maioria dos alunos.

A questão fundamental, no entanto, não eram essas noções – era o fato de que os educadores tinham de estar muito atentos ao seu impacto, à natureza do significado desse impacto a suas magnitude e validade.

Todas as evidências empíricas consideradas e aplicadas à prática de sala de aula neste livro foram retiradas do metaestudo Visible Learning. E o banco de dados continua aumentando. Em 2009, havia 800 metanálises. Agora, existem 1,4 mil, e o número é cada vez maior. A história subjacente, no entanto, não mudou; de fato, foi reforçada pela inclusão de 600 metanálises. Este livro trata menos de repetir a história e mais de buscar a essência daquilo que faz a maior diferença – e, como veremos, isso se refere diretamente a *como* os educadores refletem sobre a profissão, as intervenções, os alunos e seu impacto.

O QUE É APRENDIZAGEM VISÍVEL?

O trabalho no metaestudo do Visible Learning original levou cerca de 20 anos para ser concluído. Envolveu a análise de mais de 800 metanálises compondo cerca de 80 mil estudos, contando, de acordo com nossa estimativa (porque o número de sujeitos de teste nem sempre é indicado nas metanálises), com a participação de 250 milhões de alunos. Como acabamos de observar, o trabalho sobre o projeto Visible Learning ainda não está concluído: mais de 1,4 mil metanálises foram analisadas até agora, mas pouco mudou em relação às principais mensagens do estudo.

São consideradas apenas metanálises que relacionam os resultados de desempenho. Outros pesquisadores estão fazendo um trabalho similar em relação a resultados emocionais e motivacionais (KORPERSHOEK et al., 2016), modo de ensinar (HATTIE; DONOGHUE, 2016) e alunos de educação especial (MITCHELL, 2014). Além disso, seria maravilhoso se houvesse metassínteses sobre retenção nos últimos anos escolares e desfechos físicos e nutricionais.

O Visible Learning busca chegar ao cerne dessa multiplicidade de descobertas da pesquisa educacional e identificar as principais mensagens por meio da sintetização de metanálises. O objetivo é passar de "o que funciona" para "o que funciona melhor" e de "quando" para "quem" e "por quê". Tentar entender esses moderadores (quando, quem, por que) foi fundamental na busca, e o fato de que havia pouquíssimos moderadores foi bastante surpreendente. Primeiro, a investigação envolveu gerar cerca de 150 fatores a partir da metanálise subjacente, como "tamanho da turma", "relação professor-alunos", "ensino direto" e "*feedback*", e, em seguida, determinar o tamanho de efeito,* que pode ser calculado comparando as médias de duas

---

* N. de R. T. O tamanho de efeito é um método útil para comparar resultados em diferentes medidas (como testes padronizados, trabalhos dos alunos), ao longo do tempo ou entre grupos, em uma escala que permite comparações múltiplas independentemente do valor do teste original (p. ex., definido como 10 ou 100), ao longo da matéria e ao longo do ano (HATTIE, 2017).

condições (p. ex., um currículo novo *versus* um mais antigo, reduzindo o tamanho das turmas de 25-30 para 15-20) ou comparando os alunos ao longo do tempo depois de alguma intervenção. A beleza dos tamanhos de efeito é que, uma vez computados, podem ser razoavelmente comparados em muitas intervenções. Há muitas fontes excelentes para entender os tamanhos de efeito (COE, 2012; LIPSEY; WILSON, 2001). Como todos os outros métodos, as metanálises – e, especialmente, a tentativa inovadora do Visible Learning de construir uma síntese de metanálises – não estão livres de falhas, e é importante, portanto, referir-se a algumas dessas críticas (SNOOK et al., 2009; ZIERER, 2016b).

As várias influências geradas a partir das múltiplas metanálises podem ser atribuídas a diversos domínios: alunos, família, escola, professor, currículo e ensino. A Tabela 0.1 fornece um resumo do processo como um todo.*

O resumo já revela uma descoberta importante: há assuntos que têm sido o tópico de muitas pesquisas, como ensino, e assuntos que têm sido o tema de poucas pesquisas, como a família. É importante que haja grande variação na dispersão dos tamanhos de efeito dentro dos domínios: considerando que a maioria dos fatores no domínio da escola, por exemplo, está agrupada em torno de um efeito de 0,2, os fatores no domínio do professor alcançam tamanhos de efeito entre 0,12 ("formação dos professores") e 0,90 ("credibilidade dos professores"). Compreender essa variação é importante para a elaboração dos argumentos sobre a importância dos princípios dos professores como um dos fatores essenciais subjacentes a essas influências.

Nas 800 metanálises incluídas no metaestudo, a variabilidade dos efeitos pode ser mostrada como na Figura 0.4.

De muitas maneiras, essa distribuição mostra que praticamente tudo o que acontece na escola e na sala de aula pode levar a um aumento no desempenho acadêmico. Em outras palavras, de 90 a 95% do que fazemos para os alunos melhora o seu desempenho. Poderíamos pensar que isso reafirmaria nossa importância como

TABELA 0.1 Domínios geradores de influências nos resultados das metanálises

	Fatores	Metanálises	Estudos	Tamanho de efeito geral
Alunos	19	152	11.909	0,39
Família	7	40	2.347	0,31
Escola	32	115	4.688	0,23
Professor	12	41	2.452	0,47
Currículo	25	135	10.129	0,45
Ensino	55	412	28.642	0,43

---

* Neste livro, sempre citamos as estatísticas mais recentes disponíveis. Na época da impressão, essas eram as estatísticas atualizadas incluídas no livro *Aprendizagem visível para professores: como maximizar o impacto da aprendizagem* (HATTIE, 2017).

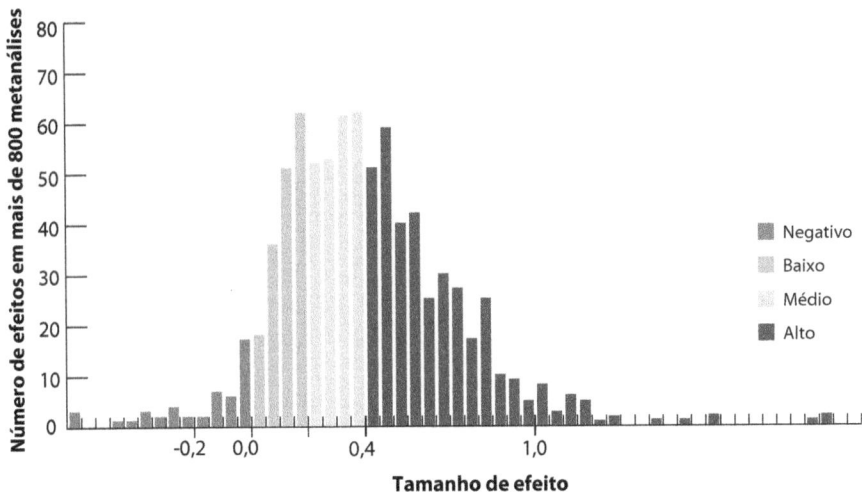

Figura 0.4 Distribuição do tamanho de efeito.
Fonte: Hattie e Zierer (2017).

professores, mas esse não é o caso. O único ponto que esse resultado ilustra é que as pessoas estão aprendendo a todo momento – às vezes, apesar de nós. Isso ajuda a explicar por que quase todos podem reivindicar "evidências" de sua influência favorita. Em muitos sentidos, você não pode impedir a aprendizagem.

No entanto, a ideia-chave é que deveríamos estar nos perguntando sobre a história subjacente às influências acima do efeito médio em comparação com aquelas abaixo do efeito médio (mas ainda positivo). Essa é a história do Visible Learning, a qual tem sido bem apresentada em outros livros sobre o metaestudo, e por isso não será reapresentada aqui. A questão que este livro aborda está relacionada à grande ideia fundamental subjacente ao sucesso em fazer a diferença na vida de aprendizagem dos alunos – os princípios dos educadores.

COMO O LIVRO ESTÁ ORGANIZADO?

Nesse contexto, gostaríamos de apresentar considerações metodológicas gerais sobre o livro. Selecionamos os seguintes elementos para ilustrar os 10 princípios com base nos resultados da pesquisa educacional empírica, conforme descrito nos livros do Visible Learning.

- Sabemos hoje que a aprendizagem é mais bem-sucedida quando os professores conseguem ativar e levar em conta o conhecimento prévio e as experiências anteriores dos alunos. Por essa razão, cada capítulo começa com um questionário para autorreflexão, que foi desenvolvido com a ajuda de uma pesquisa feita com mais de 500 professores.

- Sabemos que os ganhos no desempenho em geral e o sucesso em particular dependem não apenas de conhecimento e habilidade, mas também e especialmente da vontade e do julgamento do professor e dos alunos. Por isso, os questionários no início dos capítulos são pensados para revelar a compreensão, o conhecimento, a vontade e o julgamento do próprio leitor.
- Sabemos que a clareza em relação aos objetivos de aprendizagem é importante para o sucesso da aprendizagem. Por isso, apresentamos as principais mensagens de cada capítulo e exemplos para ilustrá-las. Isso prepara o caminho para uma compreensão do processo seguido neste livro.
- Sabemos que uma orientação direcionada a problemas, experiências e ações é um elemento importante do ensino bem-sucedido (MERRIL, 2002). Por esse motivo, fornecemos recomendações para a ação e incluímos exemplos de problemas e tarefas para reflexão com a maior frequência possível para ilustrar as conclusões teóricas e empíricas apresentadas.
- Sabemos que os resumos no final de uma aula conduzem à aprendizagem. Por isso, apresentamos uma lista de verificação no final de cada capítulo para ajudar os leitores a revisar e a praticar o conteúdo.
- Sabemos que a aprendizagem envolve prática deliberada. Assim, apresentamos exercícios no final de cada capítulo. Esses exercícios referem-se ao questionário apresentado no início do capítulo a fim de ajudar a tornar a aprendizagem visível. Eles se concentram na prática em sala de aula e dão suporte para o planejamento e a análise das aulas. Uma ênfase especial é sempre dada às possibilidades de cooperação e à busca de evidências para a própria reflexão e ação.
- Sabemos que a especialização requer competência e princípios apropriados. Por essa razão, esforçamo-nos para abordar esses dois aspectos repetidamente no livro e trazê-los para a conversa – por exemplo, incentivando considerações sobre os princípios com a ajuda dos questionários no início e no final dos capítulos e apresentando conhecimento baseado em evidências nos próprios capítulos.
- Esperamos que os leitores desejem acompanhar essas ideias e, assim, busquem sugestões de mais leituras com o intuito de revisar o conteúdo e estudá-lo mais a fundo.

Nosso objetivo ao organizar a obra dessa maneira é que ela se torne um livro de exercícios em um sentido muito concreto: que seja ao mesmo tempo exigente, desafiadora e instigante, ajudando os leitores a questionar seus próprios princípios, desenvolver suas próprias habilidades e, assim, fomentar sua própria experiência educacional.

A QUEM SE DESTINA ESTE LIVRO?

Quando alguém escreve um livro, sempre tem um público em mente. O que nós temos em mente? A audiência das palestras de que tivemos o prazer de participar no Visible Learning sempre foi muito diversa, desde alunos, estagiários e professores até diretores e administradores de escolas e setor público. Às vezes, temos pais, agente públicos da área de educação e jornalistas. Ao escrever este livro, mantivemos todos esses grupos em mente e esperamos oferecer algo para cada um deles:

- Para os alunos, esperamos que este livro forneça uma visão sobre o estado atual da pesquisa educacional e dê a eles a chance de entender sua própria aprendizagem.
- Para os estudantes de licenciatura, esperamos que este livro forneça apoio para que se familiarizem com o modo como precisam refletir e interpretar o mundo dos alunos e das salas de aula. Como será visto, isso é muito mais importante do que dicas e truques de controle de sala de aula, currículo e conhecimento prático e de avaliação para construir relações – apesar de tudo isso ajudar a implementar os modos de refletir que são mais importantes.
- Para os professores, nosso objetivo é que este livro seja uma fonte de inspiração que questione seu modo de pensar sobre o próprio ensino e sobre a importância de colaborar com outros docentes para aprimorar, refinar e criticar o pensamento de alguém.
- Para os diretores, esperamos que este livro dê uma orientação sobre como motivar os professores e auxiliá-los a trabalhar juntos, de modo que todos saibam que podem mudar a vida de aprendizagem de todos os alunos e ajudá-los a alimentar essas crenças com evidências do seu impacto.
- Para os administradores de escolas e agentes públicos, esperamos que este livro sirva para deixar claro quais desafios os professores enfrentam e que apoio precisam para serem bem-sucedidos. Embora o papel da educação esteja, sem dúvida, na interação entre o aluno e o professor, também podem ter um enorme impacto a atitude e o foco em apoiar a implementação dos 10 princípios por parte dos administradores nas escolas e no setor público.

Por fim, esperamos que este livro seja de interesse para todos aqueles envolvidos com questões de educação – seja no contexto escolar ou em outro. Afinal, a aprendizagem também segue fundamentos semelhantes em outras áreas, fundamentos que dependem da competência e dos princípios de professores, alunos, líderes e pais.

PALAVRAS DE AGRADECIMENTO

Este livro não teria sido escrito sem a cooperação direta e indireta de muitas pessoas. Gostaríamos de mencionar as muitas escolas e instituições educacionais pelas quais fomos convidados, nos últimos anos, a participar de palestras sobre a aprendizagem visível e as milhares de escolas onde auxiliamos na implementação dos princípios da aprendizagem visível – nos seis continentes (adoraríamos ser convidados para a Antártica!). Esperamos ter dado aos educadores dessas instituições uma perspectiva interessante sobre como eles pensam e trabalham. No entanto, o que sabemos com certeza é que saímos com muitas ideias úteis de cada escola e das discussões com os professores que lá conhecemos. Muitos deles encontraram seu caminho neste livro.

John: Quando escrevi *Visible learning*,* o grande desafio para mim era ver a história escondida por trás da grande quantidade de dados. Embora a tarefa de coletar esses dados pudesse consumir muito tempo, era mais fácil coletá-los do que interpretá-los. Entender as inúmeras descobertas leva ainda mais tempo e envolve avançar e voltar constantemente para, por fim, reunir todos os aspectos. Ao fazê-lo, percebi repetidas vezes que a principal mensagem de todas as metanálises é a questão de como os professores pensam, como explicam o que fazem. E, dependendo de quais princípios guiam esse pensamento, a influência dos professores na aprendizagem das crianças difere. Essa ideia pode já estar presente no trabalho de David Berliner, John Dewey, Paulo Freire e muitos outros. No final, tentei descrever vários aspectos e várias formas desses princípios que são cruciais para o sucesso de um professor. Descrevemos dez desses princípios depois de várias tentativas e depois de receber críticas construtivas de pesquisadores e profissionais. Aproveito portanto, para agradecer a todos que apontaram dificuldades em minha formulação dos princípios, que discutiram e debateram comigo e que apresentaram argumentos. Sem essas discussões, não teria sido possível alcançar o grau de precisão descritiva que vejo neste livro. Para mim, a tarefa foi, então, submeter os princípios definidos dessa maneira a um exame empírico. Nesse contexto, agradeço especialmente a Debra Masters e a Heidi Lesson. Acima de tudo, aproveito a ocasião para agradecer aos inúmeros tradutores do *Visible learning* pelas muitas perguntas críticas: os colegas da Cognition, na Nova Zelândia; da Corwin, nos Estados Unidos, no Canadá e na Austrália; da Challenging Learning, na Noruega, na Suécia e na Dinamarca; da Bazalt, na Holanda; e do OSIRIS, na Grã-Bretanha. Além disso, agradeço aos meus colegas da Melbourne Graduate School of Education, pois são eles que colocam Visible Learning em prática no dia a dia, fazendo muitas descobertas importantes e gerando novas ideias. No entanto, meu maior agradecimento vai para Klaus, por suas ideias, sua inspiração, sua determinação, sua sinceridade e sua lealdade como

---

* N. de R. T. Aprendizagem visível (em tradução livre). Ainda não publicado no Brasil.

um verdadeiro amigo. Foi um prazer escrever este livro com ele, diminuindo a distância entre a Austrália e a Alemanha, bem como as diferenças de linguagem, para reunir perspectivas estimulantes e desafiadoras. Escrever um livro exige muito tempo, apoio e perseverança – e, portanto, agradeço à minha família, especialmente a Janet, minha parceira na vida, maior crítica e apoiadora, colega de profissão e provedora de muito *feedback*, e a nossos filhos: Joel, Kat, Kyle, Jess, Kieran, Aleisha, Edna e Patterson. Dedico este livro a todos os meus netos – que são muitos para citar aqui – mas especialmente para Emma, minha primeira neta.

Klaus: Gostaria de mencionar Georg Eisenreich, secretário de Estado da Baviera, e Mathias Brodkorb, ex-ministro da Educação em Mecklenburg-Vorpommern, com quem tive discussões profundas sobre a escola e o ensino. Também agradeço a Johannes Bastian, cuja sugestão de fazer uma série sobre o estudo de Hattie para a revista *Pädagogik* foi fundamental para me motivar a realizar meu plano de escrever *Kenne deinen Einfluss! Visible Learning für die Unterrichtspraxis* com John. Desde então, *Pädagogik* publicou uma série de quatro partes que abordam elementos individuais deste livro. Quero agradecer a Wolfgang Beywl pela nossa cooperação ao longo dos anos, que começou com a tradução dos estudos de John para o alemão e tem continuado em vários contextos, e que sempre foi marcada por confiança e lealdade. Agradeço a Joachim Kahlert, que gerenciou com excelência a mudança de funções, passando de meu professor na universidade a meu chefe e colega, e que há anos tem sido um importante parceiro de diálogo. Agradecimentos especiais ao meu irmão Rudi Zierer, que tem sido meu companheiro mais constante e meu leitor mais crítico ao longo dos anos – discutimos e examinamos muitas questões mencionadas neste livro em nossas corridas. Devo meus maiores agradecimentos a John por sua vontade de embarcar nesse caminho comigo, que, desde o começo, nunca foi fácil, também em função da grande distância física que nos separa. No entanto, conseguimos garantir que esse desafio também fosse sempre um prazer – acima de tudo, porque nossa cooperação sempre foi marcada pela confiança mútua, pela transparência e pela crítica construtiva. E, por último, agradeço à minha família: meus três filhos, Viktoria, Zacharias e Quirin, que constantemente me desafiam em meu papel de pai e me mostram que o que parece sensato sob uma perspectiva teórica e empírica pode não ter uma utilidade prática, e vice-versa: o que dá errado na prática pode ser explicado por uma perspectiva teórica e empírica; e minha esposa, Maria, que (na maioria das vezes) gosta de refletir, tarde da noite, sobre nossas tentativas de criar nossos filhos.

John Hattie e Klaus Zierer

Sumário

1. Sou um avaliador do meu impacto na aprendizagem dos alunos 1
2. Vejo a avaliação como um fator que informa meu impacto e os próximos passos 11
3. Colaboro com os colegas e alunos sobre minhas concepções de progresso e meu impacto 21
4. Sou um agente de mudanças e acredito que todos os alunos podem melhorar 35
5. Esforço-me para que os alunos sejam desafiados, e não apenas para que "façam o seu melhor" 53
6. Dou *feedback* e ajudo os alunos a entendê-lo, interpretando e agindo de acordo com o *feedback* que recebo 67
7. Envolvo-me tanto em diálogo quanto em monólogo 91
8. Explico aos alunos de forma clara como é o impacto bem-sucedido desde o início 107
9. Construo relacionamentos e confiança para que a aprendizagem ocorra em um ambiente seguro para cometer erros e aprender com os outros 117
10. Foco na aprendizagem e na linguagem da aprendizagem 129
11. Aprendizagem visível: uma visão 145

Referências 153

Índice 159

1

Sou um avaliador do meu impacto na aprendizagem dos alunos

QUESTIONÁRIO PARA AUTORREFLEXÃO

Avalie-se de acordo com as seguintes afirmações:
1 = discordo totalmente, 5 = concordo totalmente.

Sou muito bom em...
...tornar meu impacto visível na aprendizagem do aluno.
...usar métodos para tornar meu impacto visível na aprendizagem do aluno.

Sei perfeitamente bem...
...que o desempenho do aluno torna meu impacto visível.
...que o desempenho do aluno me ajuda a aumentar meu impacto.

Meu objetivo é sempre...
...avaliar meu impacto na aprendizagem do aluno.
...usar vários métodos para medir o desempenho do aluno e avaliar meu impacto na sua aprendizagem.

Estou plenamente convencido...
...de que preciso avaliar meu impacto na aprendizagem do aluno de forma regular e sistemática.
...de que preciso usar a aprendizagem do aluno para avaliar meu impacto.

> **Cenário**
>
> Imagine dois professores. Ambos preparam suas aulas de forma apropriada e consciente. Enquanto o primeiro formula sua mensagem central como "quero dar uma boa aula", a máxima do outro é "quero que o meu impacto sobre os alunos seja visível ao final da aula". Ambas as abordagens são convincentes em um primeiro momento. No entanto, em um segundo momento, a diferença fica clara: o primeiro professor ficará satisfeito se sentir que, no final do período, a aula foi boa, os alunos participaram, não houve interrupção no fluxo da aula e o conteúdo mais importante foi apresentado. Sem dúvida, isso também importa para o outro professor, mas ele não confiará na intuição e procurará evidências. Como resultado, pelo menos no final da aula, mas provavelmente também durante ela, ele terá de assumir o papel de avaliador repetidas vezes, ouvindo em vez de falar, tornando a aprendizagem visível e mostrando aos alunos o que são capazes de fazer – e o que ainda não são capazes. A aula não terminará sem que esse professor tente tornar sua influência visível por meio da avaliação do desempenho de aprendizagem dos alunos.

QUAL É O ASSUNTO DESTE CAPÍTULO?

Esse cenário ilustra a principal mensagem do seguinte princípio: o conhecimento em educação é mostrado pela maneira como os professores refletem sobre o que fazem. Uma das questões mais importantes é se os professores querem saber sobre seu impacto e torná-lo visível. Os professores que estabelecem esse objetivo para si e estão sempre tentando implementá-lo são fundamentalmente diferentes daqueles que não se fazem tal pergunta. A "aprendizagem visível" e o "conheça o seu impacto" tornam-se as principais mensagens desse princípio – e deste livro.

Depois de ler este capítulo, você vai poder explicar à luz dessa principal mensagem:

- o progresso desde a proficiência até o desempenho aperfeiçoado;
- a evidência dos fatores "fornecimento de avaliação formativa" e "resposta à intervenção";
- o que os professores devem lembrar de fazer todo DIA;
- como o *feedback* individual funciona.

EM QUAIS FATORES DO VISIBLE LEARNING SE BASEIA ESSE PRINCÍPIO?

Quando você entra em uma sala de aula e diz para si mesmo: "Meu trabalho aqui é avaliar meu impacto", então os alunos são os maiores beneficiados. Esse é, sem dúvida, o mais importante de todos os princípios e a principal mensagem da pesquisa Visible Learning. Certamente, isso suscita a questão do propósito moral em relação ao que entendemos por impacto. Também significa que temos de ajustar e refinar continuamente o que estamos fazendo para maximizar o impacto em cada aluno. Além disso, significa que muitas vezes precisamos parar de falar para ouvir nosso impacto.

Existem muitas formas de impacto, como o sentimento de pertencimento como aprendiz, a vontade e o entusiasmo de aprender, o respeito por si e pelos outros, as conquistas e atitudes mais elevadas, a disposição positiva e a sensibilidade social. Além disso, há muitas maneiras de tornar esse impacto visível: o resultado do trabalho e a observação da aprendizagem dos alunos, os testes e as atividades, ouvir as interações entre eles e privilegiar a voz do aluno em relação à sua aprendizagem.

Devemos garantir que cada aluno progrida em sua jornada de realizações em todas as disciplinas. Embora, é claro, o conteúdo das disciplinas possa ser bem diferente, dependendo do país ou mesmo da jurisdição, alguma forma de realização acadêmica está presente em todas as salas de aula. Não é tarefa deste livro debater o currículo, mas lembrar da afirmação de Michael Young (2013) de que muitas vezes os alunos vão para a escola para serem expostos ao que não seriam se ficassem em casa. Serve também para lembrar que a maioria dos currículos se baseia no "pensamento de grupos de adultos": grupos de adultos decidindo sobre o escopo e a sequência de conteúdo. Raramente o currículo é baseado no modo como os alunos de fato progridem (porque há pouquíssima pesquisa sobre o assunto). De fato, se alinhássemos vários currículos de diferentes jurisdições, é certo que eles difeririam no escopo, na sequência e na escolha de tópicos, mas cada um seria apresentado como solução única e adequada.

Seja qual for o conteúdo, o progresso é a tarefa primordial que pedimos a professores e alunos. Desenvolver uma compreensão do progresso pode ser tanto explicitada e fornecida aos professores quanto ser intuitiva e trabalhada por eles no momento da aula. Como uma turma tem muitos alunos, a segunda opção é mais frequente, simplesmente porque a aprendizagem raras vezes é linear e segue os ditames de alguém sobre como se progride – é mais *staccato** e pode variar dependendo do ponto inicial de cada aluno.

Observe a ênfase na progressão do desempenho. Muitas vezes, o alto desempenho é privilegiado, e embora, é claro, todos desejem alto desempenho, uma ênfase exagerada pode levar os educadores a uma distorção na compreensão do impacto. A relação entre progresso e desempenho pode ser expressa de várias maneiras, como na Figura 1.1. No eixo X, colocamos o desempenho; e, no eixo Y, o crescimento ou o progresso. Podemos aplicar rótulos experimentais a cada um dos quatro quadrantes. Portanto, o sucesso nem sempre está relacionado a alto desempenho (quem quer ser uma escola ou um aluno em piloto automático?), mas é definido

---

* N. de R. T. Termo em italiano que significa *destacado*. Indica que os sons devem ser executados separadamente uns dos outros, ou seja, de maneira destacada.

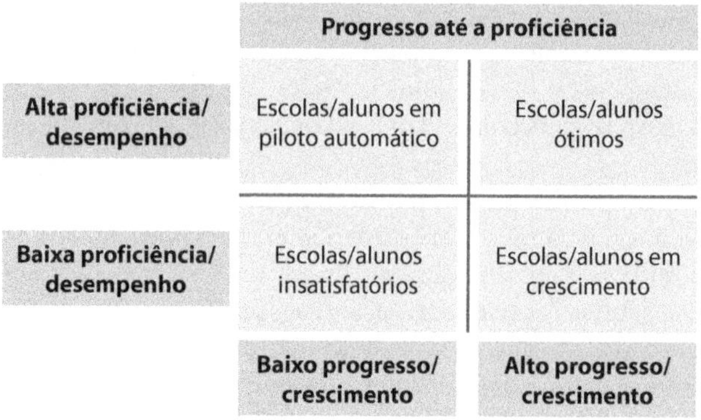

	Progresso até a proficiência	
Alta proficiência/ desempenho	Escolas/alunos em piloto automático	Escolas/alunos ótimos
Baixa proficiência/ desempenho	Escolas/alunos insatisfatórios	Escolas/alunos em crescimento
	Baixo progresso/ crescimento	**Alto progresso/ crescimento**

Figura 1.1 Progresso até a proficiência.

como alto progresso. Não importa em que ponto o aluno comece, ele merece pelo menos um ano de crescimento por um ano de estímulo. E saber que esse é o foco do impacto é o ponto de partida fundamental para sua compreensão.

Para entender o que significa "crescimento de um ano", temos de consultar várias fontes. Elas podem incluir a observação de tamanhos de efeito com o passar do tempo, exemplos de trabalhos dos alunos ao longo do ano letivo, vinculando às demandas curriculares do período. No entanto, o entendimento crítico desse crescimento envolve conversar com outros professores, o que está relacionado ao princípio "Colaboro com os colegas e alunos sobre minhas concepções de progresso e meu impacto".

Fornecimento de avaliação formativa

Na Figura 1.2, o fator "fornecimento de avaliação formativa" desperta o interesse, pois está entre os mais poderosos na aprendizagem visível, com um tamanho de efeito de 0,90.

O que envolve a avaliação formativa e o que a torna tão eficaz? Michael Scriven (1967) distingue avaliação formativa e somativa no processo didático. Ao passo que a avaliação formativa é conduzida durante uma intervenção, permitindo ao professor usar os dados resultantes para melhorar o processo didático, a avaliação somativa é conduzida no final da intervenção e é, portanto, uma avaliação de seu resultado. (Observe que isso significa que não existe tal noção como exame qualitativo formativo ou somativo, pois qualquer exame pode ser usado para fazer avaliação formativa [durante a aula] ou avaliação somativa [no final da aula].) Os efeitos sobre a aprendizagem dos alunos serão diferentes em cada caso: os resultados de uma avaliação formativa ainda podem ser usados para beneficiar os alunos, enquanto os resultados de uma avaliação somativa servem apenas como *feedback* para o professor – embora possam ser usados mais tarde pelos alunos na sequência

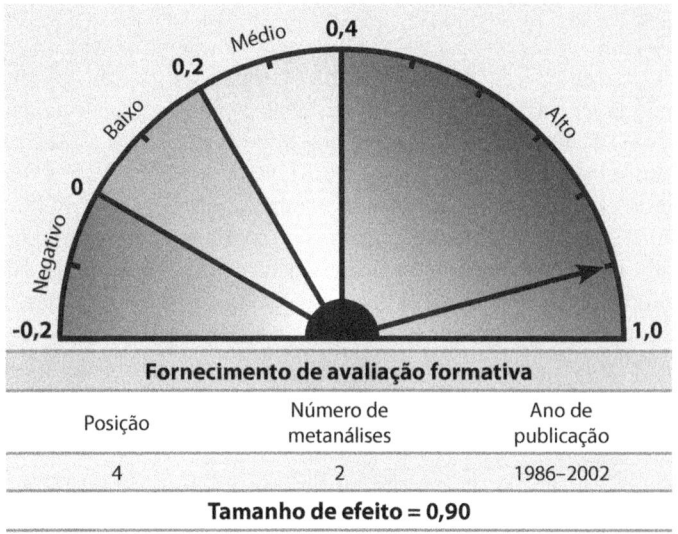

Figura 1.2 Fornecimento de avaliação formativa.
Fonte: Hattie e Zierer (2017).

das aulas. Essas características mostram por que a avaliação formativa é, muitas vezes, vista como intimamente relacionada ao *feedback*, e de fato há muitos aspectos nos quais coincidem. No entanto, existem duas distinções importantes, para não dizer cruciais, entre esses fatores. Primeiro, enquanto o *feedback* pode ser dado pelo professor ao aluno ou pelo aluno ao professor, a avaliação formativa fornece *feedback* do aluno ao professor: ajuda o professor a modificar a didática e a identificar os efeitos de seu ensino até o momento, dando indícios de como continuá--lo. Segundo, enquanto o *feedback* se concentra em todos os aspectos do ensino, a avaliação formativa foca nos objetivos do processo de aprendizagem e procura determinar se os alunos já os atingiram. O segredo para o sucesso de uma avaliação formativa está nessas duas distinções. Afinal, o foco é se os alunos atingiram os objetivos ou os critérios de sucesso das aulas – e é o professor que precisa ter a competência e a mentalidade de buscar essas informações e extrair as conclusões certas disso para o curso posterior do processo de aprendizagem. É claro, os alunos também podem usar a avaliação formativa para ajustar, alterar e modificar sua própria aprendizagem, mas ela tem maior impacto quando é realizada sobre e para o professor.

Resposta à intervenção

O termo "resposta à intervenção" originou-se nos Estados Unidos e refere-se a uma abordagem projetada especialmente para crianças e jovens com dificuldades de aprendizagem (ver Fig. 1.3). Tem suas raízes na educação especial, mas tem sido aplicado – com o mesmo sucesso – à educação em geral dentro do contexto de inclusão. O segredo para o sucesso do fator "resposta à intervenção" está no ajuste contínuo do professor à aula (intervenção) e ao benefício resultante derivado dos alunos (resposta). Permite ao professor ajustar continuamente o ensino para corresponder ao nível atual de aprendizagem dos alunos.

Esse processo é organizado no chamado modelo de prevenção multinível, geralmente composto por três níveis: no primeiro, o professor dá uma aula comum a todos os alunos que se enquadram nos critérios de qualidade atuais. No segundo nível, o professor intervém em nome daqueles que não conseguiram alcançar o sucesso de aprendizagem desejado na primeira etapa. Esse apoio envolve a aplicação de métodos apropriados para medir os níveis de aprendizagem e é feito em grupos pequenos por um determinado período. No terceiro nível, o professor fornece instruções suplementares para alunos que não alcançaram o sucesso de aprendizagem desejado durante a intervenção no segundo nível.

No terceiro nível, as intervenções geralmente assumem a forma de ensino individual, permitindo ao professor oferecer apoio mais individualizado e intenso aos alunos que precisam dele. Assim, os três níveis diferem em relação ao tamanho do grupo, ao grau de individualização e à duração. Isso é importante para observar que o professor precisa exigir *feedback* contínuo sobre o sucesso da aprendizagem entre todos os níveis e durante todas as intervenções, a fim de proporcionar aos alunos o melhor suporte possível.

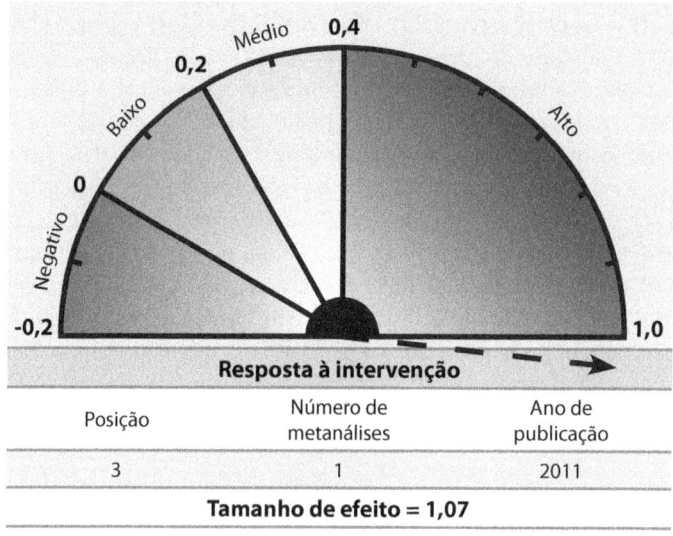

Figura 1.3 Resposta à intervenção.
Fonte: Hattie e Zierer (2017).

O QUE OS PROFESSORES DEVEM FAZER TODO DIA

Isso se assemelha às noções de resposta à intervenção, com ênfase no diagnóstico excelente, em intervenções apropriadas e na excepcional avaliação das intervenções. Em geral, há uma ênfase exagerada no ensino ou nas intervenções, mesmo quando a adoção dessas intervenções não está relacionada ao que os alunos já sabem ou não. Além disso, muitas vezes a mesma intervenção ou o mesmo método de ensino são reproduzidos, e os alunos levam a culpa por não comparecerem à aula, por não estarem motivados ou por não serem inteligentes. Em vez disso, se não aprenderem na primeira vez, é mais provável que os alunos só consigam progredir se houver uma mudança no método de ensino.

Esses três aspectos destacam os conhecimentos necessários aos professores, e há uma interação contínua entre eles. Tal filosofia exige habilidades de decisão cognitiva de grau mais elevado dos professores; exige a disposição de dizer: "Eu estava errado na minha escolha do método de intervenção e preciso mudar o que faço" ou "Eu estava certo na seleção das intervenções, pois elas me levaram a ensinar com sucesso os alunos". Além disso, exige que os professores façam uma pesquisa colaborativa sobre seus diagnósticos, suas intervenções e suas avaliações. É comum tomar medidas precipitadas em relação às intervenções, experimentar um novo método ou adotar uma nova abordagem de ensino sem atender às necessidades dos alunos, o que pode ser destrutivo. Se a nova abordagem não funciona, é comum os professores dizerem que os alunos não eram receptivos ou não se comprometiam com o trabalho. Fique atento aos educadores com soluções – se essas soluções não resolverem as necessidades dos alunos.

Diagnóstico: entender o que cada aluno traz para a aula, suas motivações e sua disposição para se engajar.
Intervenção: ter múltiplas intervenções de tal forma que, se uma não funciona, o professor muda para outra. Também envolve conhecer as intervenções de alta probabilidade, saber quando mudar e, mais importante, não criar uma linguagem de culpa sobre o motivo pelo qual o aluno não está aprendendo.
Avaliação: conhecer as habilidades, ter vários métodos e debater de forma colaborativa a magnitude do impacto das intervenções.

Essas três abordagens para melhorar o impacto podem precisar de uma quarta: implementação de qualidade. Uma boa intervenção mal implementada é mais um reflexo da implementação do que da intervenção. É por isso que precisamos ser cuidadosos quando vemos que certas intervenções de ensino têm altos tamanhos de efeito: são declarações de probabilidade sobre as chances de uma intervenção. Cuidado ainda é necessário para assegurar a fidelidade da implementação. Então, talvez devesse ser o que os professores devem lembrar de fazer todo DIIA*!

---

* N. de R. T. Sigla para os termos: diagnóstico, intervenção, implementação e avaliação.

POR ONDE COMEÇO?

Essas considerações nos levam a uma ideia avançada em *Aprendizagem visível para professores* (HATTIE, 2017): é possível, com a ajuda de testes regulares, calcular o tamanho de efeito individual para cada aluno. Isso envolve tomar as fórmulas descritas no Prefácio e inserir os resultados do teste em uma tabela. Depois de calcular as médias, os desvios-padrão e a média dos desvios-padrão, pode-se criar a seguinte tabela com tamanhos de efeito individuais.

Para calcular os tamanhos de efeito para alunos individuais, assumimos que cada um contribui de forma semelhante para a variância geral (e, considerando que estamos fazendo uma suposição, todo cuidado é pouco ao interpretar os dados; verifique quaisquer surpresas com evidências alternativas e use o desvio-padrão como estimativa para cada aluno). Usa-se a seguinte fórmula:

$$\text{Tamanho de efeito} = \frac{\text{Média}_{\text{Fim do tratamento}} - \text{Média}_{\text{Início do tratamento}}}{\text{Desvio-padrão}}$$

No caso anterior, existem algumas questões importantes para os professores. Por que Jennifer e Matt tiveram desempenho tão alto e por que Megan, Robert e Julia tiveram desempenho tão baixo? Os dados, é claro, não atribuem as razões, mas

TABELA 1.1 Tamanho de efeito

Aluno	Tempo	Tempo 2	Crescimento do tamanho de efeito
Julia	44	48	0,28
Julio	57	66	0,62
Kate	37	52	1,03
Megan	82	78	–0,28
Jennifer	39	62	1,58
Matt	46	64	1,24
Yun	57	73	1,10
Pablo	63	60	–0,21
Robert	68	71	0,21
Max	29	35	0,41
Rodriguez	67	68	0,07
Média	53,55	61,55	
Desvio-padrão		14,54	
Tamanho de efeito		0,55	

fornecem as melhores evidências para levar a essas importantes explicações causais. (Observe que, nesse caso, não é necessariamente um fato que os alunos com dificuldade tiveram baixo desempenho e os com facilidade tiveram alto desempenho.)

Dado que há uma suposição (de que cada aluno contribui para o desvio-padrão da mesma forma), a questão mais importante são as perguntas sugeridas por esses dados: quais explicações possíveis podem ser dadas para os alunos que tiveram maior impacto e para aqueles que obtiveram menor impacto? Isso permite que evidências sejam usadas para formular perguntas certas. Apenas os professores podem procurar as razões e, como sempre, precisamos buscar uma triangulação sobre essas razões e elaborar estratégias para esses alunos.

Há algumas questões das quais você deve estar ciente ao usar tamanhos de efeito:

a. Deve-se ter cuidado com amostras pequenas: quanto menor a amostra, mais cuidado é preciso ter para validar os achados. Qualquer tamanho de amostra menor de 30 alunos pode ser considerado "pequeno" e, portanto, o cuidado é quase sempre necessário.
b. É fundamental procurar alunos com resultados discrepantes. Em uma pequena amostra, alguns alunos com dados fora do normal podem distorcer os tamanhos de efeito e precisar de consideração especial (com perguntas, incluindo por que eles cresceram muito mais do que os outros ou por que não cresceram tanto quanto os colegas); os tamanhos de efeito podem até precisar ser recalculados com esses alunos sendo deixados de fora. Se o efeito geral não muda muito quando esses alunos são incluídos em comparação com quando são excluídos, então é sensato deixá-los na amostra. Se for muito diferente, eles devem ser omitidos dos cálculos.

A vantagem de usar o método de tamanho de efeito é que os efeitos podem ser interpretados entre testes, turmas, épocas, e assim por diante. Embora faça muito sentido usar o mesmo teste para a avaliação anterior e posterior ao ensino, nem sempre é necessário. Por exemplo, em avaliações longitudinais, os testes são diferentes todas as vezes, mas foram desenvolvidos para medir a mesma dimensão em ambos os momentos e calibrados para levar em consideração as diferentes dificuldades dos itens nos testes. Existem algumas formas de pontuação que são menos passíveis de interpretação. Por exemplo, pontuações de percentis, estanino e equivalente em curva normal têm propriedades suficientemente incomuns que podem gerar resultados incorretos nos tamanhos de efeito, conforme calculados anteriormente.

O uso de tamanhos de efeito convida os professores a pensar em utilizar a avaliação para ajudar a estimar o progresso e reformular a didática para melhorar a aprendizagem para indivíduos ou grupos de alunos. Esse método faz os professores refletirem sobre as razões pelas quais alguns alunos progrediram e outros não como consequência de seu ensino. Esse é um exemplo de "evidência em ação".

Lista de verificação

Reflita sobre as seguintes questões na próxima vez que planejar uma aula:

- Deixe o seu impacto visível na aprendizagem do aluno no final da aula.
- Use as informações referentes ao impacto que você causou na aprendizagem do aluno (diferentes tamanhos de efeito causados pela ação docente, estratégias, *feedback*, método de ensino) para planejar a próxima aula.
- Implemente, na fase de intervenção, procedimentos para medir seu impacto no desempenho do aluno e para tornar a aprendizagem visível, a fim de ser capaz de lidar com isso durante a aula.
- Use a avaliação formativa para tornar a aprendizagem visível.

Exercícios

- Volte ao questionário de autorreflexão no início do capítulo e preencha-o com uma cor diferente. Onde sua visão das coisas mudou e, acima de tudo, por quê? Discuta suas avaliações com um colega.
- Planeje sua próxima aula e inclua uma fase em que os alunos têm de mostrar o que aprenderam. Discuta sua experiência com os colegas.
- Planeje com os colegas dois testes para *feedback* individual e forneça essa avaliação formativa em sala de aula. Discuta sua experiência com os colegas e desenvolva essa ferramenta com base em evidências.

2

Vejo a avaliação como um fator que informa meu impacto e os próximos passos

QUESTIONÁRIO PARA AUTORREFLEXÃO

Avalie-se de acordo com as seguintes afirmações:
1 = discordo totalmente, 5 = concordo totalmente.

Sou muito bom em...

...adaptar meu ensino quando os alunos não atingem os objetivos de aprendizagem.

...usar o desempenho dos alunos para tirar conclusões sobre as minhas reflexões em relação aos objetivos, ao conteúdo, aos métodos e aos recursos didáticos.

Sei perfeitamente bem...

...que o desempenho dos alunos é um *feedback* sobre o sucesso do meu ensino.

...que o desempenho dos alunos me permite tirar conclusões sobre as minhas reflexões em relação às metas, ao conteúdo, aos métodos e aos recursos didáticos.

Meu objetivo é sempre...

...medir o desempenho dos alunos de forma regular e sistemática.

...usar métodos objetivos para medir o desempenho dos alunos e avaliar o sucesso do meu ensino.

Estou plenamente convencido...

...de que preciso verificar o desempenho dos alunos de forma regular e sistemática.

...de que preciso usar métodos objetivos para medir o desempenho dos alunos e avaliar o sucesso do meu ensino.

> **Cenário**
>
> Essa é uma situação pela qual todo professor experiente já passou: você dedica tempo e esforço para avaliar um trabalho. Exausto, mas satisfeito com a tarefa bem-feita, você dá os toques finais nas correções e começa a pensar em como discutirá os erros com os alunos individualmente e responderá a quaisquer perguntas que possam surgir. O que acontece quando devolve os trabalhos? A maioria dos alunos os coloca em suas mochilas sem sequer dar uma olhada nos comentários que você fez. Primeiro, você se faz a pergunta mais do que justa: por que me esforço para corrigir os temas se os alunos não se dão nem ao trabalho de dar uma olhada nas correções? No entanto, após uma consideração mais profunda, você percebe que os professores não avaliam os trabalhos apenas para os alunos. Talvez até mais importante: eles fazem isso para si mesmos.

QUAL É O ASSUNTO DESTE CAPÍTULO?

Esse cenário ilustra a mensagem principal deste capítulo: as avaliações dos alunos não são *feedback* importante apenas para eles. Elas são ainda mais importantes para os próprios professores, porque fornecem indicações sobre a aula – e também sobre todas as questões pedagógicas relevantes: os alunos alcançaram os objetivos de aprendizagem? Entenderam o conteúdo e acharam os métodos apropriados e os recursos didáticos úteis? Neste capítulo, nos referimos a "avaliações" como qualquer tarefa que o professor ou os alunos utilizam para avaliar questões, por exemplo "Como estão indo?" e "Para onde estão indo?", e ajudar a responder "Qual é o próximo passo?". Assim, poderia se referir a um teste, a comentários sobre um desempenho, à discussão, a uma apresentação ou a um trabalho. O princípio trata de qualquer avaliação de julgamento realizada – e a afirmação típica é a de que essas avaliações servem para ajudar os alunos a melhorar, e, sim, eles podem. Mas o princípio desejado é o de que os professores considerem as avaliações como um *feedback* poderoso para eles sobre seu impacto. Assim, os alunos serão os beneficiários finais.

Quando terminar de ler este capítulo, você vai poder usar essa mensagem como base para explicar:

- a importância dos fatores "tempo na atividade", "fornecimento de avaliação formativa" e "resposta à intervenção";
- por que os trabalhos, as provas, os testes e outros tipos de atividades estão entre os recursos mais importantes para tornar visíveis a aprendizagem do aluno e a influência do professor;
- como um uso sensato da interpretação do resultado dos trabalhos do aluno pode contribuir para cultivar esse princípio.

EM QUAIS FATORES DO VISIBLE LEARNING SE BASEIA ESSE PRINCÍPIO?

Além do sistema escolar, do tamanho da turma e dos temas de casa, dificilmente há um problema no contexto escolar que desencadeie debates tão acirrados quanto o sentido ou a falta de sentido das notas. No entanto, essa questão controversa muitas vezes se refere não às notas em si, mas à maneira como lidamos com elas: entendemos as notas como uma estigmatização inalterável ou como uma forma mais intensa de *feedback*? Elas bloqueiam os caminhos de aprendizagem porque desmotivam os alunos ou promovem a motivação porque os incentivam a se esforçar mais? Elas sinalizam para o aluno que o trabalho acabou? Uma ideia em geral levantada como alternativa é a substituição das notas por outras formas de avaliação. Duas dessas sugestões que sempre foram populares e geraram expectativas são a avaliação verbal e os comentários escritos. Os defensores dessa ideia alegam que ela revolucionaria a avaliação educacional, melhoraria a aprendizagem para todos e proporcionaria mais justiça social.

De fato, é possível encontrar situações em que tanto as notas quanto outras formas de avaliação educacional são mal utilizadas: notas como meio de repressão e avaliações verbais como declarações gerais sem relevância individual, para citar apenas dois exemplos negativos.

A maneira mais poderosa de reparar esses exemplos negativos é esse princípio. Se os professores considerarem as avaliações como um *feedback* primordial para eles, isso pode alterar a natureza das avaliações, fornecer mais informações sobre como ajustar o ensino e ajudar a entender a melhor forma de avançar – para o professor e particularmente para o aluno.

Três fatores do Visible Learning que demonstram o que compõe um princípio profissional nesse contexto são "tempo na atividade" e os já mencionados "fornecimento de avaliação formativa" e "resposta à intervenção".

Tempo na atividade

O fator "tempo na atividade" dificilmente falta nas listas de critérios para um bom ensino (ver Fig. 2.1). Portanto, o tamanho de efeito de 0,38 alcançado no Visible Learning é respeitável, mesmo que não atinja o nível de 0,4. No entanto, esse resultado sólido não é uma proteção contra os mitos que dificultam a compreensão desse fator: o tempo na atividade pode ser considerado como o simples ato de manter os alunos ocupados com o mínimo de interrupções possível. Isso leva a aulas nas quais o professor se move facilmente de um método a outro, deixando a impressão de uma experiência de aprendizagem tranquila para os alunos. O simples fato de que todos os alunos estavam engajados durante tal aula é, então, visto como uma indicação de que foi bem-sucedida. Essa compreensão do desempenho dos alunos não é ideal e pode obstruir o caminho para o princípio "Vejo a avaliação como um

Posição	Número de metanálises	Ano de publicação
75	4	1976–2006

Tamanho de efeito = 0,38

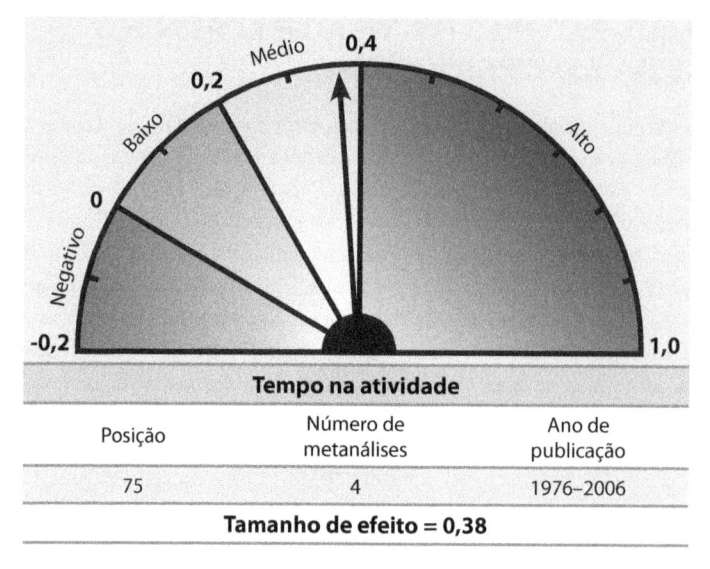

Figura 2.1 Tempo na atividade.
Fonte: Hattie e Zierer (2017).

fator que informa meu impacto e os próximos passos". Entendido da maneira certa, o tempo na atividade não significa apenas que os alunos estão ocupados o tempo todo, mas que passam a maior parte do tempo de aprendizagem trabalhando nas atividades, sentindo-se desafiados por elas em um grau apropriado e testando seus limites ao trabalhar nelas. Assim, há um senso de uso "deliberado" do tempo disponível, e não apenas tempo na atividade para praticar, praticar e praticar (particularmente se a prática é uma superaprendizagem do errado, incompleto ou irrelevante). Esta é também a mensagem principal da metanálise: ampliar o tempo de aprendizagem sozinho (como uma medida puramente estrutural) tem pouco efeito sobre a aprendizagem. O que é importante é desafiar os alunos, confrontá-los com atividades que eles mal conseguem completar e levá-los a trabalhar nelas em equipe. Esse investimento em aprendizagem é uma habilidade fundamental necessária para ser ensinada aos alunos, pois alguns não sabem como usar o tempo com sabedoria.

Nosso relato dos fatores "tempo na atividade", "fornecimento de avaliação formativa" e "resposta à intervenção" mostra que o segredo para o sucesso dos processos de ensino e de aprendizagem está na mensuração do desempenho dos alunos e na aplicação dos resultados no curso posterior de uma aula, especialmente pelo professor. Esses professores podem tornar a aprendizagem visível e chegar às conclusões corretas para o ensino e, então, maior poderá ser o progresso de aprendizagem dos alunos. A tarefa de tornar a aprendizagem visível, sem dúvida, constitui um desafio para os professores em dois aspectos: por um lado, requer a competência de estar familiarizado com os múltiplos métodos apropriados e aplicá-los adequadamente;

mas, por outro lado, também exige uma crença nesses métodos e a motivação para implementá-los. Ambos os aspectos, juntos, formam a base para o princípio "Vejo a avaliação como um fator que informa meu impacto e os próximos passos".

TRABALHOS, PROVAS, TESTES E OUTRAS ATIVIDADES DE AVALIAÇÃO – MAIS DO QUE UMA OBRIGAÇÃO ENFADONHA?

A literatura pedagógica nos lembra repetidamente de que o desempenho escolar não pode ser reduzido à fórmula "desempenho = trabalho + tempo". A realização pedagógica não é apenas orientada para o produto, mas também orientada para o processo, e invoca aspectos da personalidade. É preciso ter disposição para ser bem-sucedido e investir na aprendizagem e na abertura a novas experiências (que podem questionar o que já sabemos). Um instrumento didático importante para esse propósito são os trabalhos escolares – entendidos a partir daqui como sinônimo de qualquer tarefa que seja avaliada, provas e outros meios de medir o desempenho escolar.

Os trabalhos não têm o único propósito de determinar notas para o boletim: eles são a base para diagnosticar o desempenho dos alunos e analisar o ensino. Por um lado, permitem que o professor avalie as condições, os métodos e os níveis de aprendizagem e obtenha informações sobre como os alunos aprendem e trabalham; por outro lado, fornecem ao professor informações sobre o cumprimento e a adequação dos objetivos de aprendizagem, o conteúdo, os métodos e os recursos didáticos, permitindo conclusões correspondentes. Eles podem servir para iniciar, acompanhar ou concluir uma aula. Como os trabalhos fazem parte da aula, também estão sujeitos às suas condições, consistindo na relação entre o professor, os alunos e o material, bem como às condições situacionais e individuais, e todos esses aspectos podem influenciar o resultado dos trabalhos.

Embora o desenvolvimento e a avaliação de trabalhos estejam conectados, a prática comum torna clara a extensão dos problemas: além dos comentários que o professor escreva no final de um trabalho corrigido, as únicas informações e os únicos dados coletados e avaliados são as notas inseridas em uma lista de alunos, a escala de notas e o cálculo da média de notas. Isso não leva a um diagnóstico significativo do processo de aprendizagem ou a uma análise eficaz da aula por não cumprir nenhum dos critérios do desempenho educacional. Pelo contrário, considera o desempenho como o produto de uma única nota cumulativa, desconsiderando o processo; não leva em conta os aspectos individuais do desempenho do aluno e, portanto, ignora todos os fatores de ensino que o cercam. Para ilustrar isso por meio de um exemplo, considere o fato de que uma nota F representa o mesmo desempenho, seja ela dada a um aluno de alto desempenho que não alcançou seu nível habitual de realização devido a uma doença ou a um aluno de baixo desempenho que talvez tenha feito um bom trabalho para seus padrões. A nota final sozinha não precisa ser tomada como base para um diagnóstico de ensino, muito menos para uma análise.

Mas o que fazer quando os resultados são "bons" ou "ruins" demais? O primeiro caso não deve apresentar nenhuma dificuldade: não é o objetivo de todos os esforços pedagógicos que as crianças atinjam o objetivo de aprendizagem? No entanto, essa questão surge com frequência, particularmente em comparações entre turmas individuais ou escolas. Em nossa visão, é inadmissível a prática comum de classificar em uma curva para equalizar resultados que são bons demais e atingir uma distribuição normal ou uma média de ponto de nota "aceitável" de 2,0, grau C, ou algumas pontuações minimamente aceitas – particularmente, porque não é justificável do ponto de vista pedagógico penalizar crianças que estão obtendo altos níveis de progresso por estarem em uma turma com muitas crianças de alto desempenho. O professor é responsável por considerar se o trabalho foi muito fácil (ou muito difícil) e por tirar quaisquer conclusões necessárias para o ensino e a avaliação futuros. Resultados muito ruins apresentam aos professores um problema semelhante: as crianças devem ser penalizadas quando o professor não consegue elaborar o ensino de acordo com os critérios que estão sendo testados? As notas em uma curva parecem aceitáveis nesse caso, porque o professor precisa ficar do lado dos alunos. É tarefa do educador usar seu conhecimento sobre a situação da turma para decidir onde está o limite em casos concretos. A quantidade média de pontos para cada atividade pode ser útil, assim como o trabalho em grupo para níveis de notas específicos. No entanto, os dois extremos discutidos aqui demonstram como o ensino precedente e subsequente está intimamente ligado à elaboração e à avaliação de trabalhos.

A FOLHA DE ATIVIDADES ESTÁ MORTA, VIDA LONGA A PROPOSTAS DESSE TIPO – UMA CRÍTICA ÀS FOLHAS DE ATIVIDADES SOBRECARREGADAS

Que os professores geralmente tenham enormes quantidades de folhas de atividades não é apenas culpa da internet. É também um resultado da forte tendência que muitos deles têm de coletar tudo o que tem relação com a própria disciplina. Enchem as prateleiras com mais e mais fichários e logo se sentem confiantes em ter uma folha de atividades para cada situação didática. Quanto mais atraente for o arranjo e mais criativa e divertida for a folha, maiores serão as chances de ser utilizada. No entanto, aconselha-se cautela.

Folhas de atividades que se assemelham a obras de arte são certamente agradáveis de se ver, mas, em geral, têm uma falha crítica quando se trata de aprendizagem. Como demonstrado pela teoria da carga cognitiva, discutida no Capítulo 10, elas tendem a desviar a atenção da atividade em mãos e da própria obra de arte, que são essencialmente nada além de decoração, servindo apenas para animar (ou até mesmo distrair) a aula. Há o perigo óbvio de que essa decoração possa levar a uma sobrecarga da memória de trabalho, deixando os alunos com poucos ou até mesmo sem recursos para completar os trabalhos de aprendizagem. Para piorar a situação, a motivação que essa decoração proporciona é amplamente extrínseca, o que está mais uma vez ligado aos níveis de aprendizagem inicial dos alunos e, portanto, deve ser aplicada com moderação. Esse problema pode ser ilustrado pela multiplicidade de criações pedagógicas elaboradas para o ensino da matemática: torres aritméticas, rodas aritméticas, campos aritméticos, pirâmides aritméticas, e assim por diante. Em geral, esses métodos são interessantes, porque são cheios de criatividade pedagógica e podem animar uma aula. No entanto, se incluírem poucas atividades – porque a maior parte do espaço é ocupada pela obra de arte – e se as poucas atividades são difíceis para os alunos entenderem porque a obra de arte está no caminho, elas perdem seu valor pedagógico: a pequena quantidade de atividades fornece muito pouco reforço e prática e requer muito esforço cognitivo para ser entendida.

Um princípio que pode ser útil nesse contexto é o da navalha de Ockham. O filósofo escolástico William de Ockham argumentou que se alguém é apresentado a uma ampla variedade de hipóteses para explicar a realidade, aquela a ser escolhida é a que envolve menos variáveis e suposições (aliás, uma ideia já adiantada por Aristóteles). Transferido para um contexto pedagógico, significa que se houver uma grande variedade de métodos disponíveis para verificar se os alunos alcançaram o objetivo de aprendizagem, aqueles a serem escolhidos são os que tornam a aprendizagem visível com o menor esforço adicional possível – e todos os outros truques pedagógicos devem ser deixados de fora. No ensino da matemática, para voltar ao exemplo apresentado, uma proposta sensata poderia, portanto, ser escrever o tipo de atividade em um pedaço de papel, sem a obra de arte, quantas vezes forem necessárias, e levar os alunos a fazerem os cálculos fundamentais.

A navalha de Ockham tem base na teoria epistemológica e foi empiricamente validada em várias áreas. Portanto, vale a pena, do ponto de vista pedagógico, considerar seguir o princípio da moderação, em vez de o princípio da variedade.

POR ONDE COMEÇO?

A seguir, apresentamos três exemplos de métodos para tornar a aprendizagem visível no final da aula. São sugestões para ajudá-lo a criar suas próprias ideias, as quais você pode desenvolver, experimentar e discutir com os colegas.

O primeiro exemplo é uma aula de matemática sobre as fórmulas para o seno e o cosseno – embutidas em uma sequência didática chamada "Qual é o significado de longitude e latitude?" (ver Fig. 2.2). O professor escreve a seguinte síntese no quadro:

Qual é o significado de longitude e latitude?
A função seno e cosseno

$$\text{Seno } \alpha = \frac{\text{Lado oposto}}{\text{Hipotenusa}} = \frac{a}{b} \qquad \text{Cosseno } \alpha = \frac{\text{Lado adjacente}}{\text{Hipotenusa}} = \frac{c}{b}$$

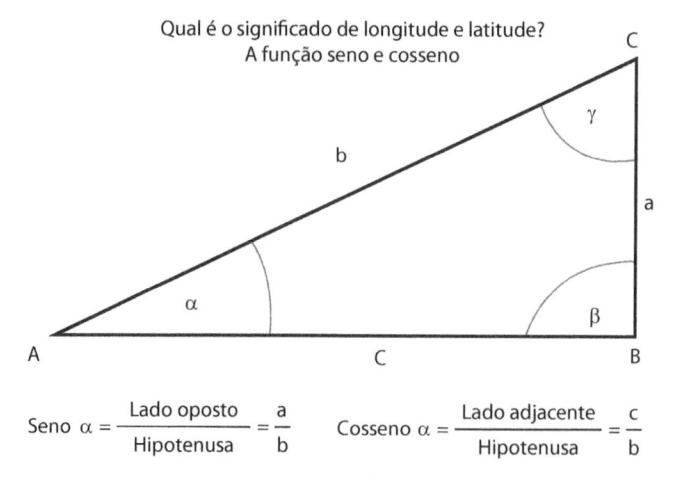

Figura 2.2 Exemplo para a função seno e cosseno.
Fonte: Hattie e Zierer (2017).

Os alunos copiam esse desenho em seus cadernos. Isso serve para ativar o conteúdo e é, ao mesmo tempo, um meio inicial e importante de reforçá-lo e revisá-lo (relembre a curva do esquecimento descrita no contexto do princípio "Veja a aprendizagem como trabalho árduo" e peça aos alunos que escrevam em seus cadernos e se responsabilizem por sua aprendizagem com a maior frequência possível). O professor segue com outros exercícios sobre as fórmulas antes de pedir aos alunos que fechem seus cadernos no final da aula para passar a atividade de completar o desenho da Figura 2.3.

Essa atividade está localizada no nível uniestrutural – um nível apropriado de desafio para uma aula introdutória, particularmente quando se considera que uma compreensão profunda (nível relacional e abstrato ampliado) se baseia em uma com-

A função seno e cosseno

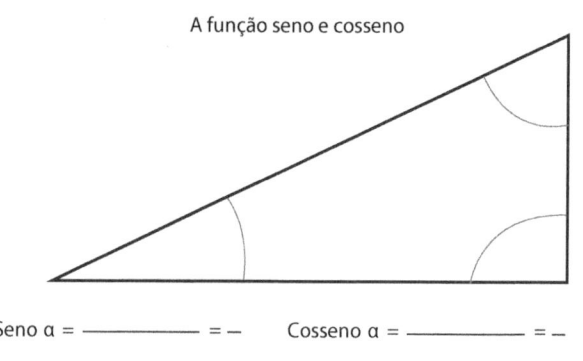

$$\text{Seno } \alpha = \underline{\qquad} = \underline{\quad} \qquad \text{Cosseno } \alpha = \underline{\qquad} = \underline{\quad}$$

Figura 2.3 A função seno e cosseno.
Fonte: Hattie e Zierer (2017).

preensão sólida da superfície (nível uniestrutural e multiestrutural) (a explicação detalhada desses níveis pode ser encontrada no Cap. 5).

O segundo exemplo é um teste sobre os termos mais importantes da aula. Como um teste é uma forma diferente de desempenho em relação à aprendizagem inicial durante a aula, essa atividade já pode ser classificada como pertencente ao nível multiestrutural. No final de uma aula em que várias árvores decíduas foram apresentadas com base em suas folhas e seus frutos, a folha de atividades para tornar visível o resultado da aprendizagem pode ser assim (solução: "tudo bem"):

1)	b	o	l	o	t	a					
2)	s	a	l	g	u	e	i	r	o		
3)	p	a	u	-	d	e	-	a	m	i	e	i	r	o
			4)	n	o	g	u	e	i	r	a
				5)	b	é	t	u	l	a
6)	l	i	m	o	e	i	r	o			
				7)	m	a	g	n	ó	l	i	a

Dependendo do nível de desempenho dos alunos, os números 1) a 7) também podem ser substituídos por fotos de folhas e frutos, complementados por textos ou ampliados por uma descrição apropriada lida em voz alta pelo professor.

O terceiro exemplo envolve formular uma questão aberta, encorajando os alunos a desenvolver uma compreensão aprofundada do conteúdo. A atividade é dada no final de uma aula sobre Picasso e suas obras de arte (HATTIE, 2014, p. 61):

O que Picasso quis expressar na pintura *Guernica*?
Explique sua resposta.

Esses três exemplos procuram demonstrar que não é tão difícil desenvolver ideias para sua própria reflexão e atividade de ensino.

É essencialmente uma questão de perguntar a si mesmo como o processo de ensino influencia o processo de aprendizagem e a busca por evidências – para tornar visível a conexão entre esses dois processos. O mais importante é ter sucesso não apenas na coleta de dados, mas também na reflexão sobre eles, interpretando-os com sua próxima aula em mente. Desenvolver e implementar métodos como esses, bem como todas as formas de trabalhos, provas e testes, é uma das mais importantes tarefas de professores em todo o mundo.

Lista de verificação

Reflita sobre as seguintes questões na próxima vez que planejar uma aula:

- Veja o desempenho do aluno como ele é: *feedback* sobre você e para você.
- Considere que o processo de aprendizagem tem uma estreita relação com o processo de ensino.
- Interprete os erros que os alunos cometem com sua forma de ensinar em mente.
- Inclua uma fase ao final da aula na qual você torna a aprendizagem visível.
- Integre métodos para esse propósito em seu plano de aula, levando em consideração os níveis atuais de aprendizagem dos alunos e o nível de desafio das atividades que você planeja.
- Reflita sobre os dados que você coletou em relação à sua reflexão pedagógica, às atividades em geral e ao seu ensino em particular.
- Faça anotações sobre o que você deseja incluir mais tarde em um trabalho enquanto estiver planejando a sequência didática.
- Decida desde o início quais atividades nos níveis uniestrutural, multiestrutural, relacional e abstrato ampliado você deve incluir em um trabalho.
- Discuta com um colega o nível de desafio que você definiu para a aula. Considere o desempenho dos alunos e verifique se o nível está apropriado.
- Use os trabalhos para esclarecer as seguintes questões: quais dos meus objetivos eu atingi na aula? Que conteúdo consegui transmitir de forma bem-sucedida aos alunos? Quais métodos acabaram sendo úteis para promover a aprendizagem? Quais meios foram úteis para promovê-la?
- Certifique-se de que os alunos aprenderam o conteúdo, mesmo que você acredite nisso: nesse caso, ter evidências é melhor do que acreditar.

Exercícios

- Volte ao questionário para autorreflexão no início do capítulo e complete-o novamente com uma cor diferente. Onde e, mais importante, por que sua perspectiva sobre as declarações mudou? Discuta sua autoavaliação com um colega.
- Crie um método para verificar se os alunos atingiram as metas de aprendizagem no final de uma aula. Implemente-o e reflita sobre os resultados, primeiro por conta própria e depois com um colega.
- Considere os níveis uniestrutural, multiestrutural, relacional e abstrato ampliado na elaboração e avaliação do próximo trabalho. Reúna-se com um colega e tentem juntos implementar as possibilidades descritas neste capítulo para avaliar os trabalhos.

3

Colaboro com os colegas e alunos sobre minhas concepções de progresso e meu impacto

---

QUESTIONÁRIO PARA AUTORREFLEXÃO

Avalie-se de acordo com as seguintes afirmações:
1 = discordo totalmente, 5 = concordo totalmente.

Sou muito bom em...
...economizar tempo dividindo o trabalho com outros professores.
...compartilhar responsabilidades em equipe.

Sei perfeitamente bem...
...que falhas podem ser superadas em equipe.
...que a responsabilidade pode ser compartilhada em equipe.

Meu objetivo é sempre...
...consolidar forças por meio do trabalho em equipe.
...superar falhas na minha equipe.

Estou plenamente convencido...
...de que os pontos fortes podem ser consolidados em equipe.
...de que é importante cooperar com os colegas.

> **Cenário**
>
> Como um advogado lida com um caso que parece não ter mais salvação? Quais opções tem um jornalista cujas investigações levam a fatos aparentemente contraditórios? O que um cientista faz quando sua pesquisa chega a um beco sem saída? O que pessoas bem-sucedidas fazem nesses casos é dialogar e tentar resolver seus problemas cooperando com os outros.

QUAL É O ASSUNTO DESTE CAPÍTULO?

Esse cenário ilustra a mensagem principal deste capítulo: o conhecimento educacional é um produto de troca e cooperação. Lobos solitários podem ser bem-sucedidos, mas podem ter ainda mais sucesso se trabalharem em conjunto com outros lobos. Isso é particularmente importante para desenvolver um senso de comunidade entre os indivíduos.

Quando terminar de ler este capítulo, você vai poder usar essa mensagem como base para explicar:

- a importância dos fatores "microensino", "desenvolvimento profissional" e "tamanho da escola";
- o que se entende por inteligência coletiva e como os indivíduos podem se beneficiar dela;
- que condições precisam ser satisfeitas para o ensino bem-sucedido em equipe.

EM QUAIS FATORES DO VISIBLE LEARNING SE BASEIA ESSE PRINCÍPIO?

Sem dúvida, há muitos professores que procuram trocar e cooperar entre si e, portanto, seria errado sugerir que não trabalham em conjunto com os colegas. Contudo, é lastimável que essa cooperação nem sempre seja colocada em prática em toda parte e seja negligenciada nos cursos de formação de professores, no quais não é requerida nem fomentada de forma sistemática. Mais importante, o impacto e os efeitos nos alunos precisam ser o foco da colaboração. Precisamos muito mais compartilhar o modo como refletimos e avaliamos nosso impacto do que discutir os currículos e as atividades de avaliação – e partilhar atividades envolventes.

A importância e a necessidade de trocas e cooperação são muitas vezes ilustradas por meio de comparações biológicas: as colônias de formigas e de abelhas são exemplos clássicos de quanto benefício o indivíduo pode obter da comunidade e de como o todo pode ser maior do que a soma de suas partes. Embora essas duas analogias não funcionem em todos os níveis (considerando a maior diversidade entre humanos e o valor de uma sociedade aberta), ambas descrevem um aspecto essencial da comunidade em uma democracia e, portanto, servem para ilustrar uma mensagem-chave: os seres humanos também podem se beneficiar de trocas e cooperação.

Vários fatores no Visible Learning fornecem evidências empíricas para essa argumentação, em particular a "eficácia coletiva dos professores", o "microensino" e o "desenvolvimento profissional".

Eficácia coletiva

Haverá um novo número 1 na lista de influências do Visible Learning: a eficácia coletiva dos professores. Esse fator vem da dissertação de Eells (2011), na qual ela resume 26 estudos, levando a um tamanho de efeito muito alto (1,23) no desempenho do aluno. Esse efeito foi elevado em todas as disciplinas escolares e em todos os níveis de escolaridade (ensinos fundamental e médio). A mensagem é clara: a reflexão coletiva dos professores acerca do seu impacto e do progresso dos alunos é mais relevante para o sucesso dos alunos.

A eficácia coletiva dos professores refere-se à confiança reforçada para superar barreiras e limitações tendo a crença coletiva de que todos os alunos da escola podem ganhar mais do que um ano de crescimento por um ano de estímulo. Na escola, isso pede que os líderes desenvolvam um clima organizacional, criem normas escolares de colaboração e encontrem tempo e direção para permitir que todos os professores na escola compartilhem esse sentimento de confiança e tenham altas expectativas para fazer a diferença. No entanto, é necessário estar ciente de que essa eficácia coletiva aprimorada precisa ser alimentada pela evidência de que o impacto desejado na aprendizagem do aluno está ocorrendo. Não se trata de ter uma mentalidade de crescimento, mas uma mentalidade baseada em evidências de que tudo pode crescer.

A pesquisa de Eells é baseada em duas noções principais. Primeiro, a ideia de que precisamos ter confiança em nossa capacidade de organizar e ensinar os alunos a produzir determinados resultados (isso está relacionado a "Eu promovo aprendizagem"). Quando temos expectativas altas e adequadas sobre esses resultados, é mais provável que obtenhamos resultados mais altos dos alunos. (Também seremos bem-sucedidos se tivermos baixas expectativas.) Em segundo lugar, precisamos compartilhar nossas expectativas, pela simples razão de que é necessário verificar se são adequadas e plausíveis. Isso significa que precisamos compartilhar nossas concepções sobre o significado do impacto, como saberíamos se esse impacto é perceptível na aprendizagem dos alunos, dar exemplos de como é esse impacto e criticar nossas crenças sobre a magnitude desse impacto – juntos.

Eells (2011, p. 66) deu um exemplo poderoso:

> Se a atividade coletiva consiste na soma de sucessos independentes, como para uma equipe de atletismo, então é preferível medir e agregar as eficácias pessoais dos atores. Quando um grupo inteiro deve interagir, como um time de basquete, e a atividade coletiva é o produto do trabalho cooperativo, então faz mais sentido medir as crenças dos membros do grupo sobre o que a equipe pode realizar.

Nas escolas, a eficácia coletiva é muito influenciada pelas características organizacionais da instituição, como a capacidade de resposta dos administradores ao incentivo à colaboração dos professores. No entanto, se permitirmos que as conversas enfatizem as dificuldades insuperáveis de educar os alunos (seu local de residência, seus pais, sua falta de motivação, sua falta de preparação), provavelmente enfraqueceremos o senso de eficácia dos professores. Nas escolas onde os professores trabalham juntos para encontrar maneiras de abordar os problemas de aprendizagem, motivação e comportamento, os alunos são os principais beneficiados.

A narrativa em uma escola deve tratar menos do "modo de ensinar" e mais do "impacto do ensino". O que significa ser "bom em português no 5º ano", o que significa crescer pelo menos um ano no 8º ano em educação física? Quais evidências de impacto sobre o trabalho dos alunos e sobre o que pensam em relação ao seu trabalho nos convenceriam de que esse é um ano de crescimento? Não há respostas fáceis, mas é por meio do diálogo coletivo e com a sensação de confiança de que todos podemos perceber esses níveis de impacto que fazemos a maior diferença nos resultados dos alunos. Também é improvável que seja uma única fonte – é necessária uma triangulação entre as notas das provas, dos trabalhos realizados em aula, das observações dos alunos e da escuta de sua voz sobre a aprendizagem.

Vemos nove passos em direção ao desenvolvimento da eficácia coletiva e à promoção do princípio "Colaboro com os colegas e alunos sobre minhas concepções de progresso e meu impacto". Primeiro, um entendimento de que "Eu promovo aprendizagem". Segundo, a importância de ter altas expectativas em relação a todos os alunos e concordar que "somos corresponsáveis pelos estudantes". Terceiro, o pensamento avaliativo diz respeito à busca de avaliação do impacto do meu ensino. Em quarto lugar, ter as habilidades do "eu" (sou autoconsciente, sou um aprendiz sobre meu impacto, posso controlar conflitos e dúvidas sobre meu impacto) e as habilidades do "nós" (tenho altos níveis de sensibilidade social, desejo ter um propósito comum para melhorar, estou preparado para resolver problemas, confio nas opiniões dos outros e as respeito). Quinto, trabalho com os outros para buscar evidências de impacto que alimentem e justifiquem nossos altos níveis de confiança para fazer a diferença que importa. Em sexto lugar, posso trabalhar com os colegas para chegar a um acordo sobre os níveis adequados e altos de crescimento que pretendemos alcançar ao longo do ano letivo. Sétimo, estou preparado para focar no excelente diagnóstico que os alunos levam para a aula, como eles realizam sua aprendizagem e o impacto que tenho sobre eles. Oitavo, trabalho e avalio junto com meus colegas para que tenhamos uma concepção comum de progresso, para que possamos ficar felizes com o alto impacto positivo que estamos tendo e para continuar trabalhando juntos na maximização desse impacto. Tudo isso depende do nono passo, o papel dos líderes escolares para legitimar, apoiar, estimar e criar a confiança e o tempo necessários para desenvolver a eficácia coletiva.

Microensino

O microensino se refere a métodos para o planejamento de aulas de pequena escala em um grupo, analisando-as e discutindo-as com a ajuda de vídeos (ver Fig. 3.1). Pode ser ampliado para a visualização de vídeos de professores em suas salas de aula regulares. Essa prática fornece uma visão sob o microscópio das práticas e do comportamento de ensino, mas, mais importante, pode permitir a discussão sobre o impacto dos professores nos alunos. O tamanho de efeito de 0,88 alcançado por esse fator demonstra sua eficácia. Entretanto, fazemos uma distinção crucial entre usar o microensino para observar um professor ensinando e observar o impacto do ensino de um professor. É principalmente o último que faz a diferença. Ele também pode ajudar a convidar um professor a "pensar em voz alta" enquanto assiste a si mesmo ensinando (especialmente quando o áudio é desligado) para ouvir suas ideias e as decisões a cada momento que eles afirmam ter realizado. Trata-se menos da tecnologia de "microensino" e mais da oportunidade de ouvir o pensamento dos professores, de ver seu impacto nos alunos e de criar um diálogo comum sobre a reflexão e o impacto.

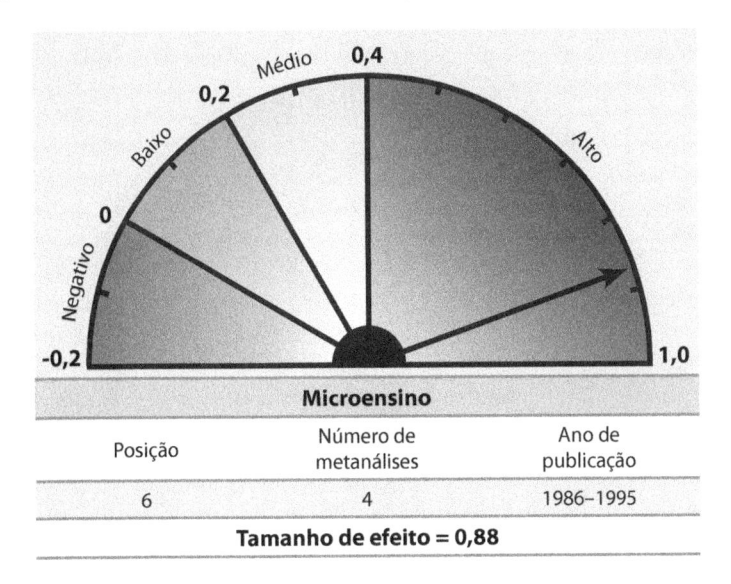

	Microensino	
Posição	Número de metanálises	Ano de publicação
6	4	1986–1995
Tamanho de efeito = 0,88		

Figura 3.1 Microensino.
Fonte: Hattie e Zierer (2017).

Desenvolvimento profissional

O "desenvolvimento profissional" atinge um grande tamanho de efeito (0,62) no Visible Learning, embora seja também uma das influências mais variáveis (ver Fig. 3.2). Ou seja, nem todo curso de formação e educação continuada para professores é bem-sucedido. Em vez disso, os cursos de desenvolvimento profissional bem-sucedidos caracterizam-se pelo trabalho conjunto para entender, aprimorar e avaliar o impacto dos professores nos alunos. Mais uma vez, é a natureza colaborativa da aprendizagem que faz a diferença. Embora seja necessário observar que, quando o objetivo do desenvolvimento profissional é específico às necessidades de aprendizagem dos indivíduos, essa colaboração pode ser menos importante, mas, quando o objetivo do desenvolvimento profissional é organizado no nível da escola, a colaboração é essencial. Nesse último caso, é preciso haver liderança ativa na escola; muitas vezes, é necessário conhecimento externo para garantir o comprometimento e o impacto do desenvolvimento profissional, e é preciso haver uma análise das necessidades para garantir não apenas que o tipo de desenvolvimento profissional seja adequadamente escolhido, mas também sirva como base para uma avaliação posterior do impacto do desenvolvimento profissional.

Como em todos os outros processos de aprendizagem, o *feedback* é um dos principais fatores do desenvolvimento profissional. O *feedback* dado aos professores nesse contexto não deve ser focado apenas nos níveis da tarefa e do processo, mas também, e especialmente, no nível da autorregulação. Os professores se beneficiam

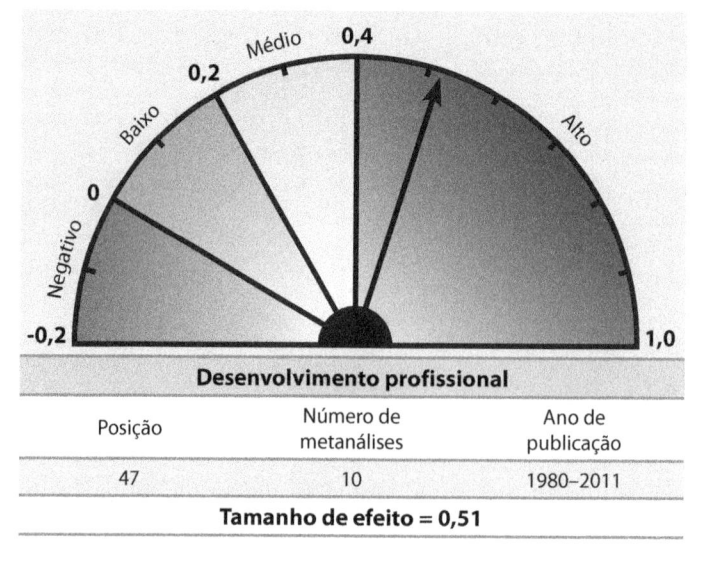

Posição	Número de metanálises	Ano de publicação
47	10	1980–2011

Tamanho de efeito = 0,51

Figura 3.2 Desenvolvimento profissional.
Fonte: Hattie e Zierer (2017).

muito com o desenvolvimento profissional se lhes são proporcionados objetivos concretos e passos para melhorar e avaliar seu ensino no futuro. Tão importante quanto isso, eles devem ter a oportunidade de dar *feedback* sobre a medida de desenvolvimento profissional, para que ela possa ser ajustada de acordo com seu nível de aprendizagem.

INTELIGÊNCIA COLETIVA COMO PRODUTO DE TROCA E COOPERAÇÃO

Todos sabemos o que é um *mouse* de computador e como usá-lo, mas poucos sabem como eles funcionam e, menos ainda, como são desenvolvidos – e, para levar esse exemplo ainda mais adiante, a maioria de nós não é capaz de construir todas as partes necessárias de um *mouse* e montá-lo de forma que funcione. A tarefa complexa que esse objeto aparentemente tão comum executa é possível apenas graças à troca e à cooperação de muitas pessoas. Os avanços tecnológicos que envolveram o desenvolvimento do *mouse* incluem o progresso na produção de matérias-primas, a indústria de plásticos e, não menos importante, a programação.

Pode-se estar inclinado a contestar que essa forma de troca e cooperação se aplica apenas a objetos complexos, mas considere um lápis – um instrumento de escrita que tem uma história muito mais longa do que a de um *mouse* e parece muito menos complexo. Nesse caso, também é improvável que uma pessoa sozinha seja capaz de derrubar uma árvore, secar e cortar a madeira, moldar o chumbo e, finalmente, combinar a madeira e o chumbo para formar um lápis. Em síntese, a produção de um lápis também envolve troca e cooperação.

Os cientistas sociais usam o termo "inteligência coletiva" para entender essas relações. O termo remonta à Antiguidade: Aristóteles referia-se à ideia em seu chamado argumento somatório, e ao filósofo grego é atribuída a noção de que o todo é maior do que a soma de suas partes. Nos dias de hoje, Matt Ridley alcançou grande notoriedade no assunto com seu livro *The rational optimist* (2010). Ele apresenta numerosos exemplos das possibilidades e oportunidades associadas à inteligência coletiva, incluindo aquelas descritas no cenário no início deste capítulo. Em última análise, ele inclusive vê a inteligência coletiva como a característica fundamental de culturas, instituições e pessoas bem-sucedidas, porque todas as culturas, instituições e pessoas malsucedidas não são abertas, não trocam ideias e bens e, portanto, não trabalham juntas nesse sentido. Isolamento significa estagnação e chega a levar ao retrocesso em longo prazo.

Nós, professores, sempre tivemos uma relação ambivalente com a troca e a cooperação: por um lado, exigimos a cooperação dos alunos diariamente e a consideramos um valor importante para a educação; por outro lado, embora tenhamos tido a experiência, no decorrer de nossa própria educação, de levar os alunos a discutir e a cooperar uns com os outros, recebemos pouco apoio na aprendizagem dessas habilidades e estamos em grande parte sozinhos nessa importante tarefa. Além disso, muitos professores são até mesmo socializados para serem lobos solitários no estágio inicial de sua educação, momento em que o mais importante são boas notas, melhores desempenhos e aulas de demonstração mais convincentes. Por que devemos disponibilizar nossas próprias ideias, nossos materiais e planos de aula para os outros? Não é raro ouvir que professores consideram a troca e a cooperação com os colegas não mais do que uma perda de tempo, porque os outros contribuem muito pouco, e eles mesmos trabalham melhor e mais rápido sozinhos. Além disso, minha sala de aula é meu domínio privado. Pensamos em alguns colegas como "folgados socialmente", que ficam de pernas para o ar, pouco se envolvem, mas ganham crédito pelo trabalho dos outros em um grupo. Isso pode ser realidade em casos isolados, mas, como uma declaração geral, nem sempre é verdade. Para demonstrar esse argumento, Matt Ridley cita o seguinte exemplo, que se concentra apenas no aspecto do tempo, mas ainda serve para ilustrar o poder da troca e da cooperação (RIDLEY, 2010).

Adam e Oz sabem fazer lanças e machados. Enquanto Adam precisa de quatro horas para fazer uma lança e três horas para fazer um machado, Oz pode fazer uma lança em uma hora e um machado em duas horas. Se cada um deles precisar fazer uma lança e um machado, Adam precisará de sete horas e Oz precisará de apenas três horas para completar o trabalho.

	Adam	Oz
Lança	4	1
Machado	3	2
Total	7	3

O que acontece se os dois trabalharem juntos? A princípio, parece não fazer sentido para Oz, porque ele não economizará tempo trabalhando com Adam em duas lanças e dois machados. Mas e se eles dividirem o trabalho da seguinte maneira: Oz usa sua força para fazer duas lanças em duas horas. Em troca, Adam usa sua força para fazer dois machados em seis horas. Depois trocam uma lança e um machado. Nesse caso, tanto Adam quanto Oz precisam investir uma hora a menos do que se estivessem trabalhando sozinhos para obter uma lança e um machado.

	Adam	Oz
Duas lanças	0	2
Dois machados	6	0
	Troca de lança e machado	
Total	6	2

A troca e a cooperação beneficiam claramente os dois lados – embora estejamos negligenciando o fato de que é possível fazer uma lança ou um machado melhor ou pior. Mesmo assim, economizar tempo dessa forma já é uma maneira de inteligência coletiva, e os benefícios só aumentam à medida que as tarefas forem mais complexas.

E se substituíssemos a lança por uma folha de atividades e o machado por uma prova? Ou, para levar esse exemplo ainda mais adiante, e se substituíssemos a lança e o machado por ideias para planejar uma aula, experiência para avaliar o ensino, *feedback*, formulação de objetivos, relações professor-aluno, motivação, prática, diferenciação, controle de sala de aula, e assim por diante? Nesses casos, o benefício da inteligência coletiva não é apenas temporário por natureza, mas consiste, principalmente, no poder do diálogo, na força da troca e da cooperação e no desenvolvimento profissional em equipe. Tudo isso é mais do que uma mera troca de informações, um ato de coleta e arquivamento. A inteligência coletiva torna-se visível em discussões intensivas, construtivas e concentradas sobre as próprias competências e os próprios princípios.

Já está na hora de desenvolver uma cultura de troca e cooperação em nossas escolas, para que possamos aproveitar o poder da inteligência coletiva em benefício dos alunos e também em benefício dos professores.

ENSINO EM EQUIPE: POSSIBILIDADES E LIMITES DE UM FATOR APARENTEMENTE EVIDENTE

Uma das críticas feitas ao "Colaboro com os colegas e alunos sobre minhas concepções de progresso e meu impacto" é o modesto lugar do "coensino" em Visible Learning. O fator "ensino em equipe" ocupa a 118ª posição com um tamanho de efeito de 0,19 e, portanto, fica muito abaixo das expectativas de muitos. Como isso pode ocorrer? Como o ensino em equipe pode ter um efeito tão baixo quando implementá-lo envolve fazer diversas concessões e arcar com grandes custos? O fator "ensino em equipe" demonstra mais uma vez que a compreensão de por que um fator não é bem-sucedido é a base para melhorar sua eficácia no futuro. Então, como devemos entender o baixo tamanho de efeito do ensino em equipe?

Uma história pode ajudar a responder a essa pergunta: especialistas da Áustria recomendaram a introdução do ensino em equipe em aulas inclusivas para atender ao desafio educacional e à didática adicional que tais aulas apresentam. Dito e feito: as aulas inclusivas foram dadas com dois professores. Algum tempo depois, foi possível observar um desenvolvimento interessante na relação entre eles. Havia um nome especial para o segundo professor em sala de aula: o "professor do aquecedor". Por quê? Porque esse professor se apoiava no aquecedor enquanto a outra professora ensinava. E, quando a primeira professora terminava de ensinar, ela ia até o aquecedor e entregava a responsabilidade da aula para o colega. Isso é, na melhor das hipóteses, um "ensino único" e paralelo, perdendo o poder do ensino em equipe.

O ensino descrito no episódio não é o ensino em equipe, porque os professores não ensinam um com o outro, mas um após o outro. Enquanto o ensino em equipe consistir em nada mais do que isso, seu efeito não pode ser muito maior do que se um professor estivesse ensinando sozinho (a típica experiência de sala de aula). Em vez disso, o ensino em equipe exige que os professores tenham uma competência e uma mentalidade especiais, porque ministrar aulas é uma atividade altamente complexa que não deixa de ser complexa apenas porque está sendo feita em pares. Essa complexidade exige que os professores que trabalham em conjunto tenham várias habilidades: analisar juntos os níveis iniciais de aprendizagem dos alunos, estabelecer e formular objetivos de ensino juntos, planejar tarefas em conjunto e diferenciá-las conforme necessário, dar a aula juntos e, finalmente, avaliar a aula juntos. Eles também provavelmente precisam de altos níveis de sensibilidade social em relação um ao outro, capacidade de ouvir e competência para construir altos níveis de confiança. Não é fácil fazer tudo isso. Além disso, planejar, dar e avaliar uma aula exige mais do que apenas competências. Também requer uma série de princípios: cometer um erro diante do colega, fazer concessões, restringir e controlar as próprias ideias e preferências, estar pronto para assumir a responsabilidade por atividades em que talvez não seja particularmente bom ou ter a coragem de experimentar algo que envolva confiar em um colega. Esses princípios infelizmente não são (ainda) ensinados deliberada e sistematicamente em cursos de formação de professores. Muitos profissionais mais jovens desejam apenas ter suas próprias salas de aula (apenas me deixe sozinho na minha aula para que eu possa criar recursos e dar as minhas próprias notas). Não é de se surpreender que em alguns anos de trabalho tão cheios eles se sintam "não apoiados". Essa noção de "bom professor" como um desenvolvedor de recursos, um avaliador de trabalhos e um rei de seu próprio domínio mitiga a cooperação com outros professores sobre suas concepções de impacto e progresso e é um grande impedimento para o ensino tornar-se uma profissão – os alunos é que saem perdendo se esse for o pensamento.

Dessa forma, o ensino em equipe exige um alto grau de competências e princípios. O ensino em equipe bem-sucedido como uma forma de inteligência coletiva não aparece apenas por conta própria. Requer troca e cooperação e, portanto, também competência e princípios por parte dos professores. E quando é verdadeiramente cooperativo e focado na maximização conjunta do impacto coletivo, tem um efeito muito maior nos alunos.

POR ONDE COMEÇO?

Os resultados da pesquisa discutidos nas seções anteriores demonstram claramente uma questão: a competência e o princípio necessários para a cooperação e a troca bem-sucedidas precisam ser aprendidos. Nesse contexto, para começar a trabalhar com o princípio "Colaboro com os colegas e alunos sobre minhas concepções de progresso e meu impacto" é preciso, primeiramente, tornar-se consciente de seu próprio comportamento sobre troca e cooperação e, depois, usar esse conhecimento para identificar as áreas em que mais cooperação pode ter um efeito positivo duradouro. A lista a seguir pode ser útil para essa reflexão. Ela tenta identificar vários níveis de cooperação e organizá-los em ordem de dificuldade:

Etapas da cooperação

1. Discutir com os outros.
2. Apoiar e criticar um ao outro.
3. Planejar e avaliar as aulas juntos.
4. Ministrar as aulas juntos.

Essa sequência de etapas baseia-se na visão de que é mais fácil discutir critérios gerais de ensino do que apoiar e criticar as ideias concretas uns dos outros para uma aula, e ambas as etapas são mais fáceis do que planejar e avaliar as aulas juntos. O momento glorioso da cooperação entre os professores é, então, ministrar aulas juntos e avaliar o impacto dessas aulas nos alunos, especialmente porque representa o resultado de todo o trabalho em equipe e, portanto, envolve reunir não apenas a reflexão, mas também a ação dos membros da equipe.

A habilidade principal é trabalhar em conjunto nos critérios de sucesso que foram acordados, qual é o diagnóstico atual a respeito do que os alunos sabem e são capazes de fazer e se a intervenção planejada é altamente provável para movê-los de onde estão para onde todos queremos que eles estejam. É essa discussão conjunta sobre os critérios apropriados de sucesso e os níveis esperados de crescimento ao longo das aulas que mais importa.

À luz dessas considerações, gostaríamos de alertar contra uma implementação apressada do ensino em equipe. Você deve prosseguir para essa etapa de troca e cooperação somente depois de ter começado a desenvolver as competências necessárias (incluindo níveis elevados de confiança e sensibilidade social) e os princípios. Como uma etapa inicial, recomendamos que discuta com os colegas sobre o que espera em termos de crescimento do aluno. Uma boa maneira de fazê-lo é considerar a seguinte tabela de fatores do Visible Learning, avaliar sua eficácia baseada em sua própria experiência de ensino e, em seguida, discutir o assunto com um colega. Você descobrirá que suas opiniões serão muitas vezes diferentes, assim como sua compreensão dos fatores como tais. Mas essas são precisamente as discussões que os professores precisam ter para trocar ideias sobre suas reflexões e ações e cooperar como especialistas em educação.

	Negativo	Baixo	Médio	Alto
Tamanho da turma	○	○	○	○
Aberto vs. tradicional	○	○	○	○
Métodos audiovisuais	○	○	○	○
Conhecimento sobre a matéria	○	○	○	○
Programas piagetianos	○	○	○	○
Objetivos	○	○	○	○
Prática espaçada vs. em massa	○	○	○	○
Relação professor-aluno	○	○	○	○
Aprendizagem cooperativa	○	○	○	○
Ensino direto	○	○	○	○
Perfil socioeconômico	○	○	○	○
Motivação	○	○	○	○
Feedback	○	○	○	○
Avaliação formativa	○	○	○	○
Coensino/Ensino em equipe	○	○	○	○

O próximo passo da cooperação pode ser trabalhar juntos no princípio "Sou um agente de mudanças e acredito que todos os alunos podem melhorar". Tomemos, por exemplo, o modelo de motivação da ARCS,* descrito no próximo capítulo, no qual mencionamos a importância da motivação ao introduzir uma aula. Outro grande desafio para os professores é aprender a orientar suas atividades pedagógicas em uma direção que conquiste os aprendizes em relação ao assunto e capte a atenção deles no início da aula. Os professores sentem o quanto isso é difícil no dia a dia e suas tentativas nem sempre são bem-sucedidas. Por isso, é mais do que surpreendente que quase nenhuma escola tenha lançado uma tentativa de coletar e compartilhar introduções efetivas de sequências didáticas entre seus professores. Em vez disso, todos fazem suas tentativas sozinhos nessa tarefa crucial. Então, por que não reunir sua criatividade pedagógica? Pegue o modelo ARCS e tente coletar o máximo de estratégias de motivação que você puder, reflita sobre elas e discuta-as com seus colegas, particularmente em relação à sua eficácia e à sua experiência ao aplicá-las. Por exemplo, talvez você perceba o que levar em consideração ao selecionar os recursos, como os alunos reagiram à estratégia que você aplicou, em que pontos houve falta de clareza e o que os alunos sugeriram como melhoria. Esse processo de busca de evidências para a própria reflexão e ação no ensino está cla-

---

* N. de R. T. Modelo que distingue quatro categorias de motivação: Atenção, Relevância, Confiança, Satisfação (ARCS).

ramente conectado com o princípio "Sou um avaliador do meu impacto na aprendizagem dos alunos", porque as únicas pessoas que podem fornecer uma resposta significativa a essas perguntas são os alunos.

Os exemplos citados anteriormente demonstram a ideia principal de cooperação enfatizada repetidas vezes em Visible Learning: conheça o seu impacto. O que isso significa é que a troca e a cooperação entre os professores devem se concentrar em questionar o ensino avaliando sua eficácia e buscando evidências. O objetivo da cooperação é, portanto, não acumular um arsenal de conteúdo, não caracterizar alunos, não diagnosticar pais ou estigmatizar os colegas, mas examinar a própria reflexão e a própria ação sobre o ensino e, ao mesmo tempo, ensinar e fazer as perguntas: o que não é eficaz? E por que não? Mas também: o que é eficaz? E por quê? Essas duas últimas perguntas são particularmente importantes, sobretudo no que diz respeito à satisfação no trabalho: saber se é um professor bem-sucedido e por quê.

Evidentemente, não será necessário chegar ao último passo da cooperação em todas as áreas e em todos os momentos. Em vez disso, a lista apresentada anteriormente pretende ser um guia para garantir que não se vá depressa demais e, portanto, sobrecarregue o campo sensível da cooperação. Essa sensibilidade é refletida nos princípios fundamentais envolvidos: a cooperação exige certos aspectos, especialmente segurança e confiança. Otto von Bismarck, conhecido na história como o primeiro chanceler da Alemanha, chamou atenção para essa questão com as seguintes palavras: "A confiança é uma planta delicada. Quando é destruída, demora para voltar a crescer".

Lista de verificação

Reflita sobre as seguintes questões na próxima vez que planejar uma aula:
- Saiba que o conhecimento educacional envolve cooperação.
- Troque ideias com os colegas e discuta o ensino.
- Reduza sua carga de trabalho compartilhando responsabilidades.
- Comece com perguntas gerais e aplique-as pouco a pouco em uma aula concreta.
- Dê uma olhada no material didático, como folhas de atividades, ilustrações no quadro ou trabalhos, junto com outro colega.
- Sempre considere o desempenho dos alunos como base para justificar sua troca e cooperação.
- Procure evidências na cooperação com os colegas.
- Reflita sobre seu ensino e sua cooperação em relação à sua competência e aos seus princípios.

Exercícios

- Volte ao questionário para autorreflexão no início do capítulo e complete-o novamente com uma cor diferente. Onde e, mais importante, por que sua perspectiva sobre as declarações mudou? Discuta sua autoavaliação com um colega.

- Mostre a um colega a introdução de uma de suas aulas, uma folha de exercícios, uma ilustração no quadro, uma sequência de vídeos ou outro material didático e pergunte se, de alguma forma, algo não está claro. Reúna-se novamente com o colega depois de dar a aula para discutir como foi a experiência dos alunos.

- Apresente a um colega o objetivo que você formulou para uma aula, os trabalhos que passou e como foram concluídos. Considere o desempenho dos alunos como base para discutir como os objetivos se ajustaram aos vários níveis de desempenho, se os trabalhos foram apresentados de forma clara e de que forma foram apresentados.

4

Sou um agente de mudanças e acredito que todos os alunos podem melhorar

QUESTIONÁRIO PARA AUTORREFLEXÃO

Avalie-se de acordo com as seguintes afirmações:
1 = discordo totalmente, 5 = concordo totalmente.

Sou muito bom em...
...aplicar métodos de sucesso para tornar meu ensino diferenciado.
...aplicar várias estratégias para melhorar a motivação dos alunos.

Sei perfeitamente bem...
...que meu ensino tem impacto sobre os alunos.
...que existem várias estratégias para melhorar a motivação.

Meu objetivo é sempre...
...ter um impacto sobre os alunos por meio de meu ensino.
...motivar os alunos em seu processo de aprendizagem.

Estou plenamente convencido...
...de ter um impacto positivo sobre os alunos por meio de meu ensino.
...de que é importante questionar continuamente o impacto de meu ensino.

> **Cenário**
>
> Considere a seguinte situação (talvez até o faça lembrar de algo de sua própria infância): um aluno altamente motivado e interessado decide que quer explorar uma nova área do conhecimento, mas o que ouve de seus pais é: "Você não consegue fazer isso. É muito difícil". O sucesso da empreitada está em jogo: ele conseguirá convencer seus pais de que eles estão errados? Ele tem a força necessária ou vai acreditar nas pessoas ao seu redor e suprimir seus próprios interesses e suas motivações para dar espaço às opiniões dos outros? O mesmo processo de aprendizagem do aluno pode ser diferente quando ele ouve as palavras:"Você consegue fazer isso. Nós acreditamos em você". Seu interesse crescerá e sua motivação aumentará, liberando poderes que inclusive ele não sabia que tinha até então. A fé realmente pode mover montanhas.

QUAL É O ASSUNTO DESTE CAPÍTULO?

Esse cenário ilustra a mensagem principal deste capítulo: aprender tem muita relação com perspectivas – especialmente a perspectiva do professor e seu impacto na motivação do aluno, a perspectiva dos pais e seu impacto na confiança do aluno, a perspectiva dos colegas e seu impacto no engajamento do aluno e a perspectiva dos próprios alunos e seu impacto na capacidade de se verem como consumidores ou produtores de sua própria aprendizagem. Se o aluno não está aprendendo, é porque ainda não encontramos a estratégia para fazer a aprendizagem acontecer. A aprendizagem bem-sucedida requer perspectivas específicas, e é responsabilidade de todo o entorno do aluno (professores, pais e colegas) construir, apoiar e desenvolver perspectivas positivas em todos os envolvidos. Isso inclui necessariamente ver a si mesmo como agente de mudança.

Ao terminar de ler este capítulo, você vai poder usar essa mensagem como base para explicar:

- a importância dos fatores "controle de sala de aula", "organizadores avançados" e "aprendizagem baseada em problemas";
- que influência a motivação tem na aprendizagem e como os professores podem motivar os alunos;
- por que você deve selecionar estratégias apropriadas para apoiar a aprendizagem do aluno com base em evidências de que funcionarão e no seu conhecimento sobre o que um aluno pode precisar;
- que não é necessário convencer a todos de suas próprias ideias. Em vez disso, basta conquistar uma massa crítica.

EM QUAIS FATORES DO VISIBLE LEARNING SE BASEIA ESSE PRINCÍPIO?

Por mais estressantes que sejam as campanhas políticas eleitorais, elas são muito instrutivas do ponto de vista científico-social. Por exemplo, analise o cartaz da campanha presidencial de Barack Obama e pense nas associações que você pode fazer a partir dele (Fig. 4.1).

Dificilmente alguém terá emoções negativas ao olhar para o cartaz. A mensagem é positiva do começo ao fim: a mudança é possível. Cabe a cada um decidir o que fazer da sua vida. Isso faz de você o agente central da mudança e implica que você pode ser bem-sucedido. Assim, o *slogan* da campanha eleitoral foi "Sim, nós podemos".

Ter a ambição de que os alunos ajam em prol de sua aprendizagem é, de fato, um grande objetivo no ensino, mas não significa que os deixemos de lado; em vez disso, peça para que assumam o controle sobre sua aprendizagem, mas trabalhe com eles para que tenham essa atitude – o que inclui pedir ajuda, procurar descobrir o que não sabem e trabalhar além do que podem fazer agora.

Figura 4.1 Mude o que você vê.
Fonte: Hayes (2014, documento *on-line*).

Um dos efeitos acima da média relaciona-se com os cursos de aventura da Outward Bound. Por que andar de caiaque em um rio ou descer um penhasco levaria a uma melhoria na matemática e na leitura? Passamos 10 anos trabalhando com o Outward Bound para entender esse efeito. Se nunca andou de caiaque e tiver um problema na primeira curva do rio, você não tem controle sobre a aprendizagem, uma vez que não tem tempo e não sabe o suficiente para resolvê-lo: é preciso saber como pedir ajuda, de forma rápida e convincente. Da mesma forma, ao enfrentar problemas na escola, precisamos saber como pedir ajuda, o clima de confiança precisa ser alto para permitir que a ajuda seja pedida e ouvida, o aluno precisa ser colocado em situações em que é desafiado a cometer erros (fora da zona de conforto) e deve haver ajuda para resolver o dilema – e depois você rema para a próxima onda. Isso cria uma mentalidade de "sim, nós podemos" para aprender em uma situação em que precisamos assimilar de forma mais rápida e pedir ajuda.

O *mindset* de crescimento* foi desenvolvido por Carol Dweck a partir de um trabalho de pesquisa cuidadoso e preciso. A autora afirmou que o *mindset* de crescimento pode inspirar diferentes objetivos e moldar pontos de vista sobre o esforço, mas não há nada em seus escritos acadêmicos que confirme a existência de um estado mental chamado "*mindset* de crescimento". Isso não é um atributo de uma pessoa, mas sim uma maneira de pensar em uma circunstância particular. Ela realizou vários estudos para entender quando e onde o *mindset* pode ser invocado para levar a melhores resultados. Trata-se mais de uma estratégia de enfrentamento do que de um estado de ser.

A "circunstância particular" é aquele momento em que não sabemos uma resposta, em que cometemos um erro, em que fracassamos quando estamos ansiosos ou não sabemos o que fazer a seguir. Note, por exemplo, algumas das afirmações de Dweck:

> O *mindset* de crescimento leva a pessoa a fazer um esforço empático maior em contextos em que a empatia é desafiadora (p. ex., quando se discorda de alguém ou de alguma pessoa que não sabemos que está sofrendo). (MURPHY; DWECK, 2016, p. 487).

> Em situações em que os alunos estão superconfiantes – eles alocaram menos tempo para problemas difíceis. (MURPHY; DWECK, 2016, p. 98).

> Os gatilhos para quando o crescimento é importante: quando enfrentamos um desafio; recebemos críticas ou nos sentimos mal comparados com os outros; quando somos ameaçados ou estamos na defensiva. (DWECK, 2015, p. 3-4).

> Conflito entre pares e exclusão de pares. (YEAGER; DWECK, 2012, p. 309).

> Quando cometemos erros ou revelamos deficiências, tentamos esconder os erros, sentimos que não temos capacidade. (DWECK, 2017).

> Aqueles que veem "o fracasso é debilitante" em oposição àqueles que veem "o fracasso é estimulante". (HAIMOVITZ; DWECK, 2016, p. 866).

---

* N. de R. T. *Mindset* significa "mentalidade" no sentido da forma como o indivíduo enxerga o mundo e interpreta os acontecimentos ao seu redor.

A questão-chave é: "*Quando* a situação é apropriada para pensar de forma de crescimento em vez de forma fixa?". Nesses casos, ter acesso ao *mindset* de crescimento ajuda a resolver a situação; leva a pessoa adiante, e não à resistência, à reação exagerada e ao medo de fugir para um *mindset* fixo.

Mais recentemente, Dweck (2017) observou que sua pesquisa se relaciona diretamente com a forma como os alunos percebem suas habilidades – que tem uma longa história por meio de termos como "autoatribuição", "lócus de controle", "calibração" e muitas outras noções relacionadas. Ela trouxe uma nitidez para duas das ideias centrais: a crença de que a inteligência ou as habilidades de uma pessoa podem ser mudadas ou de que elas são fixas e imutáveis. Como todos os bons pesquisadores, ela observou que continua aprendendo mais sobre como esses processos estão funcionando, de que forma podem ser aprimorados ou podem ser mal utilizados. Por exemplo, ela afirma que um *mindset* de crescimento não trata meramente de esforço, elogio, sentir-se bem, ter uma perspectiva positiva, acreditar que todo mundo é inteligente ou explicar por que alguns alunos não estão aprendendo ("Ah, ele tem um *mindset* fixo"). Os processos não devem ser usados para caracterizar o aluno como único responsável por aprender ou não; não devem ser usados para classificá-los em uma categoria de *mindset* de crescimento ou fixo; não devem ser utilizados para assumir que o *mindset* de crescimento é um elogio e uma recompensa ao esforço; e não devem ser usados para inculcar *mindset* de crescimento concentrando-se em declarações de missão positiva, cartazes de "eu consigo" e alunos proferindo lugares-comuns sobre o crescimento como se isso levasse ao acontecimento de coisas boas.

De fato, precisamos nos aprofundar mais nas razões para aprender ou não aprender; é preciso haver evidências de quando usar as noções de crescimento e fixas na prática, bem como a linguagem da sala de aula. Muitas vezes, um adulto irá corroborar as afirmações de "crescimento" em suas palavras, mas não em suas ações e reações particulares a erros das crianças. Dweck observa que somos todos uma mistura de noções fixas e de crescimento e que precisamos entender os dois em nós mesmos. A metanálise atual dos programas de crescimento mostra tamanhos de efeito muito baixos, principalmente porque a maioria dos programas não é o que Dweck estava reivindicando e porque é muito difícil mudar de *mindset* fixo para o de crescimento nas situações certas.

Fazer as pessoas buscarem uma meta apropriadamente desafiadora, motivando-as e apelando para suas emoções, é uma habilidade importante se quisermos mudá-las. Isso não é apenas um problema para os políticos, mas também um desafio enfrentado por muitos professores todos os dias em sala de aula: como é possível convencer os alunos a lidar com um problema mais difícil, enchê-los de entusiasmo e inspirá-los? Todo professor sabe que isso não é tarefa fácil. É também uma missão que está se tornando mais complexa à medida que a sociedade se torna mais diversificada e que há mais distrações para atrair interesses, conhecimentos prévios e experiências anteriores. Isso significa que os professores precisam ser agentes de mudança. O Visible Learning contém vários fatores para respaldar essa afirmação. Descrevemos alguns deles a seguir.

Defina as condições: controle de sala de aula

Com um tamanho de efeito de 0,52, "controle de sala de aula" é um dos fatores mais influentes com um extenso histórico de pesquisa (ver Fig. 4.2). O bom controle de sala de aula é um criador de cenário para que a confiança seja desenvolvida, para que a justiça seja dominante e para que a aprendizagem ocorra. As estratégias preventivas são um meio mais eficaz de lidar com comportamentos indisciplinados em sala de aula do que as repreensões e as punições. Essa ideia torna-se visível nas seguintes estratégias de controle de sala de aula, que foram desenvolvidas a partir dos vários resultados de pesquisas sobre o assunto.

Foco e presença

Sinalize aos alunos que você está presente em sala de aula e percebe até mesmo as pequenas coisas. Não dedique toda a sua atenção às interrupções assim que elas acontecem. Em vez disso, permaneça focado na aula e tente tratá-las ao mesmo tempo, por exemplo, com sinais não verbais.

Suavidade e ritmo

Evite o tempo ocioso e a perda de ritmo da aula, porque causam desorientação e muitas vezes levam a interrupções. Essa estratégia envolve a implementação de várias regras e rituais, formatos de trabalho e padrões de comportamento em conjunto com os alunos.

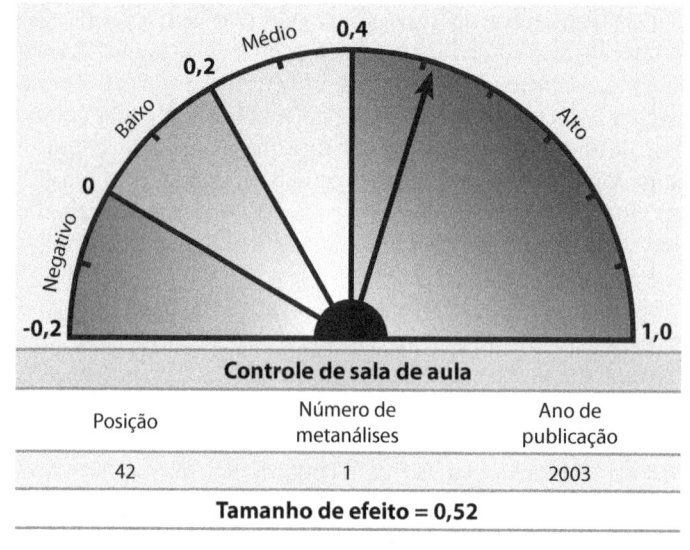

Posição	Número de metanálises	Ano de publicação
42	1	2003

Tamanho de efeito = 0,52

Figura 4.2 Controle de sala de aula.
Fonte: Hattie e Zierer (2017).

Foco no grupo

Com a maior frequência possível, tente dirigir-se a todos os alunos ao mesmo tempo. Se você tiver de falar com um grupo em conjunto, dê ao restante dos alunos uma atividade para mantê-los envolvidos na aprendizagem.

Evite o tédio

Em geral, interrupções na sala de aula podem ser evitadas quando os alunos sentem que a aula é tão estimulante e interessante quanto informativa e divertida. Observe que o tédio é o tamanho de efeito com o impacto mais negativo. A estratégia mais eficaz é envolvê-los em uma aprendizagem apropriadamente desafiadora e torná-los conscientes de seus sucessos incrementais durante o processo, o que os convida de volta à aprendizagem. Uma maneira de fazer isso é incluir situações nas quais os alunos vivenciem o sucesso (incluindo aprender com os erros) e evitar ofendê-los ou constrangê-los, passando atividades que são muito desafiadoras ou entediantes.

Nesse contexto, é importante lembrar que o controle bem-sucedido da sala de aula envolve não apenas a competência, mas também uma mentalidade apropriada: seu objetivo é evitar o comportamento indisciplinado em primeiro lugar tomando medidas preventivas ou reagir ao comportamento indisciplinado impondo punições? Embora você possa alternar entre esses dois objetivos de um minuto para o outro na sala de aula, sua perspectiva de seu próprio papel como professor difere em cada caso: no primeiro, você se vê como um agente de mudança em nome dos aprendizes cujo trabalho é iniciar interações na sala de aula enquanto, no segundo caso, está simplesmente reagindo a essas interações.

Forneça critérios de sucesso para a aprendizagem

Muito tem sido escrito sobre a criação de critérios de sucesso para uma série de aulas. Trabalhamos em (aproximadamente) um ciclo de 6 a 10 semanas para delinear o que é o sucesso. Isso pode ser feito fornecendo exemplos de trabalho A, B e C, experimentando de antemão (não necessariamente no primeiro dia) uma avaliação apropriada para o final do ano, conversando com alunos que já dominam os critérios de sucesso e trabalhando com os alunos para coconstruí-los. Outra maneira de ajudar a entender as noções de sucesso é ser mais específico sobre as intenções de aprendizagem durante o ciclo de aulas que levam aos critérios de sucesso. O ponto fundamental é o de que as intenções de aprendizagem sem critérios de sucesso têm um efeito muito menor; intenções de aprendizagem são formas mais específicas de chegar às noções de sucesso. Sozinhas, podem se tornar desarticuladas, superficiais e demasiadamente jingoístas, e é muito comum não serem sobre aprendizagem, mas sobre o fazer. Não é "o que estamos fazendo hoje?", mas "o que estamos aprendendo hoje?" e "como saberemos quando chegarmos lá?".

Organizadores do progresso

Os organizadores do progresso são um método para estabelecer um vínculo entre o conhecimento existente e as novas informações e para definir e organizar as fases mais importantes do próximo ensino tratando do novo conteúdo. O tamanho de efeito de 0,41 atingido em Visible Learning pode ser considerado como médio, mas, se for combinado com critérios de sucesso, esse efeito aumenta (ver Fig. 4.3).

No entanto, como os resultados das metanálises mostram grande variação, é necessário perguntar sobre os critérios para aplicar com sucesso os organizadores do progresso. Dois aspectos são importantes: primeiro, os organizadores do progresso geralmente são mais eficazes quando não apenas abordam a compreensão da superfície,* mas também levam em consideração a compreensão profunda** (lembre-se, é a proporção apropriada de superfície a profundidade que mais importa). Em segundo lugar, os organizadores do progresso obtêm maiores efeitos quando são disponibilizados aos alunos e não usados apenas como uma ferramenta para planejar as aulas. Esses dois aspectos permitem que o professor mostre aos estudantes a importância do conhecimento e da experiência prévios, torne os critérios de sucesso do próximo processo de aprendizagem visível para eles e chegue

Posição	Número de metanálises	Ano de publicação
67	11	1978–2006

Tamanho de efeito = 0,41

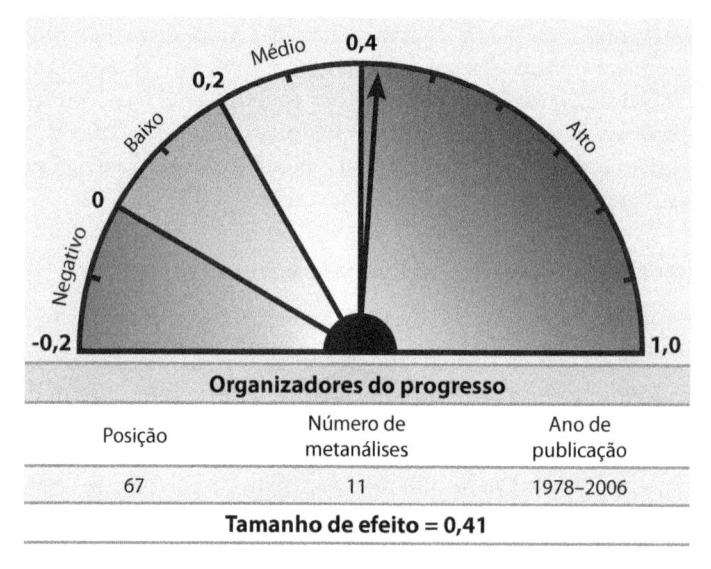

Figura 4.3 Organizador do progresso.
Fonte: Hattie e Zierer (2017).

---

* N. de R. T. Ligada ao conhecimento superficial necessário para entender os conceitos.
** N. de R. T. Ligada ao conhecimento profundo de como as ideias se relacionam umas com as outras e se estendem a outras compreensões.

a um entendimento sobre esses critérios. Essa é uma vantagem fundamental dos organizadores avançados: eles implicam uma mudança na forma como os alunos entendem seu papel no processo de aprendizagem, longe da passividade e em direção à ação e à responsabilidade pessoal. Isso só pode acontecer se os professores se considerarem agentes de mudança. As perguntas a seguir ilustram a ideia de um organizador do progresso.

Nosso tópico

- O que já sei?
- O que preciso aprender?
- Qual é a diferença entre o que sei agora e o que preciso saber?
- O que posso fazer para reduzir essa diferença?

APRENDIZAGEM BASEADA EM PROBLEMAS

A aprendizagem baseada em problemas, método que envolve o uso de um problema para apresentar o conteúdo a ser aprendido, originou-se na tradição de concentrar o ensino mais fortemente no aprendiz. Embora o tamanho de efeito de 0,15 calculado em Visible Learning seja baixo, os resultados da pesquisa sobre o fator são interessantes para o princípio "Sou um agente de mudanças e acredito que todos os alunos podem melhorar": as metanálises demonstram que a aprendizagem baseada em problemas pode, de fato, ter um grande impacto no desempenho dos alunos se for implementada no momento certo no processo de aprendizagem (Fig. 4.4). O momento certo não é aquele em que os alunos ainda estão no domínio da compreensão superficial, quando pode inclusive ter um efeito negativo, mas após terem atingido o domínio da compreensão profunda. Em outras palavras, a aprendizagem baseada em problemas só terá efeito se os alunos já tiverem adquirido a base de conhecimento necessária para concluir atividades nos níveis de transferência e resolução de problemas. Além disso, exige que os professores tenham não apenas a competência para identificar os níveis de aprendizagem dos alunos no início e, em seguida, atribuir-lhes problemas apropriados, mas que também tenham os princípios certos para levá-los ao domínio da compreensão profunda e motivá-los a trabalhar nos problemas. Focar nos problemas é, sem dúvida, uma abordagem excepcional do ponto de vista pedagógico, porque tem efeitos fundamentais na construção de uma cultura positiva de erros, sendo uma parte valiosa do processo de *feedback*, bem como na autorregulação dos alunos e na possibilidade de dividir a turma em grupos. Para ser eficaz, a aprendizagem baseada em problemas depende de vários aspectos, mas é um dos muitos métodos que os professores podem implementar com base em evidências.

Os fatores "controle de sala de aula", "organizadores do progresso" e "aprendizagem baseada em problemas" indicam a importância da perspectiva do professor

	Aprendizagem baseada em problemas	
Posição	Número de metanálises	Ano de publicação
128	9	1993–2008
	Tamanho de efeito = 0,15	

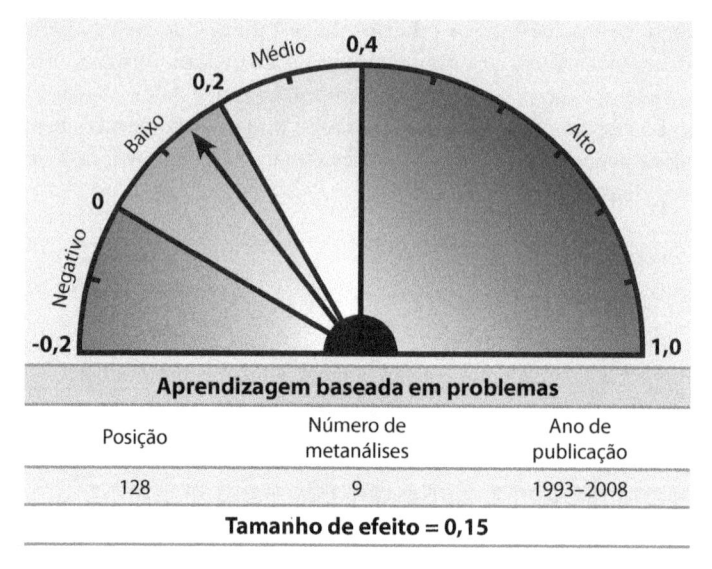

Figura 4.4 Aprendizagem baseada em problemas.
Fonte: Hattie e Zierer (2017).

para a reflexão e as ações dele em sala de aula. Tão importante quanto o que os professores veem é como eles veem e por quais crenças e julgamentos são guiados. A perspectiva docente sobre aprender e ensinar, portanto, tem efeitos duradouros sobre o sucesso de crianças e jovens na escola.

OS ALUNOS PRECISAM ESTAR MOTIVADOS

Diante dos resultados obtidos em pesquisas sobre a influência da motivação na aprendizagem, o tamanho de efeito de 0,48 para "motivação" no Visible Learning não surpreende: a aprendizagem requer motivação, e é difícil iniciar processos de aprendizagem sem ela. A princípio, pode parecer pouco importante se essa motivação é interna (intrínseca) ou externa (extrínseca), porque o aprendiz tentará com afinco em ambos os casos. Quando se olha mais de perto para essas duas formas de motivação, percebe-se uma diferença importante no que diz respeito à intensidade e à retenção da aprendizagem: enquanto a aprendizagem motivada de forma extrínseca geralmente permanece no domínio da compreensão superficial e leva apenas a ganhos de aprendizagem de curto prazo, a motivada de forma intrínseca leva a uma compreensão profunda e possibilita ganhos de longo prazo. Esta última é, portanto, preferível em comparação à primeira.

Os professores podem enquadrar esse problema em termos psicológicos e questionar: como posso promover motivação intrínseca nos alunos? Ou podem abordá-

-lo do ponto de vista metodológico e considerar: quais possibilidades estão disponíveis para motivar os alunos? Todos os professores sabem que não são perguntas fáceis de responder. Assim que entramos na sala de aula, fica claro pelas expressões faciais e pela linguagem corporal dos alunos se eles demonstrarão interesse no que está por vir. Em último caso, os professores têm duas opções: podem assumir essa indiferença como um dado e conformar-se com o fato de que os alunos ficarão perdidos por toda a sequência didática ou podem questionar a si mesmos e seus ensinamentos e reconsiderar as possibilidades de motivar os alunos, a fim de finalmente despertar o interesse deles na aula. Não é preciso dizer que a primeira decisão é uma questão de ter a mentalidade certa e que a segunda opção será mais bem-sucedida. É responsabilidade dos professores definir o tom da aula e motivar os alunos, e não o contrário.

O mesmo vale para situações em que a estratégia de motivação escolhida acaba sendo malsucedida. Mais uma vez, os professores têm duas opções para lidar com a situação: podem argumentar que os alunos não entenderam as coisas novamente e se consolar com o fato de que fizeram tudo o que podiam, ou podem pensar em novas estratégias, encarar o fracasso dos alunos como seu próprio fracasso e, portanto, considerá-lo um desafio.

Pesquisas empíricas em educação oferecem vários modelos práticos para ajudar os professores a enfrentar esse desafio, para se verem como agentes de mudança repetidas vezes e agirem de acordo. Esses modelos procuram reunir métodos que demonstraram ter um efeito positivo na aprendizagem do aluno. Um modelo útil para motivar os alunos é o modelo ARCS, de John Keller (2010) (Tab. 4.1).

Esse modelo distingue quatro categorias de motivação que os professores podem estimular aplicando as estratégias motivacionais correspondentes:

- Estratégias para suscitar atenção incluem a geração de um conflito entre o conhecimento prévio e uma observação, o uso de humor ou dar a oportunidade aos alunos para que façam perguntas.

- Estratégias para gerar relevância incluem destacar a importância atual ou futura do tópico de uma aula.

- Estratégias para gerar confiança incluem a apresentação de atividades que os alunos (mal) são capazes de completar ou que fortaleçam sua autoconfiança.

- Estratégias para gerar satisfação incluem o fortalecimento de desenvolvimentos positivos ou o reconhecimento inesperado por uma conquista dos alunos.

Como a motivação pode variar, não é possível alcançar todos os alunos com a mesma estratégia motivacional. Isso significa que é necessário aplicar diferentes métodos.

TABELA 4.1 Modelo ARCS

	Motivação perceptual	Motivação investigativa	Variabilidade
Atenção	Fornece novidade e surpresa	Estimula a curiosidade ao apresentar perguntas ou problemas para resolver	Incorpora uma variedade de métodos e recursos para atender às diferentes necessidades dos alunos
Relevância	**Orientação de objetivos** Apresenta objetivos úteis do ensino e métodos específicos para o desempenho bem-sucedido	**Correspondência de motivações** Faz uma correspondência entre as necessidades dos alunos e suas motivações	**Familiaridade** Apresenta conteúdo de modo que são entendíveis e relacionados às experiências e aos valores dos alunos
Confiança	**Requerimentos de aprendizagem** Oferece informações aos alunos sobre a aprendizagem e as exigências de desempenho e critérios de avaliação	**Oportunidades bem-sucedidas** Fornece oportunidades desafiantes e significativas para a aprendizagem bem-sucedida	**Responsabilidade pessoal** Vincula o sucesso de aprendizagem às habilidades e ao esforço pessoal dos alunos
Satisfação	**Reforço intrínseco** Estimula e apoia o prazer intrínseco da experiência de aprendizagem	**Recompensa extrínseca** Fornece reforço positivo e *feedback* motivacional	**Igualdade** Mantém padrões e consequências consistentes para o sucesso

Fonte: Keller (2010).

CONTRA A VARIEDADE POR SI MESMA: UM APELO À VARIEDADE DE MÉTODOS BASEADA EM EVIDÊNCIAS

Há uma crença generalizada de que uma boa aula é aquela que se desenrola sem problemas e mantém os alunos ocupados pela maior parte do tempo com uma grande variedade de métodos. Não há dúvida de que aulas como essa parecem ordenadas e estruturadas, mas isso não faz delas boas aulas. Só porque os alunos estão envolvidos em atividades prolongadas não significa que usem o tempo de aprendizagem de forma eficaz e só porque uma variedade bem coordenada de métodos foi utilizada não significa que todos os objetivos de aprendizagem foram alcançados. Como ilustração dessa questão, considere a seguinte história sobre a formação de professores. Infelizmente, tais situações não são algo do passado, mas ainda hoje acontecem.

Muitos professores estagiários são convidados a dar aulas de demonstração envolvendo trabalho individual, em duplas e em grupos e protagonizam uma aula expositiva, uma apresentação de alunos e uma discussão em sala de aula. Se o estagiário conseguir integrar todos esses elementos na aula – o que, para ser irônico, costuma ser o caso se os alunos forem orientados a desempenhar seus papéis corretamente de antemão –, ele recebe uma nota perfeita, considerando que a aula integrava uma ampla variedade de métodos.

No entanto, a ênfase é colocada no aspecto errado nesse exemplo: muito mais importante do que a variedade dos métodos aplicados pelo professor é o seu grau de sucesso e se os objetivos foram alcançados. A questão fundamental nas aulas de demonstração deve ser, em primeiro lugar, se os métodos usados ajudaram a alcançar os objetivos de aprendizagem e, segundo, se o estagiário demonstrou e forneceu evidências empíricas para isso na aula. Isso torna a evidência o critério para a seleção de um método, confirmando na prática a suposição teórica de Wolfgang Klafki (1996) de que a didática deve ter precedência sobre a metodologia.

Essa perspectiva também deixa claro que não existe um único método de ensino. Trata-se menos de uma questão de defender um método particular de ensino e mais de perguntar sobre o impacto do ensino e de mudar o método para alcançar os critérios de sucesso da aula. Se, por exemplo, o professor não conseguiu fazer os alunos alcançarem os objetivos de aprendizagem, apesar de ter implementado um material bem pensado e criativo, então não foi uma boa aula. Se o professor conseguiu levar todos os alunos ao sucesso com uma aula monótona, por outro lado, seria uma boa aula. Essas condições também podem, é claro, aparecer na ordem inversa.

No entanto, a seguinte consideração mostra por que ainda pode fazer sentido exigir que os professores estagiários usem o maior número possível de métodos em suas aulas de demonstração: é relativamente fácil mostrar que se aplicou um único método com sucesso, mas é preciso ter bastante profissionalismo para fornecer evidências do sucesso de diferentes métodos aplicados em várias etapas do processo didático.

Portanto, recomendamos a aplicação de uma variedade de métodos baseados em evidências: é necessária uma diversidade de métodos, mesmo que seja devido apenas às diferenças nos níveis de aprendizagem dos alunos no início da aula. Ao mesmo tempo, no entanto, essa "diversidade de mentes", como Johann Friedrich Herbart (1808) denomina, também exige que se examinem quais métodos foram implementados com sucesso e quais não foram – a fim de tomar decisões baseadas em evidências na sequência da aula.

A aplicação de métodos baseados em evidências não exige um procedimento adicional, altamente padronizado e científico de coleta de dados – já existem dados suficientes disponíveis, e seria aconselhável, em muitos casos, fazer bom uso deles antes de conduzir novos estudos. Em vez disso, evidências nesse contexto significam dados existentes que um professor coleta durante os dias escolares regulares: observação do trabalho em grupo, conclusão de uma folha de atividades ou coisas ditas pelos alunos ou em reuniões com os pais, para citar apenas alguns exemplos. Analisar os efeitos desses dados, relacioná-los ao pensamento e às ações de cada um e basear-se em descobertas empíricas de pesquisa para apoiar a tomada de decisões são os elementos cruciais da abordagem baseada em evidências para os métodos recomendados em Visible Learning. Portanto, não se trata de coletar mais dados, mas de analisar os dados disponíveis de outra maneira.

MASSA CRÍTICA: SOBRE AS CONDIÇÕES PARA UMA MUDANÇA BEM-SUCEDIDA

Os diretores frequentemente se perguntam quantos funcionários do corpo docente eles precisam conquistar para implementar uma determinada reforma. Da mesma forma, os professores se perguntam repetidas vezes quanto apoio precisam dos alunos para iniciar com sucesso um processo de aprendizagem. Em geral, a resposta que se ouve para essas perguntas é: 100%.

Além do fato de que essa resposta coloca os envolvidos sob uma enorme pressão, também está incorreta: pesquisas da área de economia (ENDRES; MARTIENSEN, 2007) mostram que pode ser suficiente para uma empresa que deseja obter o monopólio de um mercado começar com uma fatia de não 100%, não 50%, mas apenas 20 a 30%. Isso demonstra que realizar mudanças envolve atingir uma massa crítica.

Os teóricos dos jogos falam a respeito de um limiar. Uma vez alcançado, um desenvolvimento é iniciado sem qualquer intervenção adicional, reformando o sistema e substituindo-o por um novo. Estudos mostraram que esse efeito é particularmente comum em processos dinâmicos em grupo e é, portanto, relevante para todas as formas de liderança e gestão.

Consequentemente, será suficiente para os diretores convencerem uma massa crítica de professores de sua visão e transformá-la com sucesso em ação, assim como também será suficiente para os professores despertarem uma massa crítica de interesse e motivação nos alunos para iniciar um processo de aprendizagem. Não há uma fórmula geral para aferir até que ponto essa massa crítica precisa estar em casos concretos, mas uma coisa é certa: ela será inferior a 100%.

Essa percepção das condições para uma mudança bem-sucedida alivia a pressão, por um lado, e estimula, por outro. Demonstra que vale a pena iniciar reformas, mesmo que nem todos estejam (ainda) a bordo. O segredo para o sucesso é alcançar uma massa crítica.

POR ONDE COMEÇO?

Há muitas possibilidades de mudança na escola e no ensino, e nossa discussão sobre o tópico anterior já fornece uma riqueza de material para o desenvolvimento de ideias. A seguir, delimitamos o foco para a questão de como aplicar uma variedade de métodos baseados em evidências, porque esse é um fator-chave para tornar a aprendizagem visível e, assim, formar o âmago do princípio: "Sou um agente de mudanças e acredito que todos os alunos podem melhorar".

Gostaríamos de começar apontando duas ideias básicas que são particularmente relevantes neste ponto do livro, mas que são um tema recorrente em todos os capítulos: o princípio "Sou um agente de mudanças e acredito que todos os alunos podem melhorar" requer tanto uma busca constante de evidências quanto uma estreita cooperação com os colegas. A evidência é necessária porque ajuda a determinar se um método alcançou o efeito desejado e se de fato ocorreram as mudanças nos alunos que eram o objetivo de reflexões e ações. E porque há frequentemente uma discrepância entre sua própria percepção de uma situação e de outras pessoas, também é fundamental discutir a sua didática com outros professores. Eles podem ajudar a tornar seu próprio impacto visível, a olhar criticamente para ele e a desenvolvê-lo ainda mais em uma direção construtiva. Nesse aspecto, são os colegas que impulsionam o desenvolvimento de seu próprio profissionalismo e conhecimento. Quatro olhos veem mais do que dois, pode-se concluir, ou como Martin Buber (1958) diria: uma pessoa se torna um "eu" por meio de um "tu". Vale a pena observar o Capítulo 3 sobre "Colaboro com os colegas e alunos sobre concepções de progresso e meu impacto".

Anteriormente neste capítulo, argumentamos que a aprendizagem depende da motivação e que nós, professores, precisamos ter uma variedade de estratégias motivacionais à nossa disposição. Comece refletindo sobre suas estratégias favoritas com base no modelo ARCS. Para isso, preencha a seguinte tabela e discuta sua autoavaliação com um colega.

Quais estratégias de motivação eu uso?			
Atenção	Relevância	Confiança	Satisfação

Vários estudos chamam atenção para o fato infeliz de que os professores passam menos tempo falando sobre seu próprio ensino do que sobre qualquer outra coisa durante uma típica semana escolar. Essa é a razão pela qual muitos professores passam horas frustrantes tentando decidir quais estratégias motivacionais aplicar durante a sequência didática. Isso envolve criatividade, e é muito mais fácil desenvolver a criatividade em uma equipe. O próximo passo é, portanto, reunir-se com um colega e debater várias estratégias motivacionais – primeiro para uma aula concreta e depois para uma sequência didática inteira. Ao aplicar essas estratégias de motivação, enfatize o efeito que elas têm sobre os alunos, por exemplo, aplicando vários métodos de *feedback* e considerando seu desempenho de aprendizagem durante a aula. Discuta esses pontos com os colegas e se pressionem para produzir dados. O que é crucial não é sua intuição, mas as realidades, e a melhor maneira de tornar essas realidades visíveis é por meio da aprendizagem bem-sucedida. Revise tudo e mantenha o que está funcionando melhor. Uma boa maneira de fazer isso é preencher a tabela a seguir, que permite acompanhar o sucesso das estratégias motivacionais baseadas em evidências aplicadas em uma sequência didática específica.

Estratégias motivacionais e sua efetividade na perspectiva dos alunos			
Atenção	Relevância	Confiança	Satisfação
Alta Média Baixa	Alta Média Baixa	Alta Média Baixa	Alta Média Baixa
Alta Média Baixa	Alta Média Baixa	Alta Média Baixa	Alta Média Baixa
Alta Média Baixa	Alta Média Baixa	Alta Média Baixa	Alta Média Baixa

Também é possível elaborar tabelas semelhantes sobre outros princípios didáticos, ilustrando a variedade de métodos que você aplica, por um lado, e documentando sua eficácia na perspectiva dos alunos, por outro. Elas podem incluir vários meios de diferenciação para ajudá-lo a tomar decisões sobre objetivos, conteúdo, métodos, recursos didáticos, espaço e tempo. A próxima tabela fornece um exemplo que você pode completar novamente com um colega para se preparar para uma sequência didática específica. Ela permite que você integre e estruture os vários níveis de desempenho dos alunos – um dos principais meios de diferenciação, se não o mais importante de todos – incluindo os níveis de desempenho uniestrutural, multiestrutural, relacional e abstrato ampliado.

Um último exemplo que gostaríamos de fornecer, devido à sua eficácia, conforme apresentado neste livro, é a prática deliberada. Aqui também é uma boa ideia trabalhar em conjunto com um colega e desenvolver várias estratégias, reuni-las em uma lista e procurar evidências para apoiá-las. Não tenha medo de usar folhas de atividades ou livros didáticos para essa tarefa. Uma das maiores falhas da escola e do ensino e, em particular, da formação de professores é a prática de levar jovens professores a acreditarem que é melhor planejar tudo por conta própria: não há necessidade de reinventar a roda do ensino. Há muitas boas ideias apenas esperando para serem usadas, e certamente também há muitas ideias ruins que nem vale a pena experimentar. O desafio, portanto, está em aplicar materiais existentes e procurar evidências para determinar o que funciona e o que não funciona.

Estratégias de diferenciação e sua efetividade na perspectiva dos alunos						
Objetivos	Conteúdo	Métodos	Recursos	Espaço	Tempo	
Nível uniestrutural	Alta Média Baixa	Alta Média Baixa	Alta Média Baixa	Alta Média Baixa	Alta Média Baixa	Alta Média Baixa
Nível multiestrutural	Alta Média Baixa	Alta Média Baixa	Alta Média Baixa	Alta Média Baixa	Alta Média Baixa	Alta Média Baixa
Nível relacional	Alta Média Baixa	Alta Média Baixa	Alta Média Baixa	Alta Média Baixa	Alta Média Baixa	Alta Média Baixa
Nível abstrato ampliado	Alta Média Baixa	Alta Média Baixa	Alta Média Baixa	Alta Média Baixa	Alta Média Baixa	Alta Média Baixa

Exercícios e sua eficácia na perspectiva do aluno							
Nível uniestrutural		Nível multiestrutural		Nível relacional		Nível abstrato ampliado	
Tarefa de amostra	Alta Média Baixa	Tarefa de amostra	Alta Média Baixa	Tarefa de amostra	Alta Média Baixa	Tarefa de amostra	Alta Média Baixa

Como o nível inicial de aprendizagem dos alunos também é um dos fatores-chave para a prática, se não o mais importante de todos, incluímos novamente os quatro níveis de desempenho na tabela anterior.

Combinando esses passos, como a criação de tabelas e listas de motivação, diferenciação e prática e a procura de evidências que servem como suporte, é possível estabelecer uma base para caminhos de aprendizagem. Esses são roteiros de aula, incluindo métodos e recursos didáticos adequados para fazer planos de aprendizagem para diferentes objetivos didáticos, abrindo, assim, uma variedade de opções para os alunos. Eles podem ser ajustados para se adequar ao nível de aprendizagem do aluno no início da aula e durante o curso do processo de aprendizagem (HATTIE, 2014, p. 88). A condição para isso é que o professor deva diagnosticar corretamente o nível inicial de aprendizagem dos alunos, envolvê-los em um diálogo contínuo, avaliar regularmente seu ensino e criticar sua própria abordagem. A busca por evidências é crucial para esse processo, por isso é importante coletar *feedback*, avaliar o processo de aprendizagem e conduzir outros procedimentos de avaliação. As etapas necessárias para os caminhos de aprendizagem bem-sucedidos podem ser resumidas pela sigla DIA na frase "O que os professores devem lembrar de fazer todo DIA": diagnosticar (D), intervir (I) e avaliar (A).

Lista de verificação

Reflita sobre as seguintes questões na próxima vez que planejar uma aula:

- Use uma variedade de estratégias de controle de sala de aula.
- Tente usar estratégias preventivas para lidar com o comportamento indisciplinado em sala de aula.
- Você não precisa do apoio total dos alunos para iniciar mudanças. Em vez disso, tente obter uma massa crítica de alunos que acreditem em suas ideias.
- Não reinvente tudo. Em vez disso, teste o que já está disponível procurando evidências.
- Desenvolva caminhos de aprendizagem, por exemplo, aplicando uma variedade de estratégias de motivação, diferenciação e prática. Ao fazê-lo, não se esqueça de incluir também as possibilidades de tornar visível o sucesso do caminho de aprendizagem.
- Complemente sua avaliação dos métodos escolhidos com avaliações dos alunos. Exija *feedback*.
- Converse com os seus colegas sobre os métodos, usando evidências para apoiar seu ponto de vista.

Exercícios

- Volte ao questionário para autorreflexão no início do capítulo e complete-o novamente com uma cor diferente. Onde e, mais importante, por que sua perspectiva sobre as declarações mudou? Discuta sua autoavaliação com um colega.
- Planeje um caminho de aprendizagem delineando vários meios de motivação, diferenciação e prática para uma sequência didática. Discuta com um colega antes e depois de ensinar a sequência e inclua também as evidências.
- Planeje sua próxima aula levando em conta o nível inicial de aprendizagem dos alunos e inclua um organizador do progresso. Discuta seu plano e a aula com um colega.

5

Esforço-me para que os alunos sejam desafiados, e não apenas para que "façam o seu melhor"

QUESTIONÁRIO PARA AUTORREFLEXÃO

Avalie-se de acordo com as seguintes afirmações:
1 = discordo totalmente, 5 = concordo totalmente.

Sou muito bom em...
...desenvolver atividades desafiadoras com base nos níveis de aprendizagem.
...estabelecer objetivos de aprendizagem desafiadores de acordo com as necessidades de aprendizagem dos alunos.

Sei perfeitamente bem...
...que as atividades nas minhas aulas devem ser desafiadoras.
...que os requisitos de aprendizagem devem ser desafiadores para os alunos.

Meu objetivo é sempre...
...planejar minha aula para incluir objetivos desafiadores baseados no nível de aprendizagem.
...planejar atividades para que sejam um desafio para os alunos.

Estou plenamente convencido...
...de que é importante que os alunos se esforcem.
...de que objetivos de aprendizagem desafiadores e adequados podem ser formulados apenas com base no nível de aprendizagem.

> **Cenário**
>
> Todo professor já viu o brilho nos olhos de um aluno quando a aprendizagem se tornou visível não apenas em termos quantificáveis, mas também em um sentido emocional: o aluno aceita o desafio e lida com um trabalho que será difícil. A sensação que esse aluno experimenta é fácil de ver: "Vai ser difícil e, talvez, eu não consiga. Mesmo existindo uma grande chance de fracassar, vou tentar!". Quão grande é a alegria do aluno quando seu esforço e trabalho são seguidos de sucesso? Esses são os momentos que fazem o ensino valer a pena – como os aplausos que um ator de teatro recebe ao final de uma apresentação.

QUAL É O ASSUNTO DESTE CAPÍTULO?

Esse cenário ilustra a mensagem principal deste capítulo: a aprendizagem precisa ser um desafio, e é o principal trabalho do professor fazer isso e, ao mesmo tempo, garantir que o nível de desafio não seja nem muito elevado nem muito entediante.

Quando terminar de ler este capítulo, você vai poder usar essa mensagem como base para explicar:

- a importância dos fatores "clareza do professor", "objetivos" e "aceleração";
- como induzir um estado de fluxo nas aulas;
- quais taxonomias de objetivos de aprendizagem existem e como elas podem ser implementadas efetivamente;
- o que é o princípio de Cachinhos Dourados e por que é significativo para a escola e o ensino.

EM QUAIS FATORES DO VISIBLE LEARNING SE BASEIA ESSE PRINCÍPIO?

Parece óbvio que a sequência didática seja realizada de acordo com os objetivos. No entanto, com muita frequência, os professores não pensam nos objetivos de aprendizagem ao planejar as aulas (WERNKE; ZIERER, 2016). Muitas vezes, eles não conseguem sequer nomear seus objetivos depois de dar a aula – nem os alunos: eles saem da sala de aula exatamente como entraram uma hora antes, mas o objetivo de deixá-los ocupados foi atingido.

Graham Nuthall passou muitos anos ouvindo conversas entre alunos e professores. O que ficou mais aparente em sua pesquisa foi que os professores não conversam com os alunos sobre aprender ou pensar; eles falam mais sobre prestar atenção e não incomodar os outros, sobre os recursos que os alunos precisarão usar e sobre as atividades: quanto tempo a atividade deve ocupar e o que acontecerá se não for terminada a tempo (NUTHALL, 2007). Os alunos falam sobre as mesmas coisas:

continuamente comparam o quanto fizeram, quanto tempo vai demorar, se os títulos precisam ser sublinhados, onde a reposta foi encontrada, se é preciso escrever tudo. Está claro para Nuthall (2007) que os alunos não se tornam especialistas em conteúdo, mas em procedimentos de sala de aula que são impressos aula após aula, dia após dia. O desafio em muitas salas de aula é conhecer as regras e os procedimentos do professor, e não o desafio de aprender.

Teste você mesmo e pergunte aos alunos no final da aula qual era o objetivo da aula (escolha uma que você considera ter sido bem-sucedida e outra em que não acha que alcançou os objetivos). Os alunos falam sobre os procedimentos ou o conteúdo? Falam sobre os desafios ou sobre se concluíram o trabalho (independentemente do padrão)? Falam sobre o que erraram e o que não entenderam? Sobre o que eles não sabem? Sobre as estratégias que aplicaram quando não tinham certeza? Fizeram comparações com os colegas? Não queremos que os alunos digam "Isso é difícil, não vou conseguir", mas "Isso é difícil, quero tentar". Esse é o nosso desafio. Essa é a essência do princípio "Esforço-me para que os alunos sejam desafiados, e não apenas para que 'façam o seu melhor'".

A seguir, apresentamos os principais fatores que estão relacionados ao desenvolvimento de uma aprendizagem desafiadora: "clareza do professor", "objetivos" e "pular um ano escolar".

Clareza do professor

O fator "clareza do professor" faz parte de quase todos os padrões de qualidade de ensino: Andreas Helmke (2010), Hilbert Meyer (2013), Jere Brophy (1999) e o projeto MET (Bill e Melinda Gates Foundation, 2010) veem a clareza do professor como um dos pilares do ensino bem-sucedido. Dessa forma, não é de se surpreender que esse fator, que está ligado ao princípio "Esforço-me para que os alunos sejam desafiados, e não apenas para que 'façam o seu melhor'", atinja um tamanho de efeito de 0,75 em Visible Learning (ver Fig. 5.1). O que envolve a clareza do professor? A resposta está na capacidade de nomear todas as etapas de planejamento em relação aos objetivos, ao conteúdo, aos métodos e recursos didáticos e usar exemplos para explicá-las aos alunos. Os professores que conseguem fazer isso também serão capazes de oferecer tarefas de tal forma que os alunos as percebam como um desafio em direção a um objetivo de aprendizagem. No entanto, o mais importante é tornar os objetivos da aula claros para os alunos, tornando-os apropriadamente desafiadores e proporcionando muitas maneiras e oportunidades de monitorar o progresso começando do ponto em que o aluno inicia em direção aos objetivos da aula.

Objetivos

O fator "objetivos" atinge um tamanho de efeito de 0,50 no Visible Learning (ver Fig. 5.2). Os objetivos estão intimamente relacionados a vários outros fatores já

Posição	Número de metanálises	Ano de publicação
9	1	1990

Tamanho de efeito = 0,75

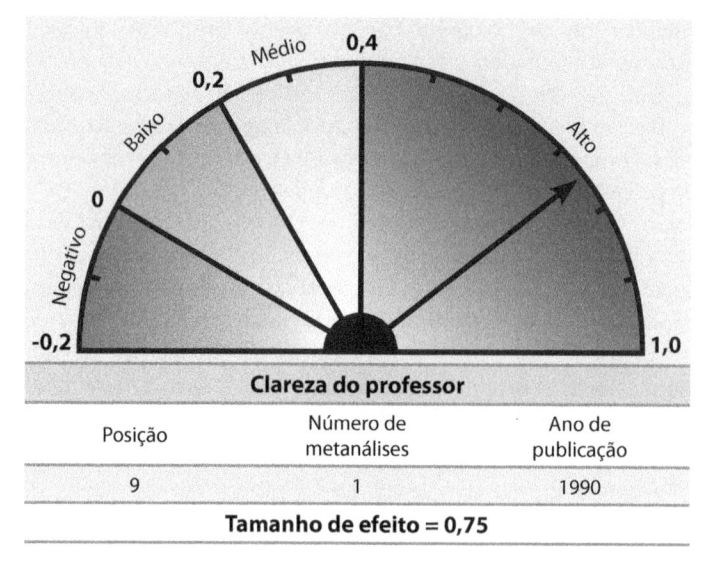

Figura 5.1 Clareza do professor.
Fonte: Hattie e Zierer (2017).

Posição	Número de metanálises	Ano de publicação
48	13	1984–2010

Tamanho de efeito = 0,50

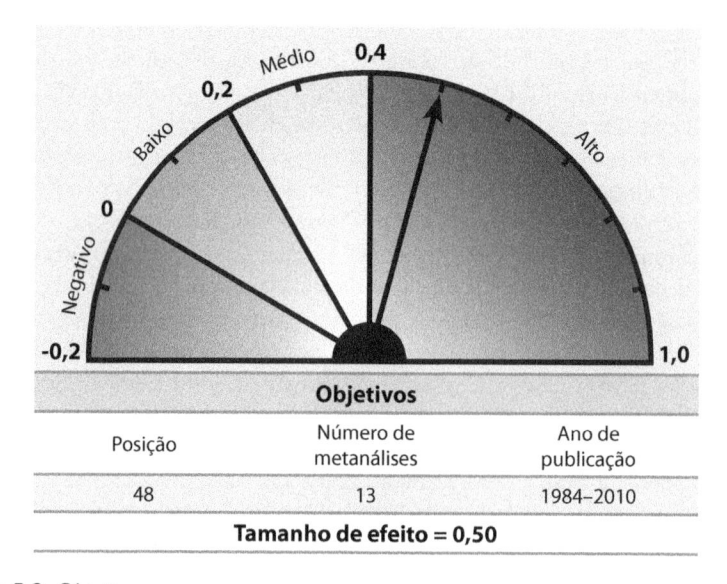

Figura 5.2 Objetivos.
Fonte: Hattie e Zierer (2017).

abordados no livro, em especial ao alinhamento com o princípio "Foco na aprendizagem e na linguagem da aprendizagem".

Na discussão, chamamos atenção para o fato de que os processos de aprendizagem são mais bem-sucedidos com base no grau em que os professores consideram o conhecimento prévio dos alunos. Isso inclui saber em quais espaços os alunos estão aprendendo, o que pensam sobre a aprendizagem e suas experiências, e o que trazem de casa e de sua cultura e; então, tomar essa aprendizagem prévia como base para seu ensino e sua didática. Isso implica que pode ser necessário definir objetivos em diferentes níveis de dificuldade para diferentes alunos, o que é um problema que discutiremos mais tarde. Outra questão importante nesse contexto é a de que não estamos nos referindo aos objetivos que normalmente encontramos especificados nos currículos. Muitas vezes, os objetivos curriculares estão distantes dos alunos – muito longe da aprendizagem em uma aula ou dos desafios de um dia específicos. Objetivos de ensino mais concretos são necessários para atender aos requisitos específicos que os alunos devem usar para capacitá-los a se concentrar em objetivos explícitos de aprendizagem.

O aspecto mais importante sobre os objetivos é que eles devem especificar o nível de desafio a ser atingido na aula: em termos de ideias, relações entre ideias ou transferência de conhecimento e compreensão para novas atividades. É o grau de domínio que precisa ser comunicado. Mager (1997) acrescenta mais três critérios que valem a pena (embora o terceiro esteja próximo do nosso atributo-chave de objetivos desafiadores):

1. Eles precisam descrever os comportamentos observáveis que os alunos devem apresentar no final da aula (p. ex., escrever, calcular ou ler).
2. Eles precisam nomear as condições para monitorar o comportamento dos alunos (p. ex., quanto tempo é permitido para completar a atividade, quais auxílios são permitidos, se os alunos podem trabalhar em conjunto com os colegas).
3. Eles precisam especificar padrões de avaliação para determinar se e até que ponto os alunos alcançaram o objetivo (p. ex., quantas atividades precisam ser concluídas corretamente).

Isso também ilustra o motivo pelo qual o conselho "faça o melhor possível", ouvido com frequência em contextos pedagógicos, não é muito útil para o processo de aprendizagem. É muito vago e impreciso, arbitrário demais para permitir uma análise detalhada e convincente. De fato, a maioria dos estudos nas metanálises contrasta "faça o seu melhor" com atividades "apropriadamente desafiadoras", o que leva a grandes diferenças na qualidade da aprendizagem. Se, por exemplo, um corredor (Jesse) estabelece o objetivo de fazer o seu melhor em um percurso de 10 quilômetros, como ele deve avaliar a corrida? Jesse vai se dar melhor se definir um tempo concreto como um objetivo e tentar alcançá-lo (como correr os 10 quilômetros em menos de 60 minutos). Esse objetivo seria ainda mais incrível se relacionado ao melhor tempo pessoal de Jesse. Nesse caso, o objetivo seria uma tarefa apropriadamente desafiadora. Além disso, refere-se a uma das principais questões dos objetivos bem-sucedidos: não é suficiente que os professores sejam claros sobre os objetivos de ensino. Por mais importante que seja, esse é apenas o primeiro passo. O segundo passo envolve assegurar que essa clareza seja também entendida pelos alunos ao alcançar um entendimento com eles sobre como a aprendizagem deve prosseguir, permitindo que os critérios para uma aprendizagem bem-sucedida sejam visíveis.

Em vez de dizer "façam o melhor que puder", considere o valor de "recordes pessoais". Pelo menos os "recordes pessoais" têm uma sensação de realização para referenciar nossa aprendizagem atual. O que já entendemos e podemos aprender mais ou melhor que isso? Andrew Martin (2012) mostrou que "recordes pessoais" predizem positivamente as aspirações dos alunos, a participação nas aulas, o aproveitamento escolar, a perseverança e o engajamento nas atividades escolares e a realização e o esforço em provas. O maior valor do "recorde pessoal" é que ele faz os objetivos "pertencerem" aos alunos, deixa claro no que precisam se esforçar para superar a marca anterior, ajuda a direcionar a atenção e o esforço para as tarefas relevantes ao objetivo, cria uma pressão interna a ser realizada enquanto desperta energia e esforço e assim pode energizar os alunos para perseverar e permanecer na tarefa (muitas vezes, apesar do fracasso) para alcançar os "recordes pessoais". Os "recordes pessoais" podem se relacionar com cada um dos critérios de Mager: mostrar mais ou melhores trabalhos, verificar e revisar o trabalho, tentar mais perguntas, trabalhar em colaboração com os outros, usar melhor o tempo, buscar conselhos sobre os padrões de avaliação do sucesso, ter melhor desempenho nas atividades (MARTIN, 2012).

PULAR UM ANO ESCOLAR (ACELERAÇÃO DE ANO)

Pular um ano escolar, ou aceleração de ano, é uma medida baseada na mesma suposição da reprovação: ajudar o aluno fazendo um ajuste estrutural na velocidade de aprendizagem. Em termos de efeitos e frequência, no entanto, esses fatores não poderiam ser mais diferentes. Enquanto os alunos são reprovados com mais frequência, poucos são os que têm permissão para pular um ano, e, ao passo que a reprovação tem efeitos negativos (-0,13), a aceleração leva a efeitos positivos (0,68) (ver Fig. 5.3). Por que pular um ano é tão bem-sucedido? O que acontece na aceleração que não acontece quando uma criança é reprovada? As metanálises incluídas no Visible Learning sugerem que não é a medida estrutural de reprovação como tal, mas principalmente o que ela revela nas interações subsequentes: alunos que foram reprovados tendem a estagnar em sua aprendizagem, porque frequentemente passam o ano sentados em uma sala de aula semelhante, fazendo um trabalho semelhante, com interações semelhantes. Apenas em casos

Aceleração		
Posição	Número de metanálises	Ano de publicação
15	3	1984-2011

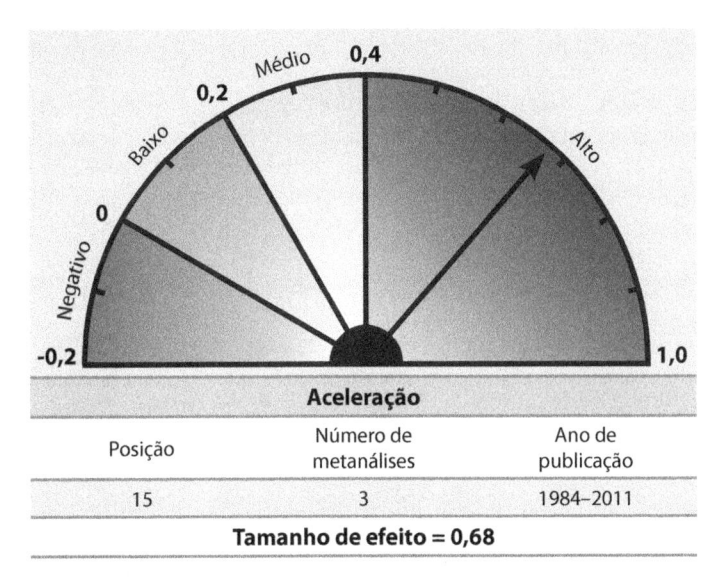

Tamanho de efeito = 0,68

Figura 5.3 Aceleração.
Fonte: Hattie e Zierer (2017).

raros, eles (ou os professores) realmente lidam com os problemas que levaram à sua reprovação e consideram sua falha no processo de aprendizagem como uma oportunidade. Raramente são realizadas discussões aprofundadas com todos os envolvidos e dificilmente é realizado um plano detalhado e diferenciado para o estudo de remediação. Como consequência, os que repetem de ano geralmente não aprendem nada de novo, mas ficam entediados, recebem a mensagem marcante de que não são aprendizes e cometem os mesmos erros cometidos no ano anterior. A aceleração de ano leva a diferentes interações: alunos que pulam um ano recebem atividades que são mais adequadas ao seu nível de aproveitamento do que as anteriores. O ensino agora está ajustado para se adequar ao senso de desafio do aluno.

O princípio básico da aceleração – aprendizagem desafiadora – pode ser alcançado por outros métodos além de pular um ano, como dominar a aprendizagem (avançar quando o padrão de aprendizagem é alcançado), ter ensino individualizado, compactar o currículo, eliminar boa parte do conhecimento superficial dos currículos, telescopar (completar mais rapidamente de modo a passar para um trabalho mais desafiador), utilizar cursos *on-line*, de formação avançada ou graduação antecipada para ajudar a acelerar a aprendizagem. Essas medidas ajudam a aprendizagem com objetivos transparentes e desafiadores. A alternativa é o tédio e muito trabalho, o que desestimula os alunos a verem a aprendizagem como uma tarefa que vale a pena.

Dessa forma, os fatores "clareza do professor", "objetivos" e "aceleração" indicam que o ensino bem-sucedido sempre desafia os alunos. Os ingredientes mais importantes para os aprendizes são a clareza e o desafio apropriado sobre os objetivos que se espera alcançar, o entendimento resultante sobre o caminho de aprendizagem e uma ideia sobre o que torna a aprendizagem bem-sucedida visível. Métodos que permitem tudo isso são o que definem o desafio.

FLUXO E SEU SIGNIFICADO PARA A APRENDIZAGEM

Há muitos estudos sobre a importância dos desafios para a aprendizagem, mas o que se destaca é a pesquisa sobre fluxo conduzida por Mihály Csíkszentmihályi (2008). O autor conseguiu mostrar que quando estão profundamente envolvidos na atividade e, portanto, na zona de fluxo, os alunos conseguem experimentar a mais profunda e duradoura felicidade. Quando estão na zona de fluxo, eles têm um senso de controle pessoal sobre a atividade, buscam e interpretam o *feedback* imediato e sentem que têm o potencial para alcançar o sucesso, especialmente ao se esforçar e mostrar habilidades. É mais provável que ocorra o fluxo quando o aluno conhece os objetivos e seu progresso para os objetivos (isso adiciona direção e motivo à atividade), quando há oportunidades de *feedback* claro e imediato (porque ajuda a trabalhar com as mudanças nas demandas e permite ajustes ao desempenho) e quando há um equilíbrio entre os desafios percebidos da tarefa e as habilidades percebidas. Deve haver um nível de confiança de que o aluno possa atingir os objetivos. Esse equilíbrio entre as habilidades percebidas e as demandas de objetivos é ilustrado na Figura 5.4.

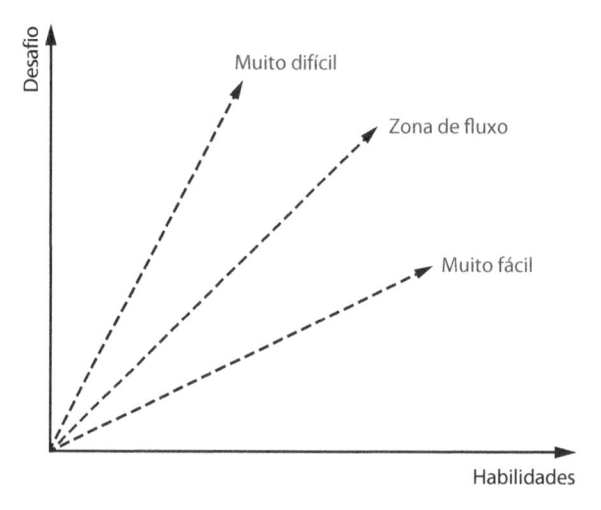

Figura 5.4 Fluxo e seu significado para a aprendizagem.
Fonte: Hattie e Zierer (2017).

Quanto maior a clareza e a confiança para atingir um objetivo desafiador, mais o aluno se envolve no fluxo de aprendizagem para atingir esses objetivos. No entanto, o desafio não pode ser muito grande ou muito pequeno. Se for muito grande, pode levar à ansiedade, ao não investimento de esforço (por que se preocupar se as chances de sucesso são baixas) e a uma sensação de fracasso. Se for muito pequeno, pode levar ao tédio. O mesmo se aplica ao professor ao estabelecer objetivos desafiadores adequados para trabalhar com os alunos de modo a ativar a aprendizagem. É claro que os fatores "objetivos", "recordes pessoais" e "motivação" são importantes para alcançar um estado de fluxo, pois levá-los em conta é o requisito básico para alcançar um equilíbrio entre habilidades e demandas.

TAXONOMIAS DE OBJETIVOS DE APRENDIZAGEM: UM PASSO IMPORTANTE PARA A APRENDIZAGEM VISÍVEL E PARA O ENSINO BEM-SUCEDIDO

Parece uma pergunta óbvia: no que exatamente se diferenciam os professores que se baseiam no princípio "Esforço-me para que os alunos sejam desafiados, e não apenas para que 'façam o seu melhor'"? Pesquisas relacionadas a taxonomias de objetivos de aprendizagem mostraram que existem diferenças observáveis no comportamento de professores desafiadores, em relação às suas ações e pensamentos, em comparação com aqueles não desafiadores.

O ponto de partida dessas pesquisas foi o desenvolvimento de modelos, como a taxonomia denominada Structure of Observed Learning Outcomes (SOLO – estrutura de resultados de aprendizagem observados), desenvolvida por John Biggs e Kevin Collis (1982). Essa taxonomia consiste em cinco níveis que variam de incompetência a especialização:

- **Nível pré-estrutural:** sem conhecimento
- **Nível uniestrutural:** conhecimento de um aspecto relevante
- **Nível multiestrutural:** conhecimento de vários aspectos independentes e relevantes
- **Nível relacional:** conhecimento de vários aspectos integrados
- **Nível abstrato ampliado:** conhecimento generalizado para novos domínios

Para simplificar: nenhuma ideia, uma ideia, muitas ideias, relacionamento de ideias e ampliação das ideias. Enquanto o segundo e o terceiro níveis cobrem a compreensão superficial, o quarto e quinto níveis referem-se a uma compreensão mais profunda. Essa taxonomia tem sido usada em observações de sala de aula para determinar como o trabalho atribuído por professores experientes difere daquele atribuído por professores especialistas – definimos os professores especialistas como aqueles que foram aprovados na prova do US National Board for Professional Teaching Standards e os professores experientes como aqueles que não foram aprovados. Os resultados são apresentados na Figura 5.5 (HATTIE, 2014, p. 33).

Dessa forma, enquanto a maior parte do trabalho atribuído por professores experientes visa ao nível de compreensão superficial, aquele atribuído por professores especialistas visa principalmente ao nível de compreensão profunda. Observe que o importante são as proporções de superfície e profundidade, e não uma ou outra. A questão-chave aqui é como essa diferença acontece. Ao contrário do que se pode suspeitar, não é que os professores especialistas atribuam muito mais trabalhos voltados para a compreensão profunda. Isso seria pedir demais a qualquer professor e ignorar o fato de que a compreensão superficial é a base para uma compreensão profunda. Em vez disso, a diferença deriva da observação de que os professores experientes permanecem muito tempo no nível da compreensão superficial e perdem o momento em que seria prudente entrar no desafio da compreensão profunda, pedindo aos alunos que estabeleçam relações entre ideias e as ampliem (particularmente para novos contextos). Essa abordagem exige mais dos alunos, apresentando-os com desafios no processo de aprendizagem.

Outro exemplo de não desafiar os alunos é que eles geralmente sabem 50% do que deveriam aprender na escola e no ensino antes do início da aula (NUTHALL, 2007). Isso ocorre principalmente porque os professores não estabelecem objetivos desafiadores, mas passam rapidamente por uma rotina definida, fazem vários monólogos, passam atividades que dão muito trabalho e, portanto, não desafiam os alunos.

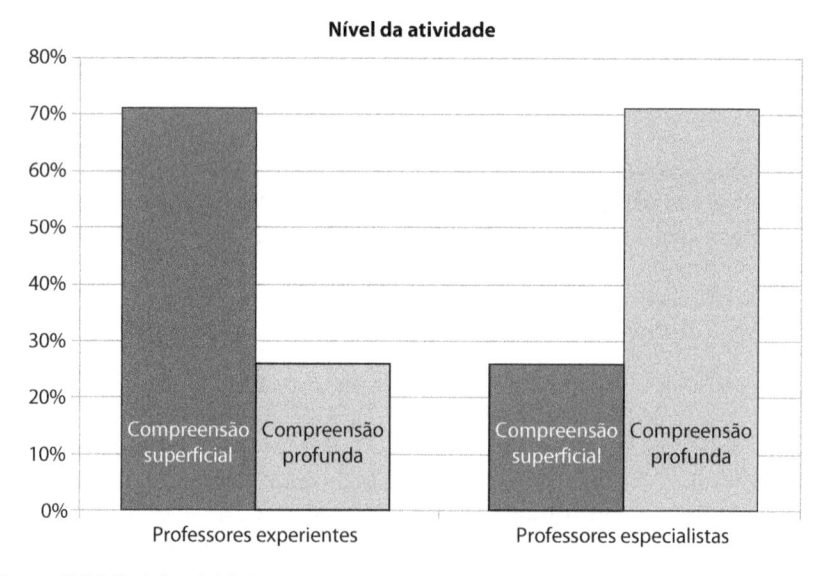

Figura 5.5 Nível da atividade.

Isso nos leva ao cenário do Capítulo 10: Vitória aprendeu o número 1 em sua primeira semana como aluna do 1º ano, o número 2 na segunda semana, o número 3 na terceira semana, e assim por diante. No final da primeira semana, ela perguntou por que tinha de aprender o que já havia aprendido na educação infantil. E o que piorava ainda mais a situação era o fato de que ela tinha de colorir os números conforme os aprendia (uma atividade que ela gostava na educação infantil, mas que já não era mais desafiadora). Essa é uma maneira bastante eficiente de afastar os alunos da diversão de aprender.

O PRINCÍPIO DE CACHINHOS DOURADOS

As ideias apresentadas até agora neste capítulo podem ser elucidadas ainda mais por meio de um conceito conhecido na literatura como o princípio de Cachinhos Dourados, inspirado na popular história infantil *Cachinhos Dourados e os três ursos*: uma menina chamada Cachinhos Dourados entra na casa de três ursos, e cada um deles tem sua própria preferência em relação a comer, sentar e dormir. Depois de testar a comida, a cadeira e a cama de cada um, a menina chega à seguinte conclusão: a comida do primeiro urso é muito quente, sua cadeira é muito grande e sua cama é muito dura; a comida do segundo urso é muito fria, sua cadeira é muito pequena e sua cama é muito macia; mas a comida, a cadeira e a cama do terceiro urso são ideais.

A principal mensagem da história é a de que há sempre um "ideal" entre os extremos que melhor se encaixa em determinadas condições. Esse efeito foi aplicado a várias áreas. Na medicina, por exemplo, a dosagem de um medicamento pode ser muito alta ou muito baixa, e em estudos de comunicação tem sido demonstrado que uma empresa pode oferecer muitas ou poucas oportunidades de discussão entre os funcionários. Em muitos contextos, é basicamente a medalha de ouro ou a medida certa que decide sobre o sucesso ou o fracasso – uma noção que remete a Aristóteles (o comportamento moral está entre dois extremos: em um extremo fica o excesso; no outro, a deficiência. Encontre uma posição moderada entre esses dois extremos e você estará agindo moralmente.).

Se aplicarmos esse princípio à escola e ao ensino, chegaremos a uma ideia que será apontada no Capítulo 10: "Foco na aprendizagem e na linguagem da aprendizagem", que é essencial para o princípio "Esforço-me para que os alunos sejam desafiados, e não apenas para que 'façam o seu melhor'". Não é muito útil confrontar um aluno que esteja trabalhando nos níveis SOLO de aprender uma ideia ou ideias com atividades mais difíceis no nível de transferência, assim como faz pouco sentido confrontar um aluno que esteja trabalhando no nível de solução de problemas com atividades superficiais mais fáceis. Precisamos que nossos desafios sejam "ideais". A questão é que precisamos ajustar o nível de dificuldade logo acima do nível de desempenho atual do aluno. Se o professor conseguir fazê-

-lo, os alunos serão apresentados a um desafio, e o palco será preparado para o sucesso de uma aprendizagem ideal. É evidente que o professor precisa ter a competência e a mentalidade necessárias para implementar o princípio de Cachinhos Dourados. O que isso significa acima de tudo é o esforço de fazer justiça a todo e qualquer aluno e a capacidade de formular e comunicar objetivos diferenciados, mas desafiadores.

Entretanto, um estudo recente move o princípio de Cachinhos Dourados de "nem muito difícil nem muito fácil" para "nem muito difícil nem muito entediante". Lomas *et al.* (2017) ofereceram a jogadores de *videogame* uma escolha de dificuldade ou atribuição de dificuldade aleatória. Quando a dificuldade era atribuída aleatoriamente, jogos mais fáceis eram mais motivadores, mas quando os jogadores tinham uma escolha, os jogos moderadamente difíceis eram mais motivadores. O dito, portanto, agora é alterado para ser "nem muito difícil nem muito entediante". Os alunos se engajarão em atividades desafiadoras, mesmo em níveis muito altos de desafio, se elas forem interessantes e vistas como valiosas e obviamente não entediantes. Portanto, precisamos envolver os alunos em atividades mais desafiadoras, planejando aulas ideais, apresentando problemas e trabalhos apropriados e tornando os objetivos mais transparentes, para que eles se concentrem nos processos desafiadores e saibam quando forem bem-sucedidos. Como observamos anteriormente, usar a noção de "recordes pessoais" pode ser ótimo para que os alunos se envolvam em atividades mais desafiadoras, com um grande compromisso para alcançá-los.

POR ONDE COMEÇO?

As duas áreas a seguir são boas para começar a trabalhar no desenvolvimento do princípio "Esforço-me para que os alunos sejam desafiados, e não apenas para que 'façam o seu melhor'". Primeiro, vale a pena ter um olhar crítico para as atividades que você pretende desenvolver em sala de aula – se possível, analise-as em conjunto com os colegas. O importante a considerar é o nível de desempenho SOLO que é direcionado. Se muitas das atividades visam a um determinado nível, passe algum tempo preparando perguntas ou atividades voltadas para os próximos níveis da taxonomia. Segundo, vale a pena refletir criticamente sobre como seus objetivos são formulados. Comece comparando os dois exemplos a seguir e discutindo sua utilidade com um colega.

Exemplo 1
Os alunos devem ser capazes de escrever a saudação de uma carta comercial.

Exemplo 2
Os alunos devem ser capazes de escrever uma saudação adequada para pelo menos oito das dez cartas comerciais fornecidas a eles.

Para uma reflexão mais aprofundada sobre a formulação de objetivos, considere nossa discussão sobre a afirmação de Mager (1997) de que os objetivos de ensino eficazes precisam levar em conta o comportamento observável dos alunos, as condições para monitorar seu comportamento e os padrões de avaliação dos alunos e do professor. Que conclusões você pode extrair desses critérios? Como os exemplos anteriores podem ser otimizados também em relação aos níveis uniestruturais, multiestruturais, relacionais e abstratos ampliados? Esses fatores formam a base do que é chamado de estratégia +1 em Visible Learning: elevando os padrões pouco a pouco a cada nova atividade e, assim, desafiando os alunos repetidamente para terem um desempenho superior ao de suas habilidades atuais.

Jogos de computador, como Angry Birds, são uma boa ilustração dessa ideia, porque são estruturados precisamente de acordo com esse princípio: o jogo sabe seu desempenho anterior (sua última pontuação ou seu último nível), em seguida, estabelece um nível mais desafiador nos princípios de tornar o desafio nem muito difícil nem muito entediante. Então, há oportunidade para a prática deliberada de procurar ajuda, fazer um novo teste, perguntar aos amigos e procurar dicas, o tempo todo obtendo *feedback* sobre o quão próximo se está do novo nível de recorde pessoal. Você sabe que foi bem-sucedido quando o próximo nível é atingido. E, ao contrário de muitos professores, a mensagem não é "entregue o trabalho, você terminou", mas chegar ao próximo nível de desafio – e assim o fluxo e o amor pela aprendizagem continuam. Essa analogia pode parecer um tanto simplista, mas traz uma mensagem que também é importante para os professores: se queremos que os alunos façam progresso, precisamos considerar o seu nível inicial de aprendizagem e ajustar as atividades sugeridas para que correspondam a atividades apropriadamente mais desafiadoras – e de tal forma que os alunos sejam capazes de completá-las – nem muito difíceis nem muito entediantes.

Em geral, os professores esquecem a mensagem "Angry Birds": passam as mesmas atividades a todos os alunos, independentemente se seu desempenho prévio tenha sido diferente. Eles não dizem aos alunos como é o sucesso (até que completem a atividade), e o sucesso muitas vezes é completar a atividade, entregá-la e é alcançado quando o trabalho termina. Para alguns isso pode ser desafiador, mas não é motivador ou envolvente e é improvável que leve os alunos a querer investir em uma aprendizagem ainda mais desafiadora.

Lista de verificação

Reflita sobre as seguintes questões na próxima vez que planejar uma aula:

- Garanta a clareza dos objetivos para os alunos, deixando-os claros para você.
- Tente chegar a um entendimento com os alunos em relação aos objetivos.
- Deixe claro o que envolve o sucesso da aprendizagem e como deve ser visível.
- Use a análise do nível inicial de aprendizagem dos alunos realizada no último capítulo como base para formular objetivos em diferentes níveis de desempenho.
- Esteja seguro de que as atividades desenvolvidas em aula representam diferentes níveis.
- Use uma taxonomia de objetivos de aprendizagem.
- Estabeleça objetivos diferenciados que garantam um equilíbrio entre o nível de dificuldade e o nível de desempenho.
- Inclua uma fase em sua aula na qual você possa comparar a sua avaliação do nível dos objetivos e das atividades com a dos alunos.
- Ao formular seus objetivos, tente certificar-se de que descrevam o comportamento observável, nomeiem as condições para monitorar esse comportamento e incluam padrões para avaliação.
- Verifique mais uma vez para ter certeza de que os objetivos estão claros e ajustados aos alunos.

Exercícios

- Volte ao questionário para autorreflexão no início do capítulo e complete-o novamente com uma cor diferente. Onde e, mais importante, por que sua perspectiva sobre as declarações mudou? Discuta sua autoavaliação com um colega.
- Formule objetivos em relação aos níveis uniestrutural, multiestrutural, relacional e abstrato ampliado para sua próxima aula. Crie atividades para serem feitas durante a aula e como dever de casa. Discuta os objetivos e as atividades com um colega.
- Faça o seu plano de aula e discuta as atividades de aprendizagem em diferentes níveis com os alunos. Tome esse *feedback* como uma oportunidade para reconsiderar suas formulações de objetivos e atividades de aprendizagem em outra discussão com um colega.
- Peça aos alunos que escrevam o objetivo da aula e compare as respostas deles com o plano de aula. Tome esse *feedback* como uma oportunidade para envolver os alunos e um colega em um diálogo.

6

Dou *feedback* e ajudo os alunos a entendê-lo, interpretando e agindo de acordo com o *feedback* que recebo

QUESTIONÁRIO PARA AUTORREFLEXÃO

Avalie-se de acordo com as seguintes afirmações:
1 = discordo totalmente, 5 = concordo totalmente.

Sou muito bom em...
...obter *feedback* dos alunos.
...usar o *feedback* dos alunos para melhorar meu ensino.

Sei perfeitamente bem...
...que preciso agir de acordo com o *feedback* dos alunos.
...fornecer *feedback* e ajudar os alunos a entendê-lo.

Meu objetivo é sempre...
...obter *feedback* dos alunos.
...refletir sobre o *feedback* dos alunos.

Estou plenamente convencido...
...de que estratégias regulares de *feedback* precisam ser integradas às aulas.
...de que eu deveria usar as opiniões dos alunos como *feedback* para mim.

> **Cenário**
>
> Que professor não está familiarizado com a seguinte situação: você passou muito tempo se esforçando e planejando uma aula e foi para a sala de aula altamente motivado e bem preparado, mas não funcionou como o planejado; a introdução falhou em produzir a reação pretendida, os alunos ficaram inquietos e, no final, você teve a sensação de não ter ensinado nada a eles. Você deixa a sala de aula insatisfeito e sem realmente saber o que aconteceu. Embora prefira começar do zero com um novo plano de aula no dia seguinte, você decide perguntar aos alunos o que acharam da aula. Para sua surpresa, descobre que estava enganado: eles dizem que acharam a aula interessante e que tiveram de fazer um grande esforço para atingir o objetivo. Um teste surpresa também produz resultados convincentes. Mais do que satisfeito com essa situação, você parte para enfrentar os próximos desafios junto com os alunos.

QUAL É O ASSUNTO DESTE CAPÍTULO?

Esse cenário ilustra a mensagem principal deste capítulo: os professores não conseguem, sozinhos, responder se a aprendizagem e o ensino foram bem-sucedidos. Eles precisam perguntar aos alunos, porque eles dão contribuições importantes. A forma mais eficaz de *feedback* é aquela que vem dos estudantes sobre o impacto dos professores para eles, pois a aprendizagem e o ensino são processos dialógicos. Os professores bem-sucedidos são, portanto, capazes de fornecer *feedback* aos alunos sobre seus processos de aprendizagem e de exigir e interpretar o *feedback* dos alunos sobre seus próprios processos de ensino.

Quando você terminar de ler este capítulo, você vai poder usar essa mensagem como base para explicar:

- a importância dos fatores "questionamento", "estratégias metacognitivas", "habilidades de estudo" e "discussão em sala de aula";
- o que torna um *feedback* bem-sucedido;
- o que significa fornecer um *feedback* abrangente;
- o que significa obter um *feedback* significativo dos alunos;
- o que pode envolver o *feedback* mal compreendido (elogios, colegas, etc.);
- quais são os princípios básicos do *feedback* em aula.

EM QUAIS FATORES DO VISIBLE LEARNING SE BASEIA ESSE PRINCÍPIO?

Uma das principais mensagens do Visible Learning é o significado do *feedback* para o processo de aprendizagem. Os alunos precisam do *feedback* do professor, mas os professores também precisam do *feedback* dos alunos. Mais uma vez, as principais questões são as seguintes: a aula alcançou os critérios de sucesso? Os alunos entenderam o conteúdo? Os alunos fizeram conexões com a aprendizagem anterior e o conteúdo, chegando a uma compreensão mais profunda? Os métodos aplicados pelo professor foram bem-sucedidos? Os alunos se divertiram sabendo que estavam aprendendo? Todas essas perguntas podem, em última análise, ser respondidas apenas pelos alunos, e é, portanto, tarefa do professor escutar e buscar *feedback* sobre seu próprio impacto sobre eles.

Encontrar as respostas não envolve necessariamente perguntar aos alunos o que eles acharam da aula, embora essa seja certamente uma possibilidade. Em vez disso, envolve o uso de todas as formas de *feedback* na sala de aula ou mesmo a busca ativa de todas as formas possíveis de informação sobre o sucesso ou o fracasso dos processos de aprendizagem e a reflexão sobre sua relação com seu próprio ensino. Considere a Figura 6.1.

O erro que o aluno cometeu aqui deve ser imediatamente aparente para qualquer professor de matemática. A resposta "aqui" não resolve o problema. Em vez disso, resolvê-lo precisa envolver a aplicação do teorema de Pitágoras: x = 5 cm. No entanto, simplesmente marcar a resposta como incorreta e deixá-la assim seria desperdiçar uma boa oportunidade, porque a mensagem principal desse erro está em outro lugar e está mais relacionada com o professor do que com o aluno: o professor fracassou em transmitir a questão do problema ou esclarecer a atividade. Em outras palavras, ele não conseguiu tornar a aprendizagem visível para o aluno. Esse exemplo enfatiza a importância de se enxergar como um avaliador – tanto do processo de aprendizagem do aluno quanto do próprio processo de ensino. A chave para isso é fornecer e pedir um *feedback*. Em geral, os professores concordam que o *feedback* é importante na sala de aula e, portanto, incluem muito *feedback* nas aulas. No entanto, dar e exigir um *feedback* de sucesso não é uma questão tão sim-

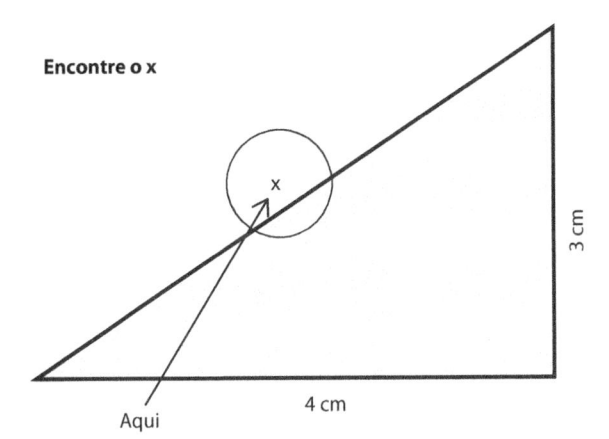

Figura 6.1 Encontre o x.
Fonte: Hattie e Zierer (2017).

ples. Tão importante quanto estar preocupado com a forma como ele é recebido é estar preocupado com a forma como ele é dado, e o *feedback* que recebemos como professores é, muitas vezes, mais poderoso do que o recebido pelos alunos – como demonstramos a seguir.

Um bom lugar para começar é observando o Visible Learning: inclui vários fatores que enfatizam ainda mais a importância do princípio "Dou *feedback* e ajudo os alunos a entendê-lo, interpretando e agindo de acordo com o *feedback* que recebo". Esses fatores são "questionamento", "estratégias metacognitivas", "habilidades de estudo" e "discussão em sala de aula".

Questionamento

O fator "questionamento" alcança um tamanho de efeito correspondentemente alto de 0,48 em Visible Learning (ver Fig. 6.2). A principal questão nas pesquisas sobre questionamento refere-se a fazer perguntas de "ordem superior" ou "mais aprofundadas". Isso porque 90% das perguntas é sobre fatos, o nível superficial da aprendizagem, e os professores fazem muitas perguntas (alguns argumentam que mais de 150 por dia). Fazer perguntas cognitivas mais elevadas é o que permite relacionar ideias, fazer conexões com conhecimentos prévios e criar discussões para que o professor possa "ouvir" o impacto do ensino. Estruturar sessões de aula para atrair, ensinar e ouvir o questionamento dos alunos também é ótimo.

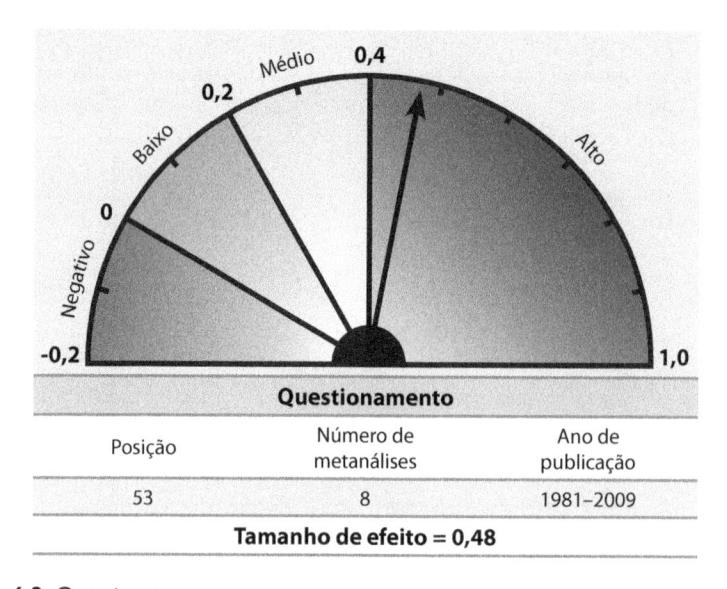

Questionamento		
Posição	Número de metanálises	Ano de publicação
53	8	1981–2009
Tamanho de efeito = 0,48		

Figura 6.2 Questionamento.
Fonte: Hattie e Zierer (2017).

O professor pode otimizar o poder das perguntas levando-as para o nível atual de aprendizagem do aluno – mais um. Ou seja, se os alunos estiverem no nível superficial de aprendizagem, faça perguntas de superfície, mas faça também uma porcentagem menor de perguntas mais profundas para ajudar a consolidar a etapa em que eles estão e movê-los "mais um" para a próxima fase. Se eles estiverem no nível mais profundo, faça perguntas de transferência para ajudar a aplicar em uma nova atividade.

As perguntas dos alunos podem indicar ao professor onde precisam de apoio, o que ainda não está claro para eles, o que interessa e o que fazer depois. Dar espaço para essas perguntas, prestar atenção nelas e levantá-las em sala de aula são marcas de professores bem-sucedidos.

Estratégias metacognitivas

"Metacognição" é um termo que se refere ao ato de pensar sobre os próprios processos mentais. O fator relacionado "estratégias metacognitivas" atinge um tamanho de efeito de 0,69 em Visible Learning, colocando-o próximo dos dez primeiros (ver Fig. 6.3). No entanto, muito mais importante do que essa posição é a mensagem da pesquisa nessa área: questionar a própria aprendizagem, tentar tornar a aprendizagem visível para si mesmo e usar os erros para refletir sobre a estrutura e a coerência da própria ação – tudo isso é altamente influente para a aprendizagem porque promove diálogo entre alunos e professores. A tentativa de refletir sobre os processos mentais leva a um exame crítico da aprendizagem e do ensino, tornando visível

	Estratégias metacognitivas	
Posição	Número de metanálises	Ano de publicação
14	2	1988–1998
	Tamanho de efeito = 0,69	

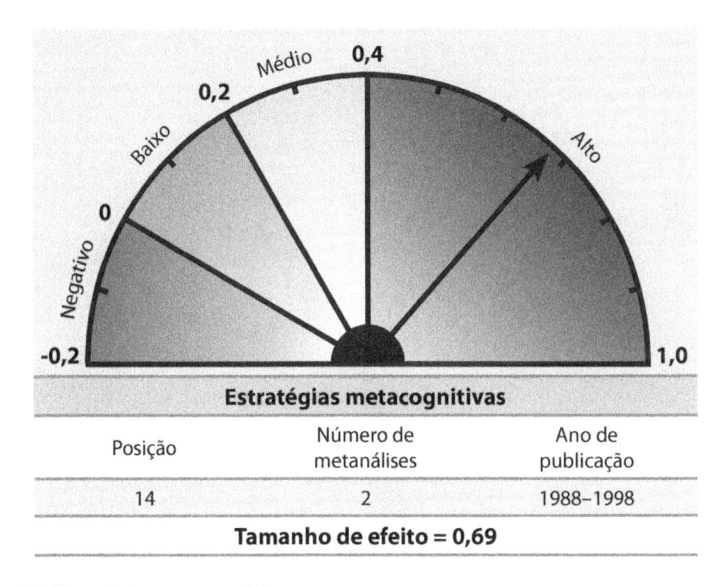

Figura 6.3 Estratégias metacognitivas.
Fonte: Hattie e Zierer (2017).

aquilo que se entende e o que ainda não se entende, fornecendo indicações sobre como planejar a próxima aula. Os alunos que são capazes de se autorregularem dessa maneira são muito bons em buscar e usar *feedback*. Um dos principais objetivos, portanto, é ensinar aos alunos essas habilidades de buscar ajuda e interpretar *feedback*, porque é uma parte necessária de como aprendem.

Habilidades de estudo

Outro fator com influência comparável no processo de aprendizagem são as "habilidades de estudo", que têm um tamanho de efeito de 0,63 no Visible Learning (ver Fig. 6.4). Habilidades que ajudam os alunos a fazer anotações, rever e assimilar conteúdo de maneira significativa, preparar resumos, regular sua própria motivação, estabelecer metas para si próprios ou estruturar e controlar processos de aprendizagem levam a melhorias duradouras no desempenho e no domínio tanto da compreensão superficial quanto da profunda. Em nossa síntese mais recente sobre "como aprendemos", um papel muito mais estratégico é encontrado no uso de métodos de aprendizagem. As mesmas estratégias podem funcionar de maneira diferente quando a atividade está relacionada à aprendizagem superficial, profunda ou de transferência. Além disso, elas podem diferir quando um aluno está no início da aquisição do conhecimento em comparação com a consolidação dos objetivos da aula. Assim, o professor precisa buscar *feedback* sobre onde o aluno está no ciclo de aprendizagem (superficial, profunda e de transferência) e se está sendo exposto pela primeira vez ou tem o objetivo de consolidar a aprendizagem (HATTIE; DONOGHUE, 2016).

Posição	Número de metanálises	Ano de publicação
22	19	1979–2011

Tamanho de efeito = 0,63

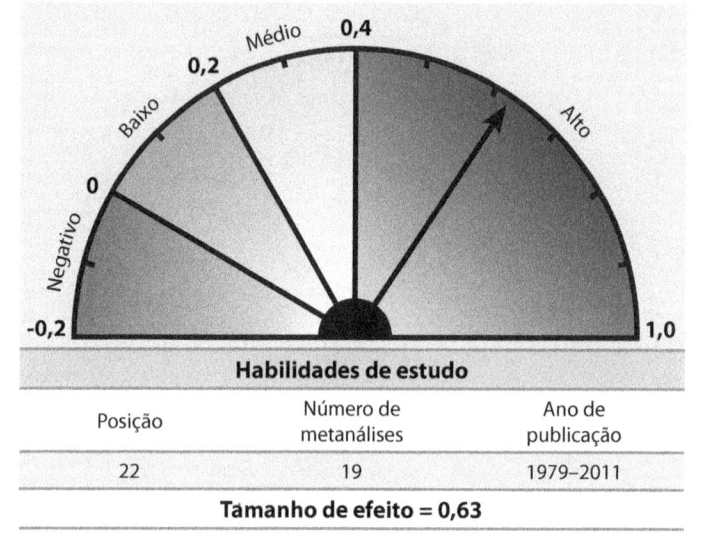

Figura 6.4 Habilidades de estudo.
Fonte: Hattie e Zierer (2017).

Poderíamos facilmente descrever outros fatores para ilustrar a principal mensagem deste capítulo – como "ensino recíproco" (0,74), "estratégias de ensino" (0,62) ou "autoverbalização e autoquestionamento" (0,64) – todos estão diretamente relacionados aos fatores discutidos anteriormente. No entanto, um aspecto com o qual lidamos apenas implicitamente até agora, que se destaca acima de todos os outros e que merece tratamento explícito, é o *feedback;* que é o fator-chave para destacar o significado do princípio "Dou *feedback* e ajudo os alunos a entendê-lo, interpretando e agindo de acordo com o *feedback* que recebo" e para demonstrar que a estrutura do ensino bem-sucedido é fundamentalmente dialógica.

CONHEÇA O SEU IMPACTO: O *FEEDBACK* COMO PRINCIPAL FATOR PARA O ENSINO BEM-SUCEDIDO

O *feedback* está entre os métodos mais pesquisados e é uma das influências mais importantes no desempenho da aprendizagem: o Visible Learning citou 25 metanálises com um tamanho de efeito médio de 0,75 nos últimos 30 anos. No entanto, a questão principal é a de que o mesmo *feedback* pode ser benéfico ou prejudicial, já que a variação do seu impacto está entre as mais altas de todas as influências educacionais.

É aí que os estudos conduzidos no contexto do Visible Learning ajudam (HATTIE; TIMPERLEY, 2007). Eles fornecem um meio de determinar a qualidade de diferentes perguntas e tipos de *feedback* e buscam entender por que e como o *feedback* pode variar tanto. Os autores delinearam três grandes questões de *feedback*: para onde estou indo? Como estou indo? Para onde ir em seguida? Eles também fizeram uma distinção básica entre quatro níveis de *feedback* que podem ser administrados para obter vários efeitos, conforme mostrado na tabela a seguir.

Cada uma das três perguntas de *feedback* pode ser abordada em cada um desses níveis. Enquanto muitos professores tendem a definir e usar o *feedback* mais em termos de "Como estou indo?" e "Para onde estou indo?", os alunos estão mais convencidos de que o *feedback* é fundamental quando aborda "Onde ir a seguir?". Os alunos preferem, em sua maioria, o *feedback* que aborda a terceira questão, enquanto quase todo *feedback* dado se refere às duas primeiras. Sim, o *feedback* "Onde ir a seguir" pode ser (e provavelmente deveria ser) baseado no *feedback* relacionado a "Para onde estou indo?" e "Como estou indo?", mas a mensagem é clara: garanta que sempre haja o *feedback* sobre "Onde ir a seguir?".

Nível pessoal	Nível da tarefa	Nível do processo	Nível da autorregulação
Avaliações pessoais e efeito (geralmente positivo) no aluno	Quão bem as atividades foram compreendidas e executadas	O processo necessário para entender/executar as atividades	Automonitoramento, direcionamento e regulação de ações

FEEDBACK **BASEADO NA PESSOA: O EU**

O primeiro nível é o pessoal, que inclui todo *feedback* destinado ao indivíduo que o recebe, como elogios e críticas de todos os tipos: "Excelente!", "Você é um ótimo aluno!", "Parabéns pelo esforço!" ou "Bom trabalho!". Os efeitos desse tipo de *feedback* sobre a aprendizagem são ínfimos. Isso ocorre porque o *feedback* no nível pessoal não inclui nenhuma informação sobre o processo de aprendizagem, mas é focado quase inteiramente em traços de personalidade. Pode até levar a efeitos negativos em alguns casos, porque os alunos registram essas formas de *feedback* exatamente como são: uma avaliação de sua própria pessoa. Elogios excessivos podem levar a uma redução na vontade de tentar, porque os alunos tendem a evitar arriscar a imagem positiva de si mesmos. Da mesma forma, a crítica pode levar a um autoconceito negativo, porque não é direcionada ao material de aprendizagem e a quaisquer erros que o aluno possa ter cometido, mas à sua personalidade.

O maior problema com o elogio é que ele pode interferir na mensagem sobre o trabalho. Como a maioria de nós, os alunos são mais propensos a lembrar do elogio e reduzir ou ignorar as informações sobre a atividade. Tente fornecer *feedback* sobre o trabalho com e sem elogios e, depois, pergunte aos alunos (digamos que um dia depois, para que não sejam apenas efeitos puros de memória) o que eles lembram sobre o *feedback* que você deu no dia anterior. Na maioria das vezes, eles se lembram do elogio, e não das informações sobre a atividade. O elogio pode superar o *feedback* útil.

O *feedback* no nível pessoal é problemático em especial para alunos que já estão intrinsecamente motivados, porque funciona como um tipo de motivação extrínseca. Isso pode levar, no pior dos casos, a uma redução na motivação intrínseca e a um aumento correspondente na motivação extrínseca – e a última coisa que um professor quer é um aluno extrinsecamente motivado, porque não é desejável do ponto de vista psicológico. Alunos com alta motivação intrínseca e baixa motivação extrínseca aprendem, retêm e aplicam mais do que aprenderam. Eles são inspirados pelo amor à aprendizagem.

Não estamos dizendo que você não deve elogiar ou fornecer *feedback* sobre o eu do aluno, mas para não misturar elogios com o *feedback* sobre o trabalho, pois o elogio age como um diluidor.

Uma área em que o *feedback* voltado para o eu pode ser útil é o desenvolvimento de relacionamentos professor-aluno, no qual ele realmente pode ter um efeito positivo. No entanto, existem muitos meios eficazes de criar uma atmosfera de segurança e confiança entre o professor e o aluno, que trataremos com mais detalhes em nossa discussão sobre o princípio "Construo relacionamentos e confiança para que a aprendizagem ocorra em um ambiente seguro para cometer erros e aprender com os outros". Em suma, existe um consenso entre os pesquisadores de que o *feedback* direcionado ao nível pessoal deve ser dado apenas em doses bem mensuradas e cuidadosamente consideradas – e não misturado com *feedback* sobre a atividade, os processos ou autorregulação. O princípio "menos é mais" é muitas vezes o melhor guia para o *feedback* no nível pessoal.

FEEDBACK BASEADO EM DESEMPENHO: TAREFA, PROCESSO E AUTORREGULAÇÃO

Ao contrário do *feedback* no nível pessoal, que denominamos *feedback* baseado na pessoa, os níveis de tarefa, processo e autorregulação estão relacionados ao desempenho do aluno. O *feedback* nesses níveis é sempre mais eficaz, mas em graus variados, como mostra uma análise mais detalhada.

O *feedback* no nível da tarefa envolve o fornecimento de informações aos alunos sobre o produto de sua aprendizagem. Por exemplo, o professor pode passar uma atividade com problemas que os alunos devem resolver para alcançar a meta de aprendizagem. O professor corrige a atividade e marca as respostas como corretas ou incorretas. Dessa forma, os alunos veem claramente *o que conseguem ou não fazer*.

O *feedback* no nível do processo envolve fornecer informações aos alunos sobre o processo que eles usaram para concluir a atividade de aprendizagem. Por exemplo, o professor pode examinar a atividade em busca de evidências de como os alunos a completaram. Pode parecer que foram concluídas rapidamente ou pode haver sinais de desleixo ou muitos erros por descuido, para citar apenas alguns exemplos. Nesse caso, os alunos recebem informações *sobre como trabalharam*. Eles também podem receber *feedback* identificando erros e sugestões para abordá-los e sobre diferentes métodos que podem usar para lidar com as atividades. Também podem ser solicitados a fazer diferentes tipos de conexões entre partes da atividade.

O *feedback* no nível de autorregulação envolve fornecer aos alunos informações sobre os mecanismos que eles aplicam para regular sua aprendizagem. Por exemplo, o professor pode relatar que eles precisam se esforçar mais em várias partes, questioná-los se consideram essa parte eficaz e convidá-los a revisitar e a refletir mais sobre a correção de uma seção e o que eles poderiam fazer melhor, incentivando o aluno a fazer seus próprios julgamentos e suas próprias melhorias (e verificar isso com o professor). O aluno atua mais como agente de melhoria com base no *feedback* do professor. Esse tipo de *feedback* deixa claro para os alunos *como eles autorregulam o produto e o processo de sua aprendizagem*.

UNINDO OS NÍVEIS DE *FEEDBACK*

Imagine que outro professor estivesse observando uma de suas aulas e que, depois, você tivesse que sentar para discutir como foi a aula. Que tipo de *feedback* você gostaria de receber se tivesse de escolher: o no nível da atividade, que mostra o que você fez certo e o que fez de errado *durante a aula*; no do processo, que enfoca seu processo de planejamento *antes da aula* e como você implementou esse planejamento; ou, ainda, no nível de autorregulação, que o convida a conversar com o colega sobre como você achava que a aula tinha um impacto sobre os alunos e o que você poderia fazer para torná-lo mais eficaz *na próxima aula*?

Também vale a pena convidar um colega para observar sua aula e monitorar as várias formas de *feedback* que você fornece aos alunos. Fizemos isso com o *feedback* verbal e por escrito sobre as atividades em aula. Realizamos uma pesquisa sobre a natureza do *feedback* (escrito e verbal) que centenas de professores fornecem. O resultado é sempre o mesmo: a maioria dos professores prefere fornecer e receber *feedback* no nível de autorregulação, enquanto poucos pedem ou dão *feedback* no nível da atividade ou do processo. Isso mostra que o *feedback* no nível de autorregulação é especial para alunos – afinal, você é o aluno nesse exemplo fictício. Se considerarmos o *feedback* que é dado diariamente nas salas de aula com essa questão em mente, obtemos os seguintes dados, conforme mostrado na tabela a seguir.

	Hattie e Masters (2011)	Van Den Bergh, Ros e Beijaard (2010)	Gan (2011)
Nível	18 turmas do ensino médio	32 professores do ensino fundamental	235 colegas
Tarefa	59%	51%	70%
Processo	25%	42%	25%
Autorregulação	2%	2%	1%
Pessoal	14%	5%	4%

Dessa forma, o tipo de *feedback* que os alunos mais desejam e mais necessitam é aquele que recebem com menos frequência, e o tipo que consideram menos importante é o que recebem com mais frequência. Embora não haja nada de errado com o *feedback* no nível da tarefa, é difícil imaginar que a atividade seja uma parte dominante em muitas dessas salas de aula. Quanto os professores poderiam alcançar apenas refletindo mais sobre os níveis de *feedback* que fornecem aos alunos?

Por fim, o que também fica claro a esse respeito é o fato de que o *feedback* bem-sucedido não é uma questão de quantidade, mas de qualidade: que bem faz ao aluno ouvir mais de uma vez que ele cometeu o mesmo erro se o professor não der informações concretas sobre por que ele continua errando e como evitar o mesmo erro no futuro? Em outras palavras, fornecer mais *feedback* no nível da tarefa não resulta em nenhum efeito de longo alcance. Somente se for combinado com o *feedback* nos níveis do processo e de autorregulação terá um impacto substancial: precisamos pensar na noção de "mais um" – forneça *feedback* no nível em que o aluno está trabalhando, mas dê uma pitada de *feedback* em relação ao próximo nível para estimulá-lo a avançar na aprendizagem (ver Fig. 6.5).

Esse movimento de avanço não acontecerá automaticamente. Que bem faz ao aluno ouvir não apenas cinco, mas 10 vezes, o erro que cometeu? Isso não levará a uma aprendizagem maior. Eles querem avançar em sua aprendizagem para, então, entender os processos e as estratégias de ensino e, finalmente, ter alguma regulação sobre sua própria aprendizagem.

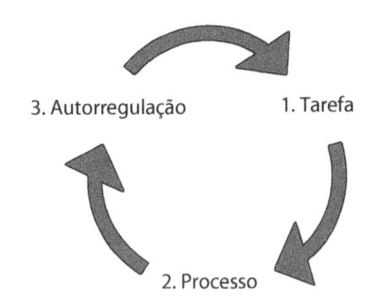

Figura 6.5 Nível de *feedback*.
Fonte: Hattie e Zierer (2017).

Não queremos criar a impressão de que um nível de *feedback* é melhor que outro. A mensagem que estamos tentando transmitir aqui é que os diferentes níveis de *feedback* estão conectados e interagem uns com os outros. O truque é, portanto, não dar *feedback* no nível certo, mas dar *feedback* no nível apropriado, com um foco no avanço dos níveis com a aprendizagem do aluno.

Essas considerações revelam três principais ideias para um *feedback* bem-sucedido: primeiro, ele é mais eficaz quando fornecido no nível ou logo acima do nível em que o aluno está trabalhando (tarefa, processo e autorregulação); segundo, cada um dos níveis pode ser redutivo se aplicado exclusivamente, porque o resultado será informação e monotonia insuficientes, e não queremos que o aluno fique parado; terceiro, os professores podem aumentar a eficácia de todos os níveis dando *feedback* sobre "o que fazer em seguida?".

NOVATO, ALUNO AVANÇADO E ESPECIALISTA: O PAPEL DO NÍVEL DE DESEMPENHO

Nossa discussão sobre os níveis de *feedback* levanta a questão de saber se o equilíbrio entre eles depende do nível de desempenho dos alunos. Considere o seguinte exemplo.

Imagine um aluno que seja completamente novo em uma área e possa, portanto, considerar-se um novato. Esse aprendiz ainda não tem qualquer percepção sobre qualquer assunto, ainda não é capaz de estabelecer qualquer relação contextual e ainda não compreende os elementos básicos da área em questão. Pegue, por exemplo, um aluno do 1º ano que está aprendendo a contar até 20: que nível de *feedback* é necessário? Agora, compare o *feedback* que você daria a esse aluno com o que você daria a um especialista em um tópico na área. Ele está familiarizado com sua área de especialização, sabe onde estão as armadilhas e tem uma visão profunda da área. Pegue, por exemplo, Tiger Woods, Roger Federer ou Lady Gaga: qual nível de *feedback* eles precisam em matéria de golfe, tênis ou música? Deve ficar claro que o *feedback* de um novato exige um foco diferente do de um especialista. Enquanto o novato precisa primeiro saber o que está fazendo de errado e, por isso, necessita de *feedback* no nível da tarefa, o especialista se beneficiará mais do *feedback* no nível de autorregulação. O aluno do exemplo anterior pode não saber que 3 + 6 = 8 está incorreto (e quem poderia culpá-lo?). Um especialista, por outro lado, geralmente sabe muito bem o que está fazendo de errado: Tiger Woods sabe que a bola que ele acertou caiu no *rough*, Roger Federer sabe que a bola caiu fora da área de saque, e Lady Gaga sabe que a música está fora do tom. Mas todos nós precisamos de ajuda especializada para entender esses erros e regular melhor nossos processos de aprendizagem.

Isso não significa que devemos sempre dar aos melhores alunos *feedback* no nível de autorregulação e aos não tão bons *feedback* no nível da tarefa. Todos os alunos iniciam muitas aulas como novatos e, portanto, podem começar com o *feedback* no nível da tarefa, e todos podem ser ajudados pelo *feedback* que vai da atividade, passando pelo processo até chegar à autorregulação. Assim, aplicar de forma ideal o *feedback*, dependendo de onde o aluno está no ciclo de aprendizagem, ajuda a explicar por que a sua efetividade pode mudar tanto. O mesmo *feedback* pode funcionar ou não, dependendo de onde o aluno está em sua aprendizagem; no entanto, em quase todos os casos, garantir que haja pelo menos alguns *feedback* relacionados ao "o que fazer em seguida?" ajuda no seu impacto.

PASSADO, PRESENTE, FUTURO: TRÊS PERSPECTIVAS DE *FEEDBACK*

Além de distinguir entre quatro níveis de *feedback*, o Visible Learning (HATTIE; TIMPERLEY, 2007) também argumenta que cada um desses níveis pode ser visto de três perspectivas diferentes: presente, passado e futuro. Isso nos leva a uma dimensão mais profunda de *feedback*, demonstrando a complexidade de um fator que parece tão simples em um primeiro momento. O que essas três perspectivas envolvem na prática?

O *feedback* relacionado ao presente compara o estado atual do aluno com o estado-alvo desejado. Ele é focado no presente e pode ser definido como *feedback* sobre o presente. O *feedback* relacionado ao passado compara o estado atual do aluno com um anterior. É, portanto, focado no passado e pode ser definido como um *feedback* sobre o passado. E, finalmente, o *feedback* relacionado ao futuro ilustra o estado-alvo desejado com base no estado atual do aluno. É, portanto, direcionado para o futuro e pode ser definido como *feedback* sobre o futuro (esse é o *feedback* mais próximo a "O que fazer em seguida?", preferido pelos alunos).

Ao dar *feedback* sobre os resultados de um teste de desempenho, por exemplo, o professor pode dar aos alunos três tipos de *feedback* no nível da atividade: primeiro, o *feedback* sobre os problemas que eles resolveram correta e incorretamente, descrevendo, assim, seu estado atual em comparação com o estado-alvo desejado (presente); segundo, o *feedback* sobre como seu nível de desempenho mudou em comparação com o último teste, no que melhoraram e no que não melhoraram, descrevendo, assim, seu estado atual em comparação com seu estado anterior (passado); e, terceiro, *feedback* sobre as atividades que eles precisam concluir no futuro e o estado-alvo para o qual isso deve levá-los (futuro).

Dessa forma, o *feedback* bem-sucedido pode ser focado em uma perspectiva passada, presente ou futura. As três estão conectadas e juntas formam um todo integrado: o *feedback* sobre o presente é baseado no passado e é, por si só, um precursor do *feedback* sobre o futuro (ver Fig. 6.6).

Como observamos anteriormente, a pergunta que a maioria dos alunos prefere que seja respondida pelo *feedback* é "O que fazer em seguida?", que é mais significativa quando comparada à "Para onde vamos?" e "Como eu vou?". Como muitos pesquisadores observaram, isso aponta para um papel importante do *feedback*: diminuir a diferença entre o ponto de partida do aluno e o final ideal da sequência de aulas.

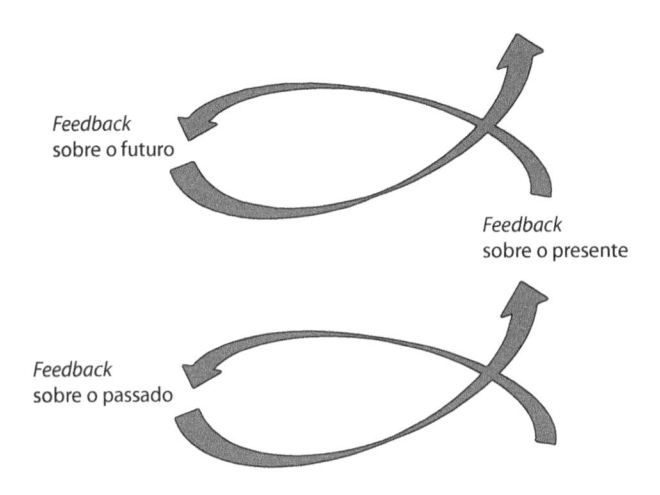

Figura 6.6 Três tipos de *feedback* no nível da tarefa.
Fonte: Hattie e Zierer (2017).

UM APELO AO *FEEDBACK* ABRANGENTE: A MATRIZ DE *FEEDBACK*

O Visible Learning enfatiza repetidas vezes que o *feedback* bem-sucedido deve ser o mais abrangente possível, mas o que envolve o *feedback* abrangente? Em quais áreas o professor precisa se concentrar? Como o docente pode combinar os níveis de *feedback* com as perspectivas de *feedback*? Embora uma das maiores realizações do projeto Visible Learning seja ter chamado atenção para o *feedback*, na prática, várias questões permanecem obscuras. A seguir, tentamos integrar os níveis e as perspectivas de *feedback* em uma matriz de *feedback*, incluindo exemplos de perguntas.

Níveis de *feedback*				
		Tarefa	Processo	Autorregulação
Perspectivas de feedback	Passado	Que progresso o aluno fez em relação a metas e conteúdo?	Que progresso o aluno fez na conclusão da atividade? Existe evidência de melhoria?	Qual foi o progresso do aluno sobre estratégias de autorregulação?
	Presente	Quais objetivos o aluno alcançou e que conteúdo entendeu?	Como o aluno completou a tarefa? Existem evidências de como ele trabalhou?	Que estratégias de autorregulação o aluno aplicou com sucesso?
	Futuro	Quais metas devem ser definidas a seguir? Qual conteúdo deve ser aprendido a seguir?	Que dicas sobre a conclusão da atividade o aluno deve receber em seguida?	Quais estratégias de autorregulação o aluno deve aplicar em seguida?

FORNECER E RECEBER: ESTRUTURA DIALÓGICA DO *FEEDBACK*

As discussões sobre *feedback* em geral são dominadas pela noção de que ele deve ser realizado na direção do professor para o aluno. Diz-se que o professor é responsável por fornecer aos alunos um *feedback* detalhado e abrangente sobre sua aprendizagem com a maior frequência possível. Mesmo que isso seja importante, é apenas uma das muitas formas de *feedback* – e, se for exagerado, pode sobrecarregar os alunos e resultar em um exercício inútil. Comentários sem fim sobre o progresso da aprendizagem que interessam apenas a professores e administradores podem servir como um exemplo reconhecidamente exagerado do que pode fazer a ênfase excessiva no *feedback* do professor aos alunos.

Foi precisamente essa percepção que nos levou à discussão de longa data sobre a influência do *feedback* para a aprendizagem em uma nova direção: o *feedback* do professor para o aluno pode ser importante, mas do aluno para o professor é tão ou mais importante. Afinal, o professor não pode responder às perguntas sobre se os alunos atingiram as metas, se entenderam o conteúdo ou se os métodos e os recursos didáticos foram úteis. Essas são perguntas às quais apenas os alunos podem responder. O papel do professor é provocar, ouvir e, então, reagir. Quantas vezes os professores deixam a sala de aula satisfeitos porque tudo parece ter saído como planejado, ao passo que os alunos percebem que só desempenharam os papéis que o professor pediu para evitar serem penalizados, não aprenderam e ainda saíram entediados da aula? A teoria dos sistemas tem um nome para essa estratégia: manipular o sistema. A única maneira de superar essa diferença entre autoavaliação e avaliação externa é se engajar em um diálogo. Considere o fato de que apenas 20% do que acontece em sala de aula é observável. Os outros 80% não são imediatamente aparentes e, portanto, precisam se tornar visíveis. O professor precisa saber o que os alunos pensam sobre as questões pedagógicas relativas a objetivos, conteúdo, métodos e recursos didáticos para planejar a próxima aula. Os professores que confiam somente em seu próprio instinto correm o risco de (não mais) atingir os alunos.

O *feedback* bem-sucedido é, portanto, um processo cíclico que envolve duas formas de *feedback*: do professor para o aluno e do aluno para o professor (Fig. 6.7). Como essas duas formas também têm estruturas parecidas e são mutuamente dependentes, justifica-se falar de um interminável processo de diálogo que começa com um *feedback* corretamente entendido.

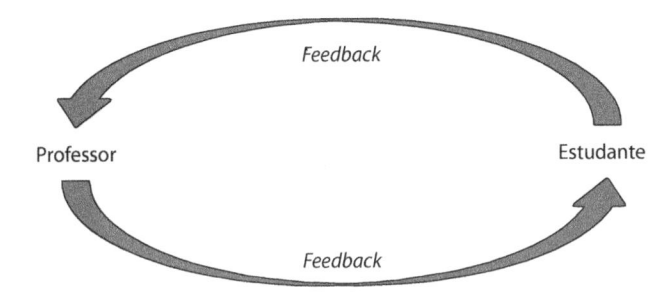

Figura 6.7 Estrutura dialógica do *feedback*.
Fonte: Hattie e Zierer (2017).

E OS PARES? *FEEDBACK* ELABORADO PELOS ALUNOS PARA OS COLEGAS

É sem dúvida uma das descobertas mais marcantes das pesquisas sobre *feedback* e também é citada em Visible Learning: de acordo com um estudo de Graham Nuthall (2007), a maioria dos *feedback* que os alunos dão uns aos outros está incorreta. Em uma interpretação superficial, esse achado poderia levar a questionar o valor do *feedback* elaborado pelos alunos para os outros alunos e, por extensão, também o realizado pelo aluno para o professor: como os alunos devem fornecer um *feedback* decente ao professor se nem sequer são capazes de fazer isso com os colegas de turma? Mas não levar em consideração o *feedback* que os colegas dão é, na melhor das hipóteses, perigoso e também pode ser destrutivo.

Essa argumentação não consegue visualizar a mensagem real do estudo: prover *feedback* é algo que precisa ser aprendido. Em vista da complexidade do *feedback*, deve ficar claro que envolve certas habilidades. Por exemplo, os alunos precisam ser ensinados a distinguir entre os níveis da tarefa, do processo e da autorregulação e precisam desenvolver as habilidades correspondentes de fala e escuta. Isso ajuda quando os alunos têm uma rubrica* do que a aprendizagem deve ser para várias partes da aula, para que possam fornecer o próximo *feedback* de maneira ideal – mas essa é uma tarefa difícil para os professores. E como nós, humanos, aprendemos muito com modelos, o professor deveria novamente desempenhar um papel central nessa conexão.

Também é importante saber se a pessoa que está fornecendo *feedback* se baseia no princípio certo, porque esse é frequentemente o motivo do *feedback* incorreto: evito contar ao meu amigo o que ele está fazendo de errado devido aos seus sentimentos. Tenho medo de apontar onde estão os problemas devido à pressão dos colegas. Trabalhar para melhorar isso é um grande desafio. Dessa forma, a competência e os princípios são particularmente importantes para um *feedback* bem-sucedido. Uma vez que os alunos tenham incorporado a competência e os princípios necessários, os professores podem integrar com sucesso o *feedback* realizado pelos alunos para os colegas em suas aulas. Em uma escola democrática, isso é necessário, independentemente de quais efeitos possa ter.

Aliás, tudo isso também vale para os professores: muitas vezes pensamos que profissionais com formação completa podem fazer tudo, mas esse não é o caso. Eles ainda estão no caminho da profissionalização, do desenvolvimento da competência e do princípio para fornecer e exigir *feedback*. Este último torna-se um argumento importante, particularmente sobre a questão de saber se os alunos são capazes de, em primeiro lugar, oferecer aos professores *feedback* sobre seu ensino. Isso nem sempre será possível, mas é também um sinal de conhecimento quando os professores podem usar o *feedback* no nível da tarefa para chegar a conclusões sobre o processo didático e sobre sua própria autorregulação.

UMA CONDIÇÃO ESSENCIAL PARA O *FEEDBACK* BEM-SUCEDIDO: UMA CULTURA DE ERROS

A argumentação até aqui deve deixar claro que uma cultura de erros é uma condição essencial para um *feedback* bem-sucedido: devo ver os erros como algo a evitar ou devo considerá-los como algo importante no processo de aprendizagem? Aprender significa cometer erros – e o mesmo acontece com o ensino.

A decisão será fácil de ser tomada pelos professores que entendem que focar as deficiências não é uma boa ideia: eles não falarão sobre erros em sala de aula e, na verdade, a maioria prefere corrigir erros rapidamente e seguir em frente. No entanto, isso também significa desistir de uma ampla variedade de oportunidades

---

* N. de R.T. Uma rubrica de avaliação é uma ferramenta que indica as expectativas específicas para uma determinada tarefa. As rubricas são frequentemente apresentadas em formato de tabela e podem ser usadas tanto pelos professores (para avaliar) quanto pelos alunos (para planejar a tarefa). A sua utilização tende a melhorar o desempenho dos alunos, uma vez que permite que o professor explicite de modo claro o que se espera deles. Na terminologia educacional, rubrica significa "um guia de pontuação". Contém critérios de avaliação, definições de qualidade para esses critérios e uma estratégia de pontuação.

de aprendizagem. O erro em si nunca é o problema. O que pode se tornar problemático é, antes, a comunicação sobre o erro: tão problemático quanto limitar-se a nomear o problema (e argumentar apenas no nível da tarefa) é não nomeá-lo. Os alunos muitas vezes já sabem em quais pontos cometem erros, mas, muitas vezes, têm medo de falar sobre eles. Se os professores não permitirem que os erros entrem como tópico de discussão, o resultado será uma cultura na qual os erros não são discutidos ou, pelo contrário, são até mesmo encobertos. Isso transmite uma mensagem errada, já que a maior parte das coisas que aprendemos não conhecíamos ou não entendíamos ou tínhamos concepções erradas a respeito. Os erros são oportunidades para aprender. A tarefa, portanto, deve ser encontrar uma maneira de comunicar erros que seja, por um lado, respeitosa para com os alunos e, por outro, favorável à sua aprendizagem.

O *feedback* de qualidade também é constituído por erros e concepções erradas. Novamente, os níveis de *feedback* são um bom ponto de partida: não é uma boa ideia fornecer *feedback* no nível pessoal em resposta a erros factuais. Isso é particularmente verdadeiro no caso de jovens aprendizes, porque pode dar a eles a impressão de que são um fracasso, que não estão sendo capazes de aprender. Esse efeito já pode ser observado em alunos que recebiam *feedback* com frequência e pararam de recebê-lo. Por exemplo, quando alunos que estão acostumados a ouvir elogios como "Ótimo" e "Muito bom" o tempo todo (uma forma de elogio que percebem como direcionada para o eu) não recebem mais esse *feedback*, isso terá uma influência negativa no seu autoconceito. Em casos extremos, pode até causar ansiedade. É, portanto, importante sempre deixar claro ao aluno para qual nível seu *feedback* é direcionado e mais uma vez separar o *feedback* sobre a pessoa daquele sobre a tarefa.

POR ONDE COMEÇO?

Um dos passos mais importantes no cultivo do princípio "Dou *feedback* e ajudo os alunos a entendê-lo, interpretando e agindo de acordo com o *feedback* que recebo" é olhar de maneira crítica seu comportamento de *feedback*: sou um professor que prefere fornecer ou exigir *feedback*? Sou um professor que mostra que também pode receber, interpretar e agir de acordo com o *feedback* dos alunos? Peça a alguém para ouvir os níveis de *feedback* que você dá e analise se há algum sobre "O que fazer em seguida?" nas aulas. Depois, uma boa ideia é refletir sobre os níveis e as perspectivas que você prefere ao oferecer e exigir *feedback*.

Use a matriz de *feedback* a seguir para essa reflexão e preencha os campos em cores diferentes. Por exemplo, vermelho para o seu comportamento em fornecer *feedback* e azul para o seu comportamento em pedi-lo. Tente avaliar a intensidade do *feedback* em uma escala, por exemplo, da seguinte maneira: 1 = muito intenso, 2 = moderadamente intenso e 3 = leve.

Você também pode usar essa matriz de *feedback* como uma ajuda no planejamento e na análise das aulas, por exemplo, integrando ciclo de *feedback* deliberados na aula e tentando cobrir todos os campos da matriz. Você também pode usar isso com os alunos quando eles dão *feedback* um ao outro. As perguntas listadas anteriormente podem servir como orientação inicial. O objetivo é fornecer *feedback* ideal dependendo de onde o aluno está em seu ciclo de aprendizagem. Portanto, tente preencher todos os campos da matriz de *feedback* para um caso concreto, discuta-os com um colega (ou com os alunos), implemente-os em aula e reúna-se novamente com o colega para discutir os resultados. Da mesma forma, esse método também pode ser usado para refletir e avaliar o *feedback* que você deu e recebeu em uma aula inteira.

	Níveis de *feedback*		
	Tarefa	Processo	Autorregulação
Perspectivas de *feedback* Passado			
Presente			
Futuro			
	Tarefa	Processo	Autorregulação
Passado			
Presente			
Futuro			

Se você achar que a matriz de *feedback* é muito complexa, comece concentrando-se apenas em três campos – de preferência naqueles que nomeamos no exemplo anterior: o que os alunos fizeram corretamente no teste e o que fizeram de errado (*feedback* em relação ao presente no nível da tarefa)? Qual foi o processo de aprendizagem utilizado pelos alunos para concluir as atividades? Com que frequência os alunos acreditavam que usavam as estratégias certas para concluir a atividade (*feedback* em relação ao passado no nível do processo)? O que os alunos afirmam que precisam fazer para obter uma nota melhor na próxima atividade? Que métodos devem aplicar para regular seu próprio processo de aprendizagem (*feedback* em relação ao futuro no nível de autorregulação)? Essas perguntas reduzem a complexidade da matriz de *feedback*.

Você também pode usar as seguintes perguntas para ajudar na sua reflexão:

Tarefa

- A resposta do aluno atende aos critérios de sucesso?
- A resposta está certa ou errada?

- Como a resposta poderia ser expressa com mais detalhes?
- O que está certo e o que está errado na resposta?
- O que falta na resposta para torná-la mais completa?

Processo

- Quais estratégias o aluno aplicou no processo de aprendizagem?
- O que foi bom no processo de aprendizagem e o que pode ser melhorado?
- Quais foram os pontos fortes e fracos do aluno no processo de aprendizagem?
- Quais informações adicionais em relação à maneira como o aluno completou a atividade revelam sobre o processo de aprendizagem?
- O aluno consegue identificar os erros em seu trabalho?

Autorregulação

- Quais metas o aluno pode considerar atingidas?
- Que motivos o aluno dá por ter concluído uma atividade correta ou incorretamente?
- Como o aluno explica seu sucesso?
- Para o aluno, quais são os próximos objetivos e as próximas atividades?
- Como o aluno pode se autorregular e monitorar seu processo de aprendizagem?
- Eles podem detectar os erros e corrigir de forma independente esses erros?

Se você descobrir, ao refletir sobre suas práticas de *feedback*, que tende a fornecer mais *feedback* do que receber, então é hora de começar a se concentrar no outro lado da moeda e experimentar métodos diferentes para oportunizar o *feedback* por parte dos alunos. Se você está escrevendo mais do que o aluno, é hora de reconsiderar. Afinal, receber *feedback* é, em última análise, ainda mais importante do que dar.

Um exemplo simples de *feedback* de aluno para professor é o sistema de coordenadas de *feedback*. Ele mapeia dois aspectos importantes do ensino e pode ser preenchido pelos alunos (ver Fig. 6.8).

Há muitas maneiras de ouvir o *feedback* do aluno. Por exemplo, os alunos que acham que o trabalho em grupo foi produtivo e o conhecimento adquirido foi grande podem marcar um ponto no canto superior direito do quadrante, enquanto os alunos que acham que o trabalho em grupo não foi produtivo e o conhecimento adquirido foi baixo podem marcar um ponto no canto inferior esquerdo do quadrante. Esse *feedback* é fácil de coletar: tudo o que você precisa fazer é pendurar o sistema de coordenadas ao lado da porta da sala e pedir aos alunos que o preencham quando forem embora. Leva apenas alguns minutos, mas fornece informações valiosas sobre a aula.

Esse método pode ser adaptado para uso com alunos que já são capazes de dar um *feedback* mais matizado, e há também uma riqueza de outras ideias a serem descobertas na literatura (BROOKHART, 2017; WILIAM; LEAHY, 2015). Um exemplo é o alvo do *feedback* (ver Fig. 6.9 para um modelo) (ZIERER, 2016b).

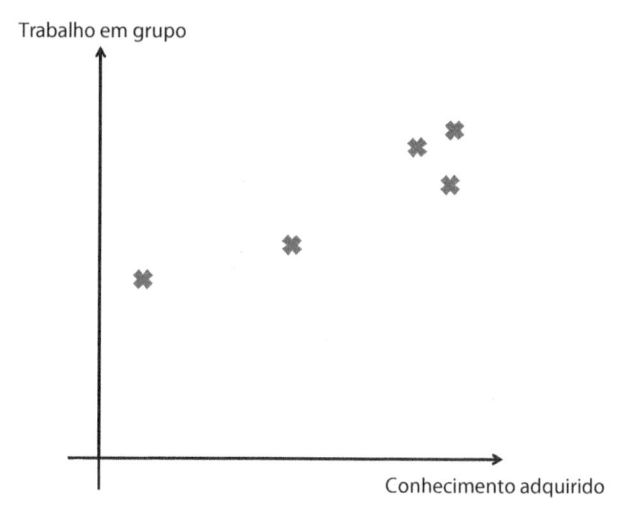

Figura 6.8 Sistema de coordenadas de *feedback*.
Fonte: Hattie e Zierer (2017).

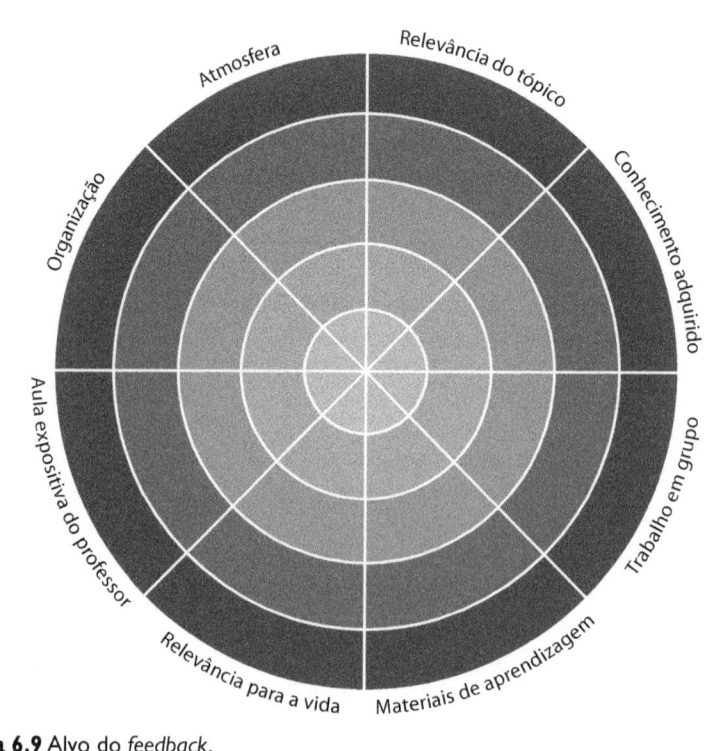

Figura 6.9 Alvo do *feedback*.

O alvo do *feedback* pode parecer um retrato completo do *feedback* à primeira vista, mas infelizmente não é esse o caso. Uma das razões é que abrange apenas alguns aspectos selecionados de *feedback* e, portanto, sugere um grau de completude que não está presente. Além disso, os aspectos individuais são ilustrados no formato de fatias de torta, que tornam as distorções inevitáveis: quanto mais próximas as marcas do alvo, menor o espaço para elas e mais próximas umas das outras, e, quanto mais longe as marcas do alvo, mais espaço há entre elas e mais longe ficam uma da outra. É necessário, portanto, discutir esse assunto com os alunos, usando a meta de *feedback* e levando-o em conta na interpretação dos resultados.

Uma maneira menos complicada de ilustrar o mesmo *feedback* é com um gráfico de barras (ver Fig. 6.10 para um exemplo não preenchido).

Também vale a pena mencionar os métodos que envolvem novos recursos, como computadores e *tablets*. Se aplicados da maneira correta, podem trazer à luz informações sobre o ensino que de outra forma seriam difíceis ou impossíveis de tornar visíveis: provando mais uma vez que os novos meios não são eficazes por si só, mas precisam que as pessoas atinjam o efeito desejado. Estamos tendo muito sucesso usando ideias de redes sociais para obter perguntas e *feedback* dos alunos e para ajudar a criar *feedback* entre colegas. A principal vantagem das novas mídias nesse contexto é a de que são um meio rápido e fácil de obter *feedback* complexo com pouco esforço. Por exemplo, existem aplicativos disponíveis (p. ex., versoapp.com,

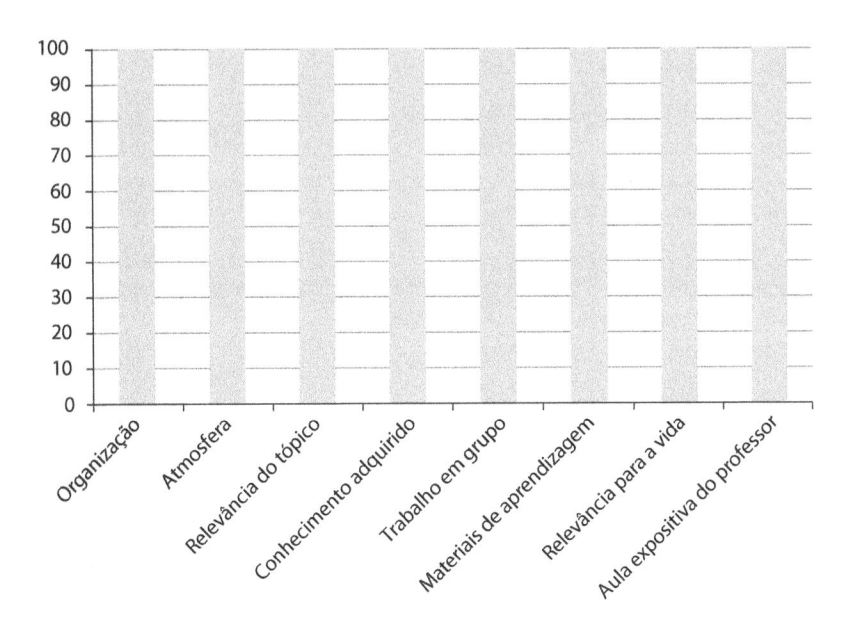

Figura 6.10 Ilustração de *feedback* com um gráfico de barras.
Fonte: Hattie e Zierer (2017).

feedbackschule.de) que permitem aos professores disponibilizar aos alunos questionários detalhados e analisar os resultados com um clique, permitindo que os alunos façam perguntas uns aos outros e ao professor. As possibilidades são praticamente infinitas. No entanto, a qualidade das perguntas é essencial. Escolha perguntas localizadas nos níveis da tarefa, do processo ou de autorregulação para obter um *feedback* ideal sobre os principais domínios de ensino de metas, conteúdo, métodos e recursos, bem como espaço e tempo.

É difícil superestimar a importância dos testes para o desempenho no final de uma aula nesse contexto: essa é uma maneira rápida de verificar se os alunos alcançaram as metas mais importantes, se entenderam o conteúdo principal, se os métodos eram praticáveis e se os recursos foram úteis. O teste pode consistir em um simples enigma de palavras cruzadas, mas também pode ser um parágrafo em um diário de aprendizagem ou o dever de casa para a próxima aula ou pode envolver bilhetes de saída* (essas podem ser importantes informações formativas sobre quem você impacta, sobre o que e em que medida). O Capítulo 2, "Vejo a avaliação como um fator que informa meu impacto e os próximos passos", lança ainda mais ideias.

Lista de verificação

Reflita sobre as seguintes questões na próxima vez que planejar uma aula:

- Dê *feedback* deliberado em diferentes níveis: tarefa, processo e autorregulação, dependendo do ponto em que o aluno está no ciclo de aprendizagem.
- Não economize com o *feedback* no nível de autorregulação.
- Evite *feedback* composto de frases vazias.
- Não misture *feedback* em relação ao eu com outras formas de *feedback*.
- Dê um *feedback* bem ponderado e intencional. Recompensas materiais, como doces, não têm lugar na escola.
- Dê *feedback* de várias perspectivas e tente vinculá-lo ao passado, presente e futuro.
- Explore o poder dos colegas: inclua o *feedback* entre os alunos em aula.
- Revise sua aula, pedindo *feedback* dos alunos.
- Integre fases na aula nas quais você discute com os alunos se os objetivos são claros, se os critérios do que significa ser bem-sucedido são compreendidos, se o conteúdo é compreensível, se os métodos são apropriados e se os recursos são úteis.
- Determine o nível de aprendizagem dos alunos no final da aula, por exemplo, passando uma atividade ou um teste. É a partir daqui que você começa a próxima aula.
- Torne a aprendizagem visível.

---

* N. de R.T. Bilhetes solicitados ao final da aula para documentar, avaliar ou enfatizar os processos de aprendizagem ocorridos.

Exercícios

- Volte ao questionário para autorreflexão no início do capítulo e complete-o novamente com uma cor diferente. Onde e, mais importante, por que sua perspectiva sobre as declarações mudou? Discuta sua autoavaliação com um colega.
- Planeje sua próxima aula e inclua pelo menos uma fase de *feedback* de professor para aluno, uma de aluno para aluno e uma de aluno para professor. Consulte a lista de verificação no planejamento dessa fase. Discuta seu plano e a aula com um colega.
- Use a matriz de *feedback* ou alguns dos campos quando planejar sua próxima aula para garantir que o *feedback* que você dá seja o mais abrangente possível. Discuta seu plano e a aula com um colega.

7

Envolvo-me tanto em diálogo quanto em monólogo

QUESTIONÁRIO PARA AUTORREFLEXÃO

Avalie-se de acordo com as seguintes afirmações:
1 = discordo totalmente, 5 = concordo totalmente.

Sou muito bom em...

...incentivar os alunos a falar sobre o conteúdo.

...levar os alunos a alcançar o sucesso por meio da cooperação com os outros.

Sei perfeitamente bem...

...que as instruções precisam ser claramente formuladas.

...os benefícios dos métodos de aprendizagem cooperativa, como o princípio think-pair-share.

Meu objetivo é sempre...

...incentivar os alunos a se comunicar mais uns com os outros.

...incentivar os alunos a apresentar seus processos de reflexão e solução com mais frequência.

Estou plenamente convencido...

...de que os alunos devem se comunicar uns com os outros.

...de que é importante fazer os alunos participarem com mais frequência.

> **Cenário**
>
> Um dos principais momentos do ensino é observar os alunos se envolverem em uma discussão sobre o conteúdo de aprendizagem, para vê-los usar argumentos significativos e fazer críticas construtivas uns aos outros. Nesses momentos, quando eles se tornam professores, não há nada melhor do que simplesmente sentar e ouvir. O poder dos colegas entra em jogo, e os indivíduos experimentam o benefício do diálogo.

QUAL É O ASSUNTO DESTE CAPÍTULO?

Esse cenário ilustra a mensagem principal deste capítulo: envolvo-me tanto em diálogo quanto em monólogo. Esse princípio é baseado na troca com outras pessoas, seja outros alunos, professor ou os pais.

Quando terminar de ler este capítulo, você vai poder usar essa mensagem como base para explicar:

- a importância dos fatores "discussão em sala de aula", "tutoria entre colegas" e "aprendizagem em grupos pequenos";
- o papel que a aprendizagem cooperativa pode desempenhar;
- por que o ensino direto é importante (e diferente do ensino didático);
- por que o fator "tamanho da turma" é um mito dentro do contexto do princípio "Envolvo-me tanto em diálogo quanto em monólogo".

EM QUAIS FATORES DO VISIBLE LEARNING SE BASEIA ESSE PRINCÍPIO?

Tanto o *Visible Learning* quanto o *Aprendizagem visível para professores* (2017) salientam mais de uma vez que, embora os professores sejam importantes, é o modo como refletem, estimulam os alunos a serem os seus próprios professores e conseguem ver o impacto de seus esforços por meio dos olhos dos alunos que é mais importante. O princípio deste capítulo envolve a obtenção do equilíbrio certo, pelos professores, entre falar e explicar e ouvir e privilegiar a discussão dos alunos. O foco é nos professores ouvindo seu impacto em termos da aprendizagem que ocorreu para os alunos em sala de aula. No entanto, para ouvir, é preciso não falar muito.

Que porcentagem do tempo os professores falam em uma aula de uma turma típica? Ned Flanders (1970) passou muitos anos estudando a interação nas salas de aula e desenvolveu a regra de "dois terços". Durante dois terços do tempo em sala de aula alguém está falando. A chance de que essa pessoa seja o professor é de duas a cada três vezes, e dois terços desse tempo ele está expressando suas próprias opiniões, dando explicações e orientações e criticando os alunos. O discurso do professor ainda domina as salas de aula. Karen Littleton *et al.* (2005) afirmam que os professores gastam de 70 a 90% de seu tempo de ensino "falando", e não engajando alunos em uma discussão. Janet Clinton *et al.* (2014) contrataram profissionais para registrar a discussão em sala de aula durante 1,5 mil horas em 100 turmas na Inglaterra, e a média foi de que 89% do tempo de fala era dos professores.

Nystrand (1997) fez uma pesquisa sobre o discurso da sala de aula em 400 aulas de inglês em 25 escolas norte-americanas de ensino médio. Descobriu que os padrões recitativos da fala eram preponderantemente dominantes, e cerca de 85% do ensino observado era uma combinação de aula expositiva, recitação e trabalho sentado. Tais métodos monológicos têm um efeito negativo na aprendizagem. Em vez disso, o ensino organizado dialogicamente foi superior ao ensino organizado monologicamente na promoção da aprendizagem do aluno. Esse diálogo envolveu o uso que o professor faz de questões autênticas (em que a resposta aceitável não é predeterminada), a conversa de captação (em que o professor incorpora as respostas dos alunos a questões subsequentes) e até que ponto o professor permite uma resposta do aluno para modificar o tópico do discurso. Essas três estratégias formam a base do ensino dialógico.

O ensino dialógico tem o objetivo de estimular e ampliar o pensamento dos alunos, permitindo a eles e ao professor diagnosticar com maior precisão o que sabem e o que entendem errado, para que a próxima atividade de aprendizagem possa ser realizada de forma mais adequada. Privilegia os alunos a pensar em voz alta e é diferente da rotina típica de perguntas-respostas, fala-prática e fala-escuta. No entanto, destaca que não é tanto a quantidade de fala que importa, mas a natureza do diálogo. Envolve não apenas escutar o que eles dizem, mas demonstrar que escutou e entendeu o que estão dizendo. É uma maneira de pensar sobre como ensinar por meio da escuta, do estímulo e da reação ao modo como os alunos estão pensando. Robin Alexander e Michael Armstrong (2010) denominam esse "diálogo por *scaffolding**", que envolve:

- **Interações:** incentivam as crianças a pensar de maneiras diferentes.
- **Perguntas:** exigem muito mais do que simples memorização.
- **Respostas:** são seguidas e construídas em vez de meramente recebidas.
- *Feedback:* informa e leva a pensar adiante, além de produzir estímulos.
- **Contribuições:** são ampliadas em vez de fragmentadas.
- **Intercâmbios:** encaixam-se em linhas de questionamento coerentes e aprofundadas.
- **Organização da sala de aula, clima e relacionamentos:** tornam tudo isso possível.
- **Absorção:** uma pessoa respondendo às ideias dos outros e levando-as adiante.
- *Scaffolding:* fornecer à criança uma ferramenta linguística e/ou conceitual apropriada para preencher a lacuna entre a compreensão presente e a pretendida.

---

* N. de R.T. Em inglês, suporte/andaime. No contexto educacional refere-se a estratégias de ensino para auxiliar o aluno a alcançar um nível de aprendizagem mais sofisticado (dominar uma tarefa ou um conceito).

- **Entrega:** transferência bem-sucedida do que deve ser aprendido e assimilação de novas aprendizagens para o conhecimento e o entendimento existentes.

É isso o que queremos dizer com "envolvo-me tanto em diálogo quanto em monólogo". E não nos referimos a um diálogo apenas entre professores e alunos, mas também entre os próprios alunos e entre eles e seus pais.

A seguir, apresentamos os principais fatores relacionados ao envolvimento do diálogo: "discussões em sala de aula", "tutoria entre colegas" e "aprendizagem em pequenos grupos".

Discussão em sala de aula

A "discussão em sala de aula" é um dos fatores que foram incluídos com a ampliação do banco de dados entre a publicação de *Visible Learning* (2009) e *Aprendizagem visível para professores* (2017). Atinge um tamanho de efeito de 0,82, ficando, assim, entre os fatores mais bem classificados, em 7º lugar (ver Fig. 7.1). O que esse método envolve e por que é tão bem-sucedido? As discussões em sala de aula são caracterizadas pelo fato de que: (a) envolvem um alto grau de atividade estudantil; (b) as perguntas e os problemas dos alunos tornam-se visíveis por meio do diálogo no processo de aprendizagem; (c) os alunos recebem *feedback* dos professores; e (d) os professores recebem diferentes tipos de *feedback* dos alunos sobre seu ensino. Dessa forma, as discussões em sala de aula combinam vários fatores que levam a

Discussão em sala de aula		
Posição	Número de metanálises	Ano de publicação
7	1	2011
Tamanho de efeito = 0,82		

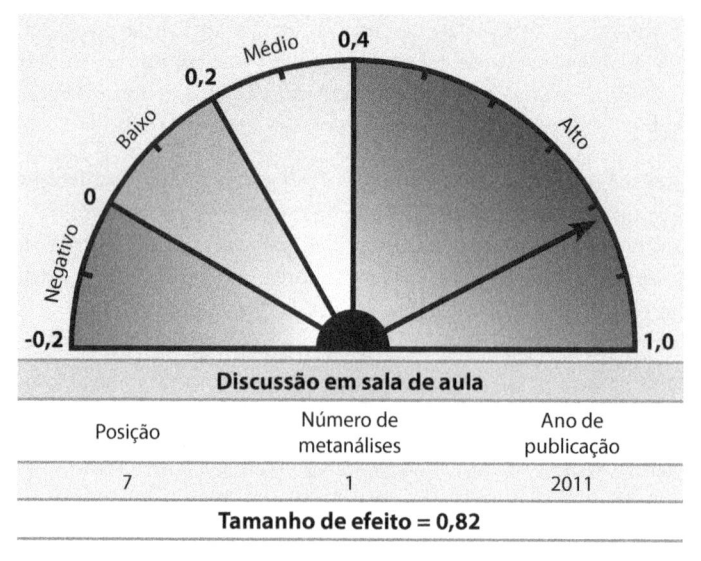

Figura 7.1 Discussão em sala de aula.
Fonte: Hattie e Zierer (2017).

grandes efeitos. A principal característica é, portanto: diálogo, exploração do conteúdo de aprendizagem em forma oral e reflexão em voz alta. Em estudos mais recentes, Hattie e Donoghue (2016) mostraram que o melhor momento para a discussão em sala de aula é depois que os alunos têm conhecimento suficiente sobre o nível superficial, ou seja, quando estão prontos para fazer conexões entre ideias, explorar o que sabem e o que não sabem e tentar transferir seus conhecimentos para vários contextos. Assim, a discussão em sala de aula não é um método que possa ser aplicado em todas as situações e depende dos alunos e de seu nível atual de aprendizagem, particularmente de suas habilidades em relação ao material a ser aprendido e de seu poder de articulação. É, no entanto, claramente um dos métodos mais influentes no que diz respeito à promoção da autorregulação e à compreensão profunda.

Tutoria entre colegas

Programas em que os alunos assumem o papel de professores e, assim, tornam-se tutores de colegas mostram, de forma consistente, ter um impacto importante no desempenho de aprendizagem de todos os envolvidos. Temos certeza de que a maioria dos professores sabe que aprendem muito mais se preparando para ensinar do que sentados em uma sala ouvindo os outros falarem, mas muitas vezes esquecem-se disso quando, depois da preparação, entram em uma sala de aula e falam, falam e falam. No Visible Learning, a tutoria entre colegas tem um efeito de 0,55 (ver Fig. 7.2). A qualificação mais importante para essa descoberta é a de que a tutoria entre colegas não deve servir como substituta para o professor, porque então a influência rapidamente diminui e pode até se tornar negativa – especialmente se o nível de desafio é muito alto. Assim, tais programas devem ser um complemento às atividades do professor, que verifica se os objetivos estão claros, se os processos para o ensino pelos alunos são transparentes, se os tutores sabem avaliar o seu impacto e se existem direções razoáveis para os colegas trabalharem. Então, também na tutoria entre colegas, a aprendizagem acaba sendo um processo dialógico em que os alunos não são apenas consumidores passivos de ensino, mas também produtores de aprendizagem.

Aprendizagem em pequenos grupos

A tarefa desafiadora enfrentada pelo professor de tentar iniciar, primeiro, processos dialógicos na escola e no ensino e, depois, torná-los bem-sucedidos pode ser ilustrada pelo fator "aprendizagem em pequenos grupos". Esse fator tem um tamanho de efeito de 0,49 – em aparente contradição com fatores semelhantes que se referem ao tamanho do grupo de aprendizagem (ver Fig. 7.3): a redução do "tamanho da turma" alcança um tamanho de efeito de apenas 0,21, e o "agrupamento dentro da turma", que envolve dividir uma turma em grupos por um período prolongado sem

Tutoria entre colegas

Posição	Número de metanálises	Ano de publicação
34	14	1977–2007

Tamanho de efeito = 0,55

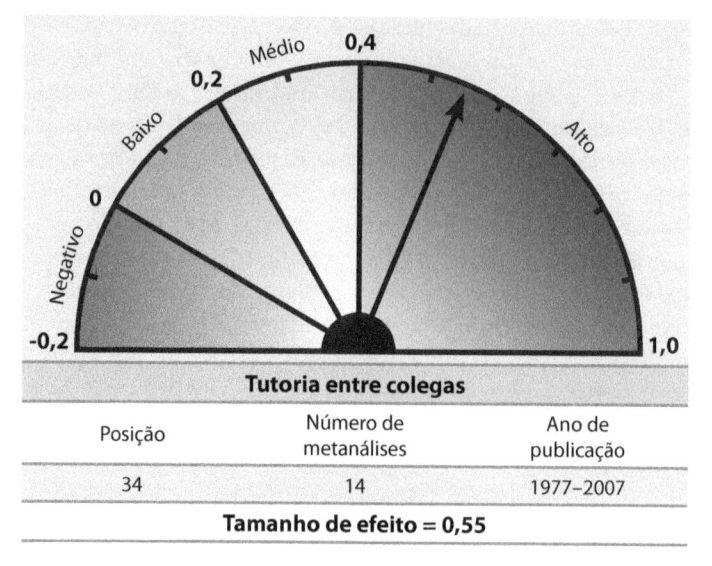

Figura 7.2 Tutoria entre colegas.
Fonte: Hattie e Zierer (2017).

Aprendizagem em pequenos grupos

Posição	Número de metanálises	Ano de publicação
52	2	1997–1999

Tamanho de efeito = 0,49

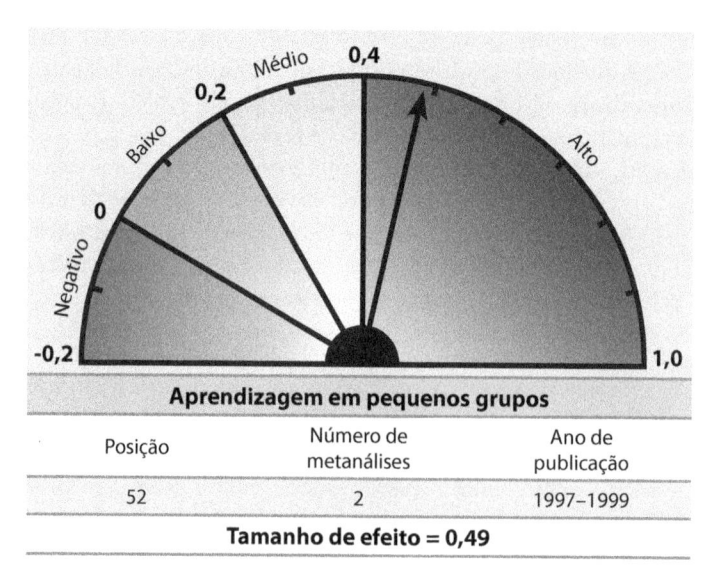

Figura 7.3 Aprendizagem em pequenos grupos.
Fonte: Hattie e Zierer (2017).

referência a uma atividade de aprendizagem, tem apenas 0,18. Como essas diferenças podem ser explicadas e qual é a razão para elas? Ao analisarmos o que falta nesses dois últimos fatores é possível identificar por que o primeiro é muito mais influente: o segundo é composto de mudanças mais estruturais (redução do tamanho da turma, participação de grupos) e, em geral, assume um papel de destaque, mas a natureza do ensino não é alterada como consequência da estrutura diferente. Por exemplo, se você reduzir o tamanho da turma de 30 para 15 alunos e ainda ensinar da mesma maneira, não deverá ser surpresa que os efeitos sejam pequenos; de fato, dado que "falar e praticar" é um método de ensino dominante nas turmas de 25 a 30 alunos, deve ser menos surpreendente que os professores usem "falar e praticar" mais em turmas menores: em que falam mais, passam menos trabalhos de grupo, há menos *feedback* (HATTIE, 2009). O sucesso da aprendizagem em grupos dentro de uma turma (em vez de reduzir as turmas ou separar os alunos de acordo com suas habilidades ou necessidades) vem do fato de que o ensino tem objetivos específicos, temporários e que podem ser reconstruídos com diferentes alunos, dependendo do objetivo, e exige que os professores construam a estrutura para qualquer atividade em grupos pequenos. A aprendizagem em grupos permite otimizar as oportunidades de diálogo reforçado. O sucesso dos grupos dentro de turmas formadas em uma escola ou disciplina depende essencialmente se os professores têm o princípio de passar do monólogo para o diálogo e ainda planejar suas aulas apropriadamente.

APRENDIZAGEM COOPERATIVA: APROVEITANDO O PODER DOS COLEGAS

O fator "aprendizagem cooperativa" merece consideração especial, porque se pode esperar que a aprendizagem em conjunto fomente o princípio "Envolvo-me tanto em diálogo quanto em monólogo".

Para começar, é preciso notar que existem vários fatores da aprendizagem visível envolvendo aprendizagem cooperativa. Um deles compara a aprendizagem cooperativa com a individualizada (tamanho de efeito = 0,59), um segundo compara a aprendizagem cooperativa com a competitiva (tamanho de efeito = 0,54) e um terceiro compara a aprendizagem competitiva com a individualizada (tamanho de efeito = 0,24). Portanto, os resultados são claros: a aprendizagem cooperativa é superior à competitiva e individualizada, e a aprendizagem competitiva alcança efeitos maiores do que a individualizada. Há algumas descobertas importantes que merecem destaque na aprendizagem cooperativa.

Primeiro, estudos demonstraram que o tamanho de efeito da aprendizagem cooperativa aumenta à medida que os alunos envelhecem. Isso sugere que a aprendizagem cooperativa é algo que deve ser aprendido. Muitas vezes, os alunos são colocados em grupos como se soubessem o que fazer para maximizar os benefícios para si e para todo o grupo. Em geral, os alunos são colocados em grupos cooperativos, mas passam a maior parte do tempo trabalhando em atividades individuais. Todos que ensinaram em uma escola de ensino fundamental sabem o quanto é difícil fazer esses alunos se concentrarem, levantarem as mãos para responder às perguntas e ficarem em silêncio quando trabalham juntos. Isso não quer dizer que a ideia de aprendizagem cooperativa no ensino fundamental não seja apropriada. Pelo contrário, a base para o seu sucesso em anos posteriores pode ser estabelecida no ensino fundamental. A propósito, isso vale para todos os métodos: quanto mais experiência os alunos têm com um método, mais eficaz ele pode ser.

Em segundo lugar, os estudos também indicam que a aprendizagem cooperativa dificilmente é mais eficaz do que outros métodos para determinadas atividades, como memorização e conclusão de trabalhos de casa. Assim, a influência da aprendizagem cooperativa diminui para atividades que podem ser concluídas sem uma estrutura dialógica. Em nossa síntese recente dos fatores que se relacionam com "como aprendemos", argumentamos que é mais provável que a aprendizagem cooperativa seja bem-sucedida depois que os alunos adquiriram os conhecimentos de superfície ou de conteúdo. Quando sabem muito; quando estão prontos para ter suas ideias; quando estão em estado de conflito cognitivo; quando têm duas ou mais ideias que fazem sentido, mas, quando comparadas lado a lado, parecem entrar em conflito umas com as outras; quando precisam identificar contradições; quando estão em um estado de desequilíbrio; quando querem testar hipóteses ou quando estão prontos para contradizer alguns de seus pensamentos mais antigos – tudo isso depende de saber muito.

Em terceiro lugar, existem habilidades que podem ser desenvolvidas para maximizar o trabalho entre colegas (e isso se aplica tanto aos alunos quanto aos professores). Há a alegação de que há sabedoria na multidão, mas a pesquisa sugere que alguns atributos-chave são necessários para o grupo produzir resultados maiores do que a mera soma de contribuições realizadas por indivíduo. Por exemplo, quando as atividades são feitas de itens pontuais e factuais (p. ex., *quiz* em bares* ou um programa de TV de perguntas e respostas), elas tendem a ser mais prontas para um cenário de "vitória", em que os membros mais inteligentes do grupo são mais dominantes do que os outros nas respostas a perguntas fechadas. No entanto, quando as atividades de grupo exigem considerar negociação e julgamento (p. ex., o requerente é culpado ou inocente?), meras trocas de fatos são insuficientes e a importância do membro "mais inteligente" é superada por aqueles que contribuem mais para a função harmoniosa do grupo. Esses membros são mais "voltados para o grupo" do que para a "veracidade" e tendem a ter traços de personalidade, como "conscienciosidade" e habilidades cognitivas,

---

* N. de R.T. Jogo de perguntas de conhecimentos gerais ou específicos. Quanto maior o número de respostas certas, maior é a pontuação dos jogadores. Em alguns contextos o *quiz* é utilizado como sinônimo de teste informal para a avaliação de aquisição de conhecimentos.

que vão além do QI, como "sensibilidade social" (a habilidade de ler e ajustar-se rapidamente a sinais emocionais, ouvir os outros e desviar os pontos de vista do conflito circular para a coesão produtiva).

Para aumentar o valor do agrupamento colaborativo, esses achados apontam para a importância de criar diálogos entre os alunos, ensinando-os a trabalhar em grupo e reduzindo o tempo de fala dos professores para permitir que os colegas articulem seus pensamentos e entendimentos de forma que o professor possa ouvir seu impacto e para os alunos escutarem, interpretarem e testarem suas ideias.

ENSINO DIRETO: O COMPLEMENTO À APRENDIZAGEM COOPERATIVA

O ensino direto está próximo do topo do *ranking*, com um tamanho de efeito de 0,59, mas é muito mal compreendido. Como há tantos mitos circulando sobre o fator "ensino direto" quanto sobre o fator "aprendizagem cooperativa", é fundamental olhá-los mais de perto. Isso é particularmente importante, pois, muitas vezes, o ensino direto é mal interpretado quando os professores falam, seguem roteiros desenvolvidos por outras pessoas e seguem de forma mecânica um conjunto de receitas. Na verdade, isso não é ensino direto. As características distintivas do ensino direto incluem:

1. Há uma ideia clara de quais são *as intenções de aprendizagem* da aula.
2. O professor precisa saber e os alunos devem ser informados sobre quais *critérios de sucesso* de desempenho são esperados e quando e quais alunos serão responsabilizados a partir da aula/atividade.
3. Há uma necessidade de *desenvolver compromisso e engajamento* na atividade de aprendizagem.
4. O professor deve apresentar a aula usando modelagem, verificando a compreensão e fornecendo exemplos trabalhados.
5. Há muita *prática orientada*; a oportunidade para cada aluno demonstrar o alcance da sua nova aprendizagem, trabalhando por meio de uma atividade ou de um exercício enquanto os professores dão *feedback* e correção individual quando necessário.
6. Há o *fechamento* da aula, em que os alunos são ajudados a reunir o conteúdo em suas próprias mentes, para dar sentido ao que acaba de ser ensinado.
7. Há uma *prática independente* – provavelmente a parte mais importante em geral omitida ao implementar o ensino direto.

Essa lista revela as diferenças entre o ensino direto e o ensino didático e destaca a importância do diálogo para o primeiro: alcançar a clareza sobre os objetivos e o conteúdo da aula, bem como o uso de métodos e recursos didáticos, envolve não apenas ideias claras por parte do professor, mas também, e especialmente, intensas fases de intercâmbio, cooperação e confronto entre o professor e os alunos. E é precisamente esse esforço que leva, em casos de sucesso, à clareza correspondente na última. Parece irônico que muitos educadores desprezem o ensino direto (mais uma vez, em geral confundindo-o com o ensino didático), preferindo seus próprios métodos monológicos de "falar e praticar"; eles preferem a própria voz a um método que está entre os mais poderosos na aprendizagem dos alunos. Talvez o ensino direto precise de uma mudança de nome, já que acumulou muita pressão negativa. Alguns o chamam de ensino explícito, ensino direto sistemático e outros a diferenciam entre ID (em maiúsculas) e id (em minúsculas). Nossa alegação é de que os sete atributos anteriores também são poderosos e, portanto, chamamos essa combinação de uma forma mais neutra: "ensino e aprendizagem deliberados".

O ensino e a aprendizagem deliberados são, portanto, um tipo de ensino em que tanto o professor quanto os alunos sabem exatamente quem deve fazer o quê, quando, por que, como e onde e com quem devem fazê-lo. Como um diretor de palco ou maestro, o professor orienta os aprendizes por meio da aula com um uso hábil da metodologia e, ao mesmo tempo, dá aos alunos a chance de se tornarem ativos em sua aprendizagem. Para implementá-lo, o diálogo é privilegiado, e os professores devem tornar-se excelentes ouvintes e, igualmente importante, mostrar aos alunos que eles são excelentes ouvintes. O sucesso do ensino e da aprendizagem deliberados está em alcançar um entendimento entre o professor e os alunos sobre os objetivos, o conteúdo, os métodos e seu progresso (p. ex., o progresso tanto dos alunos quanto do professor). Em outras palavras, a clareza do professor entra em contato com a clareza dos alunos, e a interação entre os dois leva ao ensino, que também é marcado pela clareza.

TAMANHO DA TURMA: IMPORTANTE, MAS NÃO NECESSÁRIO PARA O DIÁLOGO

Para ser claro desde o início, somos a favor de turmas menores, porque elas podem tornar muitas coisas possíveis que são particularmente eficazes. O resumo da pesquisa em Visible Learning mostra que o efeito geral da redução do tamanho da turma é positivo (cerca de 0,20). Isso significa que aumenta o desempenho (e isso é o que significa um efeito positivo). São três as perguntas relacionadas a essa questão: por que esse efeito é tão pequeno em relação a muitos outros efeitos? Devemos gastar milhões para reduzir ainda mais o tamanho das turmas em vez de gastar esse dinheiro para melhorar a especialização dos professores? Como podemos melhorar o tamanho desse efeito?

Uma das principais razões pelas quais o efeito é tão pequeno é elucidada ao verificar o que acontece quando os professores são colocados em turmas maiores (geralmente de 25 a 30 alunos) em comparação com esses mesmos professores colocados em turmas menores (de 15 a 20 alunos). Como notamos antes, em turmas maiores há uma predominância de "falar e praticar" (que, como observado em Visible Learning, funcionou de modo geral) e quando esses professores são colocados em turmas menores, eles põem em prática ainda mais o falar e praticar, pois não mudam seus métodos para otimizar as oportunidades. Uma das principais razões pelas quais o efeito geral é de cerca de 0,20 é a de que os alunos não podem mais se esconder e escapar dos efeitos do ensino em turmas menores. Parece irônico que o efeito positivo seja mais uma função dos alunos do que dos professores mudando o que fazem.

Um resumo da pesquisa considerando as salas de aula de diferentes tamanhos mostra que não há diferenças no percentual de perguntas e comentários iniciados pelos alunos, no percentual de alunos parados, no tempo de espera por ajuda na leitura ou na matemática, no ambiente de sala de aula, na cobertura de texto, no tempo de trabalho com alunos individuais ou nas tarefas administrativas. Houve efeitos muito pequenos na redução de comportamentos indisciplinados. Houve mais aulas para toda a turma e mais tempo de revisão do conteúdo e menos individualização em turmas menores, menos interações entre professores e alunos e menos perguntas dos alunos. Não houve diferença nas atitudes dos alunos em relação à escola, por seus autoconceitos ou por sua participação em atividades em sala de aula (HATTIE, 2009).

Poderíamos capacitar novamente os professores para otimizar as oportunidades em turmas menores. Por exemplo, se usássemos o menor número de alunos para maximizar o diálogo, é provável que pudéssemos ver mais efeitos positivos, mas isso implicaria uma mudança radical na forma de ensinar para muitos educadores. E, não surpreendentemente, se houver menos monólogo e mais diálogo, o número de alunos na turma será indiferente. É o diálogo que importa.

Não estamos de modo algum sugerindo aqui que uma redução no tamanho da turma seja inútil ou que as turmas possam ser aumentadas à vontade – isso seria outro exemplo de uma má interpretação das evidências, já que o tamanho de efeito para a redução do tamanho da turma é positivo, indicando que o que estamos sugerindo é que se os professores não aproveitarem as mudanças estruturais para fazer as coisas de maneira diferente, reduzir o tamanho das turmas terá (e tem tido) pouco impacto. No entanto, se os professores conseguirem usar essas mudanças estruturais para um diálogo mais intensivo, os resultados poderão ser melhorados.

POR ONDE COMEÇAR?

Dificilmente existe um campo tão diverso como o de encontrar maneiras de aumentar os níveis de diálogo nas salas de aula. As possibilidades são praticamente infinitas, incluindo desde atividades de enigmas de grupo, método do quebra-cabeça, aquários a jogos americanos – e novas ideias estão sendo introduzidas o tempo todo. Aprimorar suas aulas com elementos de aprendizagem cooperativa é, portanto, um bom ponto de partida – com o objetivo de maximizar o diálogo entre alunos de maneira estruturada e ponderada: envolver todos no grupo como parte desse diálogo e avaliar o impacto do diálogo na aprendizagem e na compreensão dos alunos. No entanto, o importante a ser lembrado aqui é que não se trata apenas de escolher um método. Mais importante é verificar se o método escolhido foi realmente bem-sucedido. Em outras palavras, sua ideia-chave deve ser evidência de aprendizagem e seu princípio orientador deve ser "Conheça o seu impacto".

Uma forma comum de aprendizagem cooperativa no mundo de falantes de língua inglesa é a estratégia *think-pair-share* (em português, pensar-par-compartilhar). Ela envolve três fases: na primeira fase (pensar), os alunos desenvolvem ideias individuais sobre um assunto por conta própria. Na segunda fase (par), eles se reúnem em pequenos grupos para discutir e comparar suas ideias. Finalmente, na terceira fase (compartilhar), eles apresentam os resultados da segunda fase para toda a turma.

Considere também os seguintes métodos de agrupamento colaborativo para maximizar o poder de melhorar o diálogo de aprendizagem.

Atividade de quebra-cabeça (tamanho de efeito = 1,09)

Assim como em um quebra-cabeça, cada peça (a parte de cada aluno) é essencial para a conclusão e compreensão completa do produto final. Se a parte de cada aluno é essencial, então cada aluno é essencial, e é precisamente isso que torna essa estratégia tão eficaz.* Para ilustrar como um quebra-cabeça pode ser usado, imagine uma atividade em que temos cinco leituras baseadas em cinco influências do livro Visible Learning (uma atividade que costumamos usar em nossos próprios *workshops*).

1. Sentem-se em mesas de cinco. Decidam quem é A, B, C, D e E.
2. A pessoa A lê e faz anotações sobre uma das influências (p. ex., discussão em sala de aula), B sobre a clareza do professor, C sobre o agrupamento colaborativo, D sobre o ensino direto e E sobre o tamanho da turma (cerca de 12 minutos).
3. Todos os As então se reúnem (e os Bs se reúnem, etc.) para falar sobre a história subjacente, quais são as principais mensagens, e assim por diante (cerca de 15 a 20 minutos). O valor é que todos os alunos, independentemente de sua capacidade, podem ensinar e aprender uns com os outros sobre o conteúdo e as ideias de cada influência.
4. Os alunos retornam ao grupo original e relatam as principais descobertas e os entendimentos aos outros. Agora, existem cinco conjuntos de ideias e entendimentos para cada grupo. O objetivo dessa etapa é conhecer as conexões entre as principais ideias das cinco influências.
5. Cada grupo compartilha suas ideias principais, e uma discussão de grupo inteiro é realizada para garantir que todos entendam os principais temas subjacentes a essas cinco práticas de sucesso.

---

* Disponível em: www.jigsaw.org/#overview (conteúdo em inglês).

6. Cada grupo então considera um ou dois dos planos de aula fornecidos. A tarefa é considerar o conteúdo e a entrega dos planos de aula em relação ao que você aprendeu com essas influências. Quais são os pontos fortes e o que você pode mudar com base nos resultados relacionados a essas influências?

Enigma de grupo

O enigma do grupo envolve primeiro dividir a turma em grupos de especialistas, cada um dos quais é responsável por preparar um aspecto diferente do tópico tratado na aula. Então os grupos são reorganizados, com pelo menos um membro representando cada grupo de especialistas. Nos novos grupos, os alunos relatam e discutem os resultados dos grupos de especialistas (Fig. 7.4).

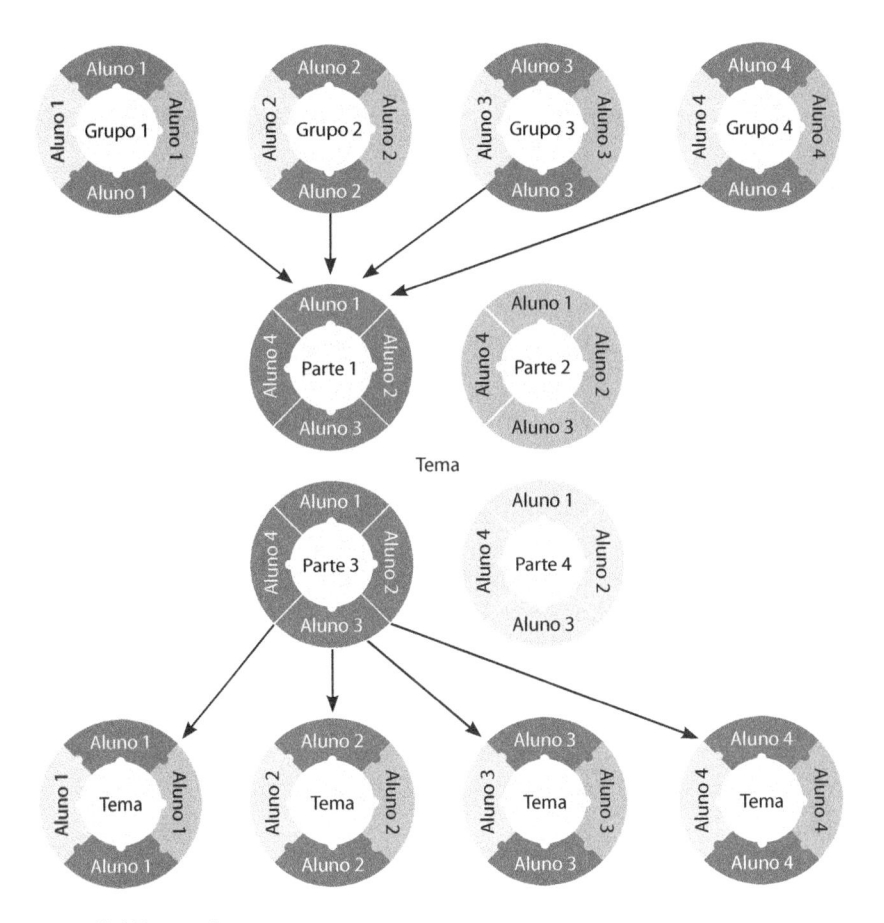

Figura 7.4 Enigma de grupo.
Fonte: Hattie e Zierer (2017).

Aquário

A turma é dividida em um círculo interno e outro externo. Os alunos do círculo interno têm a tarefa de discutir um tópico atribuído pelo professor, enquanto os do círculo externo funcionam como observadores. Os membros do círculo interno podem decidir mudar para o círculo externo, e vice-versa (Fig. 7.5).

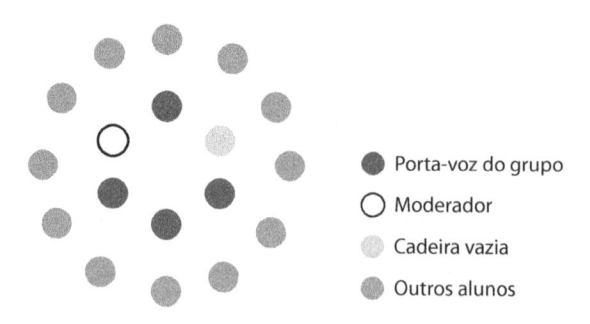

● Porta-voz do grupo
○ Moderador
● Cadeira vazia
● Outros alunos

Figura 7.5 Aquário.
Fonte: Hattie e Zierer (2017).

Atividade do jogo americano

Depois de dividir a turma em grupos de quatro, o professor pede aos alunos que primeiro trabalhem sozinhos sobre um problema e anotem a solução em uma das bordas de um jogo americano. Então, cada membro do grupo lê as soluções sugeridas pelos outros membros e se envolve em uma discussão sobre elas. O grupo concorda com uma solução comum e a escreve no meio do jogo americano (Fig. 7.6).

Aproveite esse grande espectro de possibilidades para integrar a aprendizagem cooperativa em suas aulas e usar o diálogo. Lembre-se sempre de que esses métodos não são uma receita infalível para o sucesso, eles só foram capazes de, no passado, produzir efeitos positivos na aprendizagem com certa probabilidade. De maneira nenhuma isso alivia você da responsabilidade de procurar evidências de que o método escolhido também foi bem-sucedido em sua própria aula. Damos dicas de como fazer isso no Capítulo 6: "Dou *feedback* e ajudo os alunos a entendê-lo, interpretando e agindo de acordo com o *feedback* que recebo".

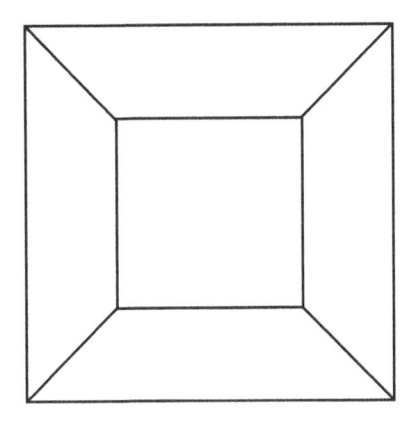

Figura 7.6 Atividade do jogo americano.
Fonte: Hattie e Zierer (2017).

Lista de verificação

Reflita sobre as seguintes questões na próxima vez que planejar uma aula:
- Integre fases de diálogo na aula.
- Oriente seu planejamento de aula em direção aos princípios do ensino direto.
- Tente obter clareza sobre os objetivos, o conteúdo, os métodos e os recursos didáticos antes de realizar a aula.
- Confirme que os alunos compreenderam os objetivos, o conteúdo, os métodos e os recursos didáticos.
- Considere maneiras de tornar visíveis os efeitos dos métodos que você escolheu ao planejar a aula.
- Divida a turma em grupos apenas com o propósito de completar atividades específicas.
- Evite organizar os alunos em grupos como um fim em si mesmo.
- Aproveite o poder dos colegas por meio de formas de aprendizagem cooperativa.
- Certifique-se de integrar as fases direcionadas de recebimento de informação. Elas são importantes para preparar, apresentar, comentar, reforçar e acompanhar as fases do diálogo.

Exercícios

- Volte ao questionário para autorreflexão no início do capítulo e complete-o novamente com uma cor diferente. Onde e, mais importante, por que sua perspectiva sobre as declarações mudou? Discuta sua autoavaliação com um colega.
- Planeje sua próxima aula e inclua uma fase de aprendizagem cooperativa. Obtenha *feedback* sobre isso dos alunos. Discuta seu plano, a aula e o *feedback* com um colega.
- Compare seu plano de aula com os recursos do ensino direto apresentados neste capítulo e modifique os pontos que você considera carentes de clareza. Discuta essas modificações com um colega.

8

Explico aos alunos de forma clara como é o impacto bem-sucedido desde o início

QUESTIONÁRIO PARA AUTORREFLEXÃO

Avalie-se de acordo com as seguintes afirmações:
1 = discordo totalmente, 5 = concordo totalmente.

Sou muito bom em...
...mostrar aos alunos qual é o objetivo da aula.
...mostrar aos alunos quais são os critérios de sucesso da aprendizagem.

Sei perfeitamente bem...
...que a aprendizagem precisa de objetivos claros, desafiadores e transparentes.
...que a visibilidade dos critérios de sucesso é uma ajuda essencial para os alunos.

Meu objetivo é sempre...
...tornar os objetivos de ensino claros, desafiadores e transparentes.
...mostrar aos alunos os critérios de sucesso.

Estou plenamente convencido...
...de que é meu trabalho assegurar objetivos claros, desafiadores e transparentes.
...de que a visibilidade dos critérios de sucesso é importante para os alunos.

> **Cenário**
>
> Quem não conhece a seguinte situação? O professor explica de forma rápida e vaga o trabalho em grupo e desaparece da sala de aula enquanto os alunos são deixados sozinhos resolvendo a atividade. Eles tentam descobrir qual é o objetivo real do trabalho em grupo e no que constituirá o sucesso de seus esforços. Por fim, depois de uma longa busca, eles chegam a um acordo, o professor volta e pede o resultado da aprendizagem. Os alunos não têm respostas porque não tiveram tempo para trabalhar nos objetivos. Quão diferente seria a aula descrita se o professor tivesse reservado tempo no início para deixar claro aos alunos o que eles deveriam aprender e por que e para que e qual era o objetivo dos próximos passos. A conversa sobre isso não levaria ao silêncio, mas tornaria a aprendizagem visível.

Esse cenário destina-se a ilustrar a mensagem principal deste capítulo: a aprendizagem bem-sucedida requer clareza – não apenas no processo de aprendizagem, mas também em vista do resultado da aprendizagem. Em sala de aula, quanto melhor os professores conseguirem demonstrar os critérios de sucesso para os alunos, mais efetivos e duradouros serão os esforços por parte deles.

Depois de ler este capítulo, você vai ser capaz de explicar à luz dessa mensagem principal:

- a importância dos fatores "exemplos trabalhados" e "aprendizagem para o domínio";
- a importância dos objetivos de aprendizagem e dos critérios de sucesso para a aprendizagem visível e o sucesso do ensino;
- o que se entende por roda de aprendizagem visível e quais possibilidades para implementá-la.

EM QUAIS FATORES DO VISIBLE LEARNING SE BASEIA ESSE PRINCÍPIO?

Esta é uma discussão contínua: quando é necessário, no processo de aprendizagem, informar os alunos sobre os critérios de sucesso das aulas? Os posicionamentos são opostos: por um lado, há argumentos de que a aprendizagem requer uma curva de estresse para motivar e ter um efeito sustentado, por isso é melhor deixar os alunos tatearem no escuro tanto quanto possível. Por outro lado, alguns defendem a ideia de mostrar aos alunos, o mais cedo possível durante o processo de aprendizagem, qual é o objetivo e o que constitui o sucesso da aprendizagem.

A seguir, não defendemos nenhum desses posicionamentos, porque o momento depende do objetivo da aula: se, por exemplo, a resolução de problemas em si é o foco, a realização dos objetivos pode ser explicitada mais tarde, enquanto no ensino de fatos simples ela é evidenciada muito mais cedo no processo. No entanto, os resultados da pesquisa empírica indicam que é necessário, em certo momento na sala de aula, tornar os critérios de sucesso visíveis para o aluno e torná-los o objeto explícito da discussão. Para os alunos, é sem dúvida útil saber quando alcançaram o objetivo de aprendizagem e os critérios de sucesso. O ensino em que os critérios de sucesso da aprendizagem não foram propostos é uma oportunidade perdida.

Como resultado, há certamente várias maneiras de atingir o objetivo de aprendizagem. No entanto, a divulgação dos critérios de sucesso, no máximo quando o objetivo for alcançado, é essencial para a aprendizagem bem-sucedida e sustentável. Nesse contexto, a atitude "Explico aos alunos de forma clara como é o impacto bem-sucedido desde o início" parece essencial para o sucesso do ensino. Em Visible Learning, há uma série de fatores que sustentam o que foi dito.

Exemplos trabalhados

Mostrar exemplos trabalhados por alunos é um método eficaz para aprender os objetivos e demonstrar o sucesso. Em geral, os exemplos trabalhados contêm a descrição do problema e as etapas de solução apropriadas e são apresentados em três partes: (1) uma fase de introdução (apresentação do exemplo); (2) fase de elaboração ou capacitação (acompanhamento do caminho da solução); e (3) fase de teste (avaliação da aprendizagem). Por meio desse processo estruturado e orientado para o objetivo de aprendizagem, exemplos trabalhados reduzem o estresse cognitivo dos alunos, que podem se concentrar no processo que leva à resposta correta, em vez de dar uma resposta simples que pode estar certa ou errada. Como consequência, o foco é colocado na identificação de resultados de aprendizagem e nos critérios de sucesso, o que pode levar a desafios.

Ao fornecer exemplos trabalhados, o professor reduz a busca por meios e fins; ou seja, os alunos se concentram mais no problema e nas etapas do processo e, portanto, têm maior probabilidade de induzir soluções ou esquemas generalizados. A atenção não é nas respostas certas ou erradas ou no nível desejado de desempenho atingido, mas no processo de aprendizagem. Zhu e Simon (1987) relataram por meio de vários estudos de longo prazo que exemplos trabalhados poderiam aumentar a aprendizagem em até 1,5 vezes nas aulas convencionais em que os exemplos trabalhados não foram inseridos. Paas e Van Merriënboer (1994) descobriram que exemplos trabalhados na resolução de problemas de geometria levaram a uma menor demanda de carga cognitiva, a uma melhor construção de esquema e a um maior desempenho de transferência.

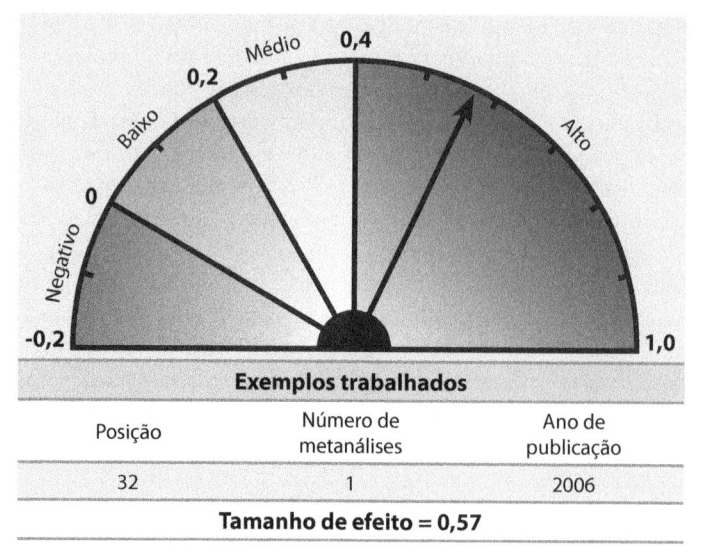

Exemplos trabalhados		
Posição	Número de metanálises	Ano de publicação
32	1	2006

Tamanho de efeito = 0,57

Figura 8.1 Exemplos trabalhados.
Fonte: Hattie e Zierer (2017).

Aprendizagem para o domínio

A ideia básica da abordagem da aprendizagem para o domínio é que todas as pessoas podem aprender algo quando são dadas explicações adequadas sobre a compreensão e o domínio do assunto a ser aprendido. A aprendizagem para o domínio normalmente envolve exigir que os alunos alcancem um nível específico de domínio (p. ex., 85% em um teste de vocabulário) antes de avançar para o aprendizado de novas e subsequentes informações. Implica um *feedback* abundante e critérios claros de sucesso e pode tornar-se um ciclo virtuoso de ensino e de aprendizagem – desde que a aprendizagem permaneça interessante e apropriadamente desafiadora. Pode ser um poderoso auxílio à diferenciação, já que o que varia é menos o nível do domínio, mas o tempo e o modo como os alunos podem alcançar esse domínio. Também se concentra na habilidade dos professores em ensinar e conhecer seu impacto na aprendizagem, de modo que possam ajustar seu ensino para ajudar os alunos a atingir o nível de domínio: não dizendo "bom trabalho, é bom o suficiente" já que tanto o aluno quanto o professor estão cientes do nível de domínio, mas certamente pode ser preciso muita preparação para garantir que o nível seja apropriado e que as estruturas e o tempo estejam estabelecidos para permitir a aprendizagem e os ciclos muito personalizados de aprendizagem pelos alunos.

Os efeitos do teste de domínio são particularmente fortes em alunos de baixa capacitação, sobretudo porque aumentam a quantidade de tempo de ensino exigido por, em média, 25% desses alunos. Bloom (1984) argumentou que, embora os alunos possam variar amplamente em suas taxas de aprendizagem, se os professores pudessem fornecer o tempo apropriado e as condições de aprendizagem mais defensáveis, quase todos poderiam alcançar critérios de sucesso adequadamente desafiadores (ver GUSKEY, 2010).

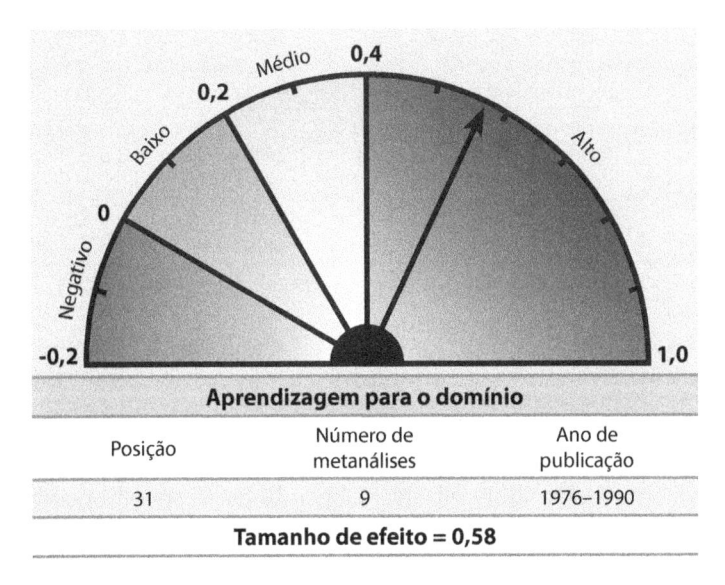

Posição	Número de metanálises	Ano de publicação
31	9	1976–1990

Tamanho de efeito = 0,58

Figura 8.2 Aprendizagem para o domínio.
Fonte: Hattie e Zierer (2017).

OBJETIVOS E CRITÉRIOS DE SUCESSO: DOIS LADOS DA MESMA MOEDA

Os resultados até agora apontam para uma interação essencial para o sucesso do ensino: os objetivos de aprendizagem e os critérios de sucesso são dois lados da mesma moeda e são mutuamente dependentes um do outro em relação ao seu efeito. A explicação de um único critério é, portanto, valiosa, especialmente quando o outro critério também é visível. A diferença entre os dois é que os objetivos de aprendizagem, no início do processo, revelam qual é ele, bem como os critérios de sucesso, que são visíveis quando esse objetivo de aprendizagem é alcançado e o aluno pode ver que o atingiu.

Nesse contexto, é importante não apenas que os professores saibam qual é o objetivo da aula e quando foi alcançado, mas também que compartilhem esse conhecimento com o aluno, tornando-o assunto explícito da aula.

A visão geral a seguir tenta ilustrar as interações e as inter-relações entre os objetivos de aprendizagem e os critérios de sucesso. Para esse propósito, um exemplo de ensino é selecionado e trabalhado usando o modelo SOLO, que foi abordado no Capítulo 5 (HATTIE, 2012).

Critérios de sucesso dos objetivos de aprendizagem

SOLO 1: identificar que luz e som são tipos de energia detectados pelos ouvidos e pelos olhos			
Uniestrutural/ multiestrutural	Identificar que luz/som são formas de energia e apresentam propriedades	Posso citar uma ou mais propriedades de luz/som	○
Relacional	Saber que som/luz podem ser transformados em outras formas de energia	Posso explicar como luz/som são transformados em outros tipos de energia	○
Abstrato ampliado	Entender como a luz/som permitem nos comunicarmos	Posso explicar como luz/som permitem nos comunicarmos	○
SOLO 2: ser capaz de desenhar uma normal, medir ângulos e definir a lei da reflexão			
Uniestrutural/ multiestrutural	Ser capaz de desenhar diagramas de raios, incluindo a normal, com ângulos corretamente desenhados	Posso desenhar um diagrama de raios com a medida correta dos ângulos	○
Relacional	Ser capaz de definir a lei de reflexão, ligando os termos "incidência" e "raio refletido"	Posso definir a lei da reflexão, ligando os termos "incidência" e "raio refletido", "normal" e "superfície lisa"	○
Abstrato ampliado	Reconhecer que a lei da reflexão é verdadeira para todas as superfícies planas e pode prever o que acontecerá se a superfície for áspera	Posso prever o que acontecerá se a luz for refletida de uma superfície áspera e explicar por que isso ocorre	○
SOLO 3: ser capaz de utilizar caixas de raios para compreender como os espelhos côncavos e convexos se comportam			
Uniestrutural/ multiestrutural	Saber que mudar a distância de um objeto perante um espelho côncavo altera a aparência da imagem	Posso reconhecer que uma imagem em um espelho côncavo muda conforme o objeto é colocado próximo ou afastado do espelho	○
Relacional	Ser capaz de explicar por que os espelhos côncavos são conhecidos como "espelhos convergentes" e os espelhos convexos são conhecidos como "espelhos divergentes"	Posso explicar (utilizando diagramas) por que os espelhos côncavos e convexos são chamados de espelhos "convergentes" e "divergentes", respectivamente	○
Abstrato ampliado	Reconhecer padrões em raios refletidos em espelhos côncavos e convexos e ser capaz de fazer uma generalização	Posso escrever uma generalização sobre os padrões de raios refletidos em espelhos côncavos e convexos	○

Esse exemplo mostra o que foi demonstrado em estudos empíricos: os objetivos e os critérios de sucesso são essenciais para o êxito da aprendizagem e levam a cinco implicações didáticas:

Primeiro, desafio: a visibilidade dos objetivos de aprendizagem e a abordagem dos critérios de sucesso levam os alunos a entenderem melhor em que etapa estão no processo de aprendizagem, seus pontos fortes e fracos e onde está a dissonância entre o que sabem fazer e o que não sabem. Quando não são entendidos apropriadamente, pode haver uma tensão por parte do aluno – especialmente quando os aspectos pessoais e não relacionados ao desempenho estão no centro do ensino. O foco no assunto e no objeto de aprendizagem pode fornecer uma solução e inserir o fato de lidar com erros na perspectiva adequada.

Em segundo lugar, autocompromisso: a visualização dos objetivos de aprendizagem e a discussão dos critérios de sucesso são importantes para tornar os alunos responsáveis por sua aprendizagem. Quanto mais bem-sucedidas forem a visualização dos objetivos e a discussão dos critérios de sucesso, maior será o êxito da aprendizagem. Além do desafio já mencionado, são os contatos sociais e as influências de pares que levam a um alto autocompromisso.

Terceiro, autoconfiança: a confiança na própria capacidade é importante para o sucesso da aprendizagem. Esse é o resultado das crenças de autoeficácia, de um lado, e do contato social, do outro. Acima de tudo, os professores têm a oportunidade de mostrar aos alunos o que eles já são capazes de fazer e em quais pontos já progrediram, tornando visíveis os objetivos de aprendizagem e abordando os critérios de sucesso. Com base nisso, os desafios podem ser decididos, podendo ser dominados pelos alunos, e não os sobrecarregando ou desafiando-os.

Em quarto lugar, as expectativas do aluno: a visualização dos objetivos de aprendizagem e a abordagem dos critérios de sucesso ajudam os alunos a se avaliarem – no sentido de que aprendem a desenvolver expectativas realistas de si mesmos. Tudo isso não é um caminho fácil, mas requer muita conversa e reflexão. No entanto, é uma marca registrada de alunos bem-sucedidos.

Em quinto lugar, compreensão conceitual: a aprendizagem passa de uma compreensão superficial para uma compreensão aprofundada. Uma não é mais importante nem melhor do que a outra. Em vez disso, uma se constrói sobre a outra e, portanto, mostra sua interação. Compreender essa interação é o que é chamado de compreensão conceitual. Os alunos que sabem em que nível estão, por que esse nível é importante e quais são seus próximos passos podem aprender de forma mais eficaz e duradoura. A visibilidade dos objetivos de aprendizagem e da discussão dos critérios de sucesso é uma ferramenta importante para os professores.

POR ONDE COMEÇO?

Em 2015, o documentário *Revolution School*, sobre o processo de desenvolvimento de uma escola, dividido em partes e apresentado em toda a Austrália, se tornou manchete: o Kambrya College decidiu que sairia da posição de uma das piores escolas da Austrália para uma das melhores. Fundada em 2002, em Berwick, a apenas 50 quilômetros de Melbourne, a escola tem mais de mil alunos, dos quais mais de 25% têm um histórico de migração, representando mais de 35 nacionalidades – uma escola típica do século XXI, se você preferir. Em 2008, a escola foi sinalizada como uma "escola vermelha" (baixo desempenho e baixo progresso). Assim, a equipe de administração, liderada pelo diretor Michael Muscat, começou a contatar, entre outros, a Graduate School of the University of Melbourne. Durante esse intercâmbio, várias estratégias foram desenvolvidas e vários procedimentos foram implementados para ajudar no progresso da escola. Após um curto período, foi possível reformar a escola e levá-la ao sucesso. Esse sucesso foi quase todo em função da equipe de liderança e da dedicação e paixão dos professores. Eles usaram a pesquisa, implementaram-na e refinaram-na e avaliaram incansavelmente seu impacto. Da multiplicidade de intervenções, destacamos a seguir uma no contexto dessas considerações que pode esclarecer a ideia central do princípio como um primeiro passo em direção a uma profissionalização correspondente.

Em um processo de intercâmbio intensivo, o corpo docente concordou em tornar visíveis os fatores centrais do ensino bem-sucedido em sala de aula e focar neles repetidas vezes. A decisão tomada foi a de enfocar os fatores "objetivos" e "critérios de sucesso". É claro, também é possível nomear outros fatores, mas o que é muito mais importante é, primeiro, o processo subjacente pelo qual a equipe discutiu o sucesso da aprendizagem e a qualidade do ensino e, segundo, o acordo para entender o princípio de todo o ensino. A qualidade da sala de aula é, portanto, visível não apenas para os professores, mas também e acima de tudo para os alunos. O objetivo que a escola estabeleceu para si não é fácil, mas é uma lição na orientação de evidências: não há mais aulas nas quais os alunos não estejam cientes sobre o motivo pelo qual estão aprendendo alguma coisa. Não há mais aulas em que os alunos não mostrem quais são os critérios de sucesso. E não há mais aulas em que os alunos não saibam quais meios estão sendo usados e com que propósito.

Em última análise, esse processo de comunicação e a compreensão resultante do ensino forneceram uma garantia para o sucesso do Kambrya College. A escola passou dos 10% piores no estado para as primeiras 20%. As expectativas coletivas de eficiência levaram a mudanças profundas. Vemos nesse processo e no acordo sobre o instrumento descrito um caminho baseado em evidências que valem a pena.

Então fale com seus colegas. Defina critérios de sucesso sobre as aulas, que então se tornam obrigatórios para você e visíveis para os alunos. Coloque esses critérios de sucesso em um lugar central na sala de aula (não nos bastidores) e consulte-os durante a aula. Torne a aprendizagem visível e crie desafios, autocompromisso, confiança, expectativas razoáveis e compreensão conceitual. Dessa forma, você está dando um passo decisivo para implementar o princípio "Explico aos alunos de forma clara como é o impacto bem-sucedido desde o início". A visão geral a seguir, que chamamos de roda de aprendizagem visível no contexto do Kambrya College, pode ser útil (Fig. 8.3).

Um comentário é necessário nesse ponto para evitar mal-entendidos: a roda de aprendizagem visível não deve ser considerada algo restritivo, mas uma expressão de profissionalização coletiva e, portanto, uma atitude fundamental do corpo docente. Para os alunos, isso também leva a uma visualização da aprendizagem e do ensino, e esse é o seu principal motivo.

Figura 8.3 Roda de aprendizagem visível.

Lista de verificação

Reflita sobre as seguintes questões na próxima vez que planejar uma aula:
- Sempre formule critérios de sucesso apropriados para os objetivos da aula.
- Torne os critérios de sucesso visíveis no processo de aprendizagem e nomeie-os.
- No processo de aprendizagem, introduza estudos de caso para tornar visíveis tanto os objetivos de aprendizagem quanto os critérios de sucesso da aprendizagem.
- Complete cada aula com a meta de revisar os objetivos de aprendizagem e abordar os critérios de sucesso.
- Certifique-se de que o aluno entendeu os critérios de sucesso solicitando *feedback*.

Exercícios

- Volte ao questionário de autorreflexão no início do capítulo e preencha-o com uma cor diferente. Onde sua visão das coisas mudou e, acima de tudo, por quê? Discuta sua avaliação com um colega.
- Planeje sua próxima aula incluindo um exemplo trabalhado. Discuta seu planejamento e sua implementação com um colega.
- Projete uma roda de aprendizagem visível com os colegas e discuta seu benefício com o aluno a partir de uma perspectiva de aprendizagem. Discuta suas experiências com os colegas e desenvolva essa ferramenta com base em evidências.

9

Construo relacionamentos e confiança para que a aprendizagem ocorra em um ambiente seguro para cometer erros e aprender com os outros

---

QUESTIONÁRIO PARA AUTORREFLEXÃO

Avalie-se de acordo com as seguintes afirmações:
1 = discordo totalmente, 5 = concordo totalmente.

Sou muito bom em...
...levar em consideração o ambiente dos alunos.
...estabelecer um sentimento de pertencimento na turma.

Sei perfeitamente bem...
...que um relacionamento positivo com os alunos é importante.
...que o ambiente dos alunos tem grande influência em sua aprendizagem.

Meu objetivo é sempre...
...fazer os alunos confiarem em mim.
...construir confiança entre os alunos.

Estou plenamente convencido...
...de que um relacionamento positivo com os alunos é importante.
...de que é importante estabelecer um clima justo e positivo na aula.

> **Cenário**
>
> Pouquíssimas crianças não têm medo quando precisam fazer sua primeira apresentação em uma aula. Não há muitas opções disponíveis para um professor em situações como essa. O aluno pode dizer: "Estou ansioso", "E se esquecer o que tenho que falar?", "E se eu errar?", "E se os colegas rirem de mim?" ou "Não consigo fazer isso". Todos esses comentários podem sinalizar que eles precisam de ajuda. Não faz diferença quão meticulosamente o professor discutiu a apresentação com a criança de antemão – toda teoria vai por água abaixo quando chega a hora da apresentação. A criança precisa de uma atmosfera de confiança, que lhe dê uma sensação de segurança para que possa fazer a apresentação.

QUAL É O ASSUNTO DESTE CAPÍTULO?

Esse cenário ilustra a mensagem principal deste capítulo: aprender requer relacionamentos positivos, seja entre alunos e professores, seja entre os próprios alunos. O ensino é, portanto, essencialmente construído sobre um relacionamento, e quanto mais seguros e confiáveis forem esses relacionamentos, mais a criança aprenderá. Esses relacionamentos positivos são os precursores da aprendizagem (eles formam um recurso a ser gasto em situações desafiantes), assim os alunos precisam sentir muita confiança para pedir ajuda, tentar novamente e explorar sem medo com seus colegas.

Quando terminar de ler este capítulo, você vai poder usar essa mensagem como base para explicar:

- a importância dos fatores "expectativas dos professores", "relação professor-aluno" e "redução da ansiedade";
- a importância do efeito IKEA no desenvolvimento de relações intactas entre professor e aluno;
- por que um "ainda não" é sempre melhor do que um "não" para fortalecer a relação entre professor e aluno;
- por que humor e alegria têm um papel importante na escola e na sala de aula e como podem melhorar a relação entre professor e aluno;
- qual é o efeito camaleão e qual é o impacto de regras e rituais no estabelecimento e na manutenção da relação intacta entre professor e aluno;
- por que a credibilidade do professor é fundamental para o relacionamento positivo entre ele e o aluno.

EM QUAIS FATORES DO VISIBLE LEARNING SE BASEIA ESSE PRINCÍPIO?

A noção de que a aprendizagem requer uma atmosfera de segurança e confiança, e não uma atmosfera de medo e repressão, não é novidade. Basta pensar no "ritmo pedagógico" de Johann Friedrich Herbart (1808), na "referência pedagógica" de Herman Nohl (1970) ou mesmo no "amor pedagógico" de Otto Friedrich Bollnow (2001). Todos esses conceitos enfatizam a importância da relação professor-aluno para a aprendizagem bem-sucedida.

A seguir, apresentamos os principais fatores relacionados ao desenvolvimento de relacionamentos positivos: "expectativas dos professores", "relações professor-aluno" e "redução da ansiedade".

Expectativas dos professores

O tamanho de efeito de 0,43 para "expectativas dos professores" em Visible Learning chama atenção (ver Fig. 9.1).

Um dos mais famosos experimentos em educação foi conduzido por Rosenthal e Jacobsen, chamado efeito Pigmaleão. Pigmaleão era um escultor grego que se apaixonou pela estátua de uma bela mulher que ele próprio esculpiu. Ele beijou

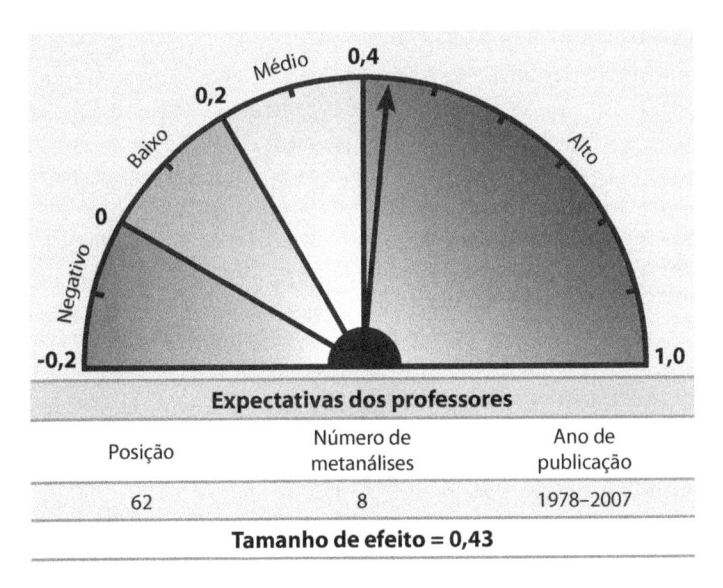

	Expectativas dos professores	
Posição	Número de metanálises	Ano de publicação
62	8	1978–2007
	Tamanho de efeito = 0,43	

Figura 9.1 Expectativas dos professores.
Fonte: Hattie e Zierer (2017).

e adorou a estátua, que se transformou em uma mulher, e suas expectativas foram realizadas. Da mesma forma, Rosenthal e Jacobsen disseram aos professores que metade dos alunos iria "florescer" durante o ano e metade não iria, com base em testes que fizeram (mas a divisão no grupo foi aleatória). Obviamente, no final do ano, o número de alunos que "floresceu" superou o número que "não floresceu". Dado que a atividade era aleatória, a diferença que eles alegavam era um resultado de expectativas mais altas dos professores em relação aos alunos que "floresceram".

Isso levou à caça da origem dessas expectativas – gênero, etnia, classe social, estereótipos, rótulos diagnósticos, atratividade física, estilo de linguagem, idade do aluno, personalidade e habilidades sociais, antecedentes do relacionamento entre professor e aluno, nomes, irmãos e antecedentes monoparentais. Nenhuma delas conseguiu explicar a fonte das expectativas dos professores. Christine Rubie-Davies (2016) argumentou que essa busca era baseada em um mal-entendido; a implicação mais importante era a de que os professores que tinham altas expectativas tendiam a tê-las em relação a todos os alunos, e aqueles que tinham baixas expectativas tendiam a tê-las em relação a todos os alunos. Em sua pesquisa, a autora testou os alunos depois de um mês em sua nova turma, deu aos professores os resultados e, em seguida, pediu-lhes para prever o desempenho do aluno no final do ano. É claro que os professores que tinham grandes expectativas eram mais propensos a melhorar a aprendizagem dos alunos, e aqueles que tinham expectativas baixas pouco mudaram o crescimento dos alunos ao longo de um ano.

Em outro estudo, Rubie-Davies (2014) mostrou que quando os professores acreditavam que os grupos indígenas (no caso dela, os estudantes maoris) eram inferiores, o desempenho dos alunos era afetado negativamente – e isso apesar da constatação de que o desempenho dos alunos maoris não estava abaixo de qualquer outro grupo étnico no início do ano. Isso pode levar esses alunos a se conscientizarem das expectativas dos professores e depois alinharem o seu desempenho de acordo com essas expectativas. Rubie-Davies (2014) observou que professores com altas expectativas se engajam em várias práticas bem fundamentadas na literatura de ensino efetivo que os diferenciava de professores de baixa expectativa. Educadores com expectativas altas são mais propensos a conectar novos conceitos com conhecimento prévio, usar técnicas de apoio para ajudar na aprendizagem, dar *feedback* de alta qualidade com mais frequência, questionar assiduamente e usar mais questões abertas.

Dessa forma, uma parte fundamental desse princípio é se os professores têm expectativas altas ou baixas (ou pior, nenhuma expectativa) em relação a todos os alunos. O clima da aula e a percepção dos alunos sobre os fundamentos das relações com seus professores podem comunicar expectativas – que então podem ser traduzidas em ações para o bem ou para o mal. Uma das principais reivindicações do trabalho do Visible Learning é a de que diferenças nessas expectativas ajudam a explicar grande parte da variação entre os professores em sua eficácia. Dado que os alunos experienciem e passem a acreditar nas expectativas dos professores, pode-se notar como é importante que os professores trabalhem de forma colaborativa dentro e entre as escolas para ajustar suas expectativas – o que significa ser "bom" em história, música, mecânica; o que significa dizer que isso representa "crescimento de um ano"?

Relação professor-aluno

Há muito se sabe que uma das percepções mais fundamentais da pesquisa educacional é a de que uma relação positiva entre professor e aluno é essencial para o sucesso da aprendizagem. Pode ser visto como uma condição *sine qua non* da aprendizagem escolar e, por isso, não é de se surpreender que esse fator alcance um tamanho de efeito de 0,72 no Visible Learning (ver Fig. 9.2). A importância da relação professor-aluno é inquestionável, mas mantê-la é uma tarefa complexa: os professores precisam ter uma série de habilidades para criar uma atmosfera propícia à aprendizagem, e isso se relaciona com relações positivas não apenas entre os alunos e o professor, mas também entre os próprios alunos. Embora haja uma grande variedade de pesquisas sobre a relação professor-aluno, o exemplo dos estilos parentais pode servir para ilustrar as principais mensagens. É comum distinguir entre quatro estilos parentais que variam em sua eficácia em promover o desenvolvimento da personalidade: autoritário, indulgente, negligente e autoritativo. Esses estilos parentais diferenciam-se essencialmente de suas posições relativas ao longo das dimensões de proximidade e distância e controle e liberdade. O estilo autoritário é caracterizado por um baixo grau de proximidade e um alto grau de controle. O estilo parental permissivo, por outro lado, é marcado por um alto grau de proximidade e um baixo grau de controle. O estilo

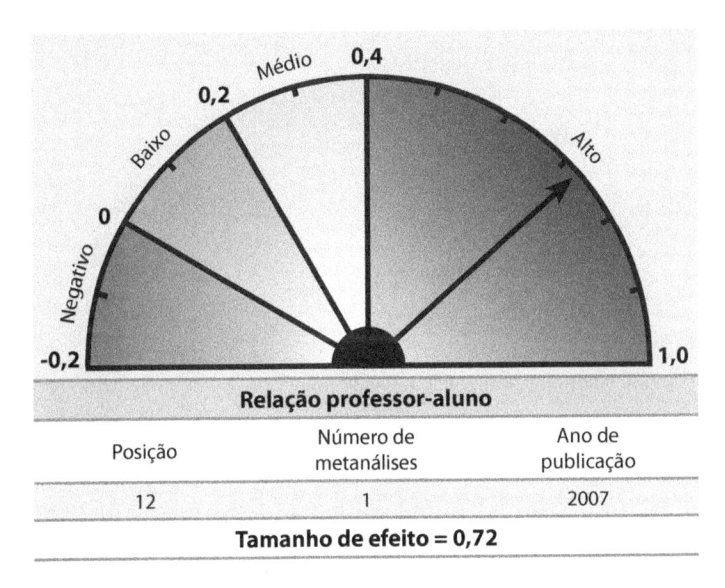

	Relação professor-aluno	
Posição	Número de metanálises	Ano de publicação
12	1	2007
Tamanho de efeito = 0,72		

Figura 9.2 Relação professor-aluno.
Fonte: Hattie e Zierer (2017).

parental negligente envolve um baixo grau de proximidade e de controle. Finalmente, o estilo parental autoritativo envolve um alto grau de proximidade e de controle. Embora a avaliação dessas tipologias nem sempre seja idêntica na literatura, há um consenso de que um estilo parental autoritativo tem o maior potencial de aprendizagem afetiva. Tal estilo cria um senso de justiça, previsibilidade e, portanto, segurança para se envolver na aprendizagem, com todas as noções relacionadas a cometer erros, buscar ajuda e trabalhar positivamente com os outros. Isso cria condições ideais para os alunos se sentirem seguros em cometer erros, esforçando-se para descobrir novas relações por trás de ideias e aprendendo com os erros.

Redução da ansiedade

Um pouco de ansiedade pode ajudar; muita ansiedade pode ser um grande obstáculo. Nessa última circunstância, em geral lutamos (resistimos ativamente, somos desobedientes, criamos uma distração ou perturbação) ou fugimos (não participamos, evitamos nos envolver ou demonstramos tédio). Consequentemente, os métodos para reduzir os níveis de ansiedade (evitando, assim, lutar ou fugir) têm um efeito positivo nos processos de aprendizagem e atingem um efeito de 0,40 no Visible Learning (ver Fig. 9.3). Também observamos que o tédio ganha o prêmio como a menor ou mais negativa influência (tamanho de efeito = -0,49). Isso mostra que os professores devem evitar abordagens que causem ansiedade indevida em seus alunos e, em vez disso, devem escolher abordagens que reduzam sua ansie-

Redução da ansiedade		
Posição	Número de metanálises	Ano de publicação
69	4	1988–1999

Tamanho de efeito = 0,40

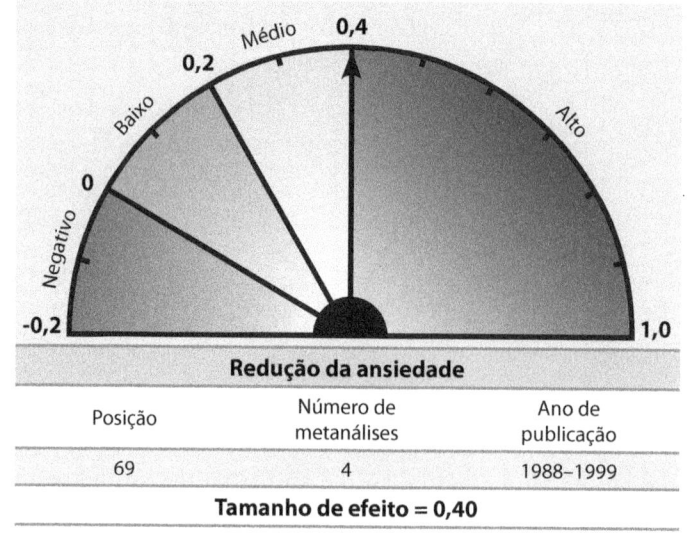

Figura 9.3 Redução da ansiedade.
Fonte: Hattie e Zierer (2017).

dade e os envolvam nos desafios ou na aprendizagem e que inspirem confiança. Isso beneficiará, acima de tudo, a autoeficácia dos alunos, outro fator com um tamanho de efeito (tamanho de efeito = 0,47) na zona de efeitos desejados, porque os alunos então enfrentarão os desafios com mais confiança. É nesse equilíbrio entre algo pouco e muito desafiante que está a zona de aprendizagem. Da mesma forma, nessa zona, há angústia suficiente, mas não demasiada a ponto de afastar o aluno de tentar fazer a atividade (luta ou fuga).

Nessa zona, os alunos não atribuem mais o seu desempenho às suas habilidades, mas ao esforço que dedicam à atividade. A ideia-chave é a de que construir essas relações positivas entre professores e alunos e entre os próprios alunos é o que cria as condições nas quais está tudo bem cometer erros na frente dos colegas, explorar ativamente outras ideias e criticá-las e aprender com os outros.

Como mencionado anteriormente, a evidência empírica em apoio ao princípio "Construo relacionamentos e confiança para que a aprendizagem ocorra em um ambiente seguro para cometer erros e aprender com os outros" pode servir como base para diretrizes concretas que são adequadas para uma implementação imediata na sala de aula. A seguir, apresentamos vários exemplos.

O EFEITO IKEA

Você está familiarizado com o efeito IKEA (HATTIE; YATES, 2015; NORTON, MOCHON; AIRELY, 2012)? Mesmo que não esteja, certamente conhece a IKEA* e talvez também tenha descoberto que não é tão fácil montar uma estante de livros com as milhares de peças que recebe quando compra uma. Estudos sobre a psicologia do consumidor afirmam que as pessoas que conseguem fazê-lo valorizam mais a estante da IKEA do que um móvel caro, isso porque valorizamos mais as coisas em que estamos envolvidos na criação ou na solução (é fruto de todo o esforço e trabalho necessários para montar a estante de livros). O esforço e o trabalho árduo parecem estar diretamente ligados ao produto, que fica para sempre em nossa memória e recebe um valor especial. Que implicações isso sugere para a escola e o ensino? Sempre que um aluno se esforça e trabalha muito para completar uma atividade, é dever do professor mostrar o respeito e a admiração pelo seu desempenho. Os professores que fazem isso fortalecem a relação professor-aluno; aqueles que não fazem põem em risco essa relação.

NÃO "NÃO", MAS "AINDA NÃO"

É um dos modelos de estudo mais simples na pesquisa em psicologia, e ainda assim seus resultados são surpreendentes: o propósito do estudo de Carol Dweck (2012),

---

* N. de R.T. Loja de móveis, decoração e produtos para a casa.

que ficou conhecido com a simples frase "ainda não", foi determinar a diferença de os professores dizerem aos alunos "Você não é capaz de fazer isso" ou "Você não é capaz de fazer isso ainda". A primeira declaração desmotiva, frustra e estigmatiza os alunos; a segunda torna-os mais confiantes e dispostos a se esforçarem e, portanto, leva a um melhor desempenho. Por quê? Porque esse "ainda não" sinaliza aos alunos que eles podem alcançar o objetivo se eles se esforçarem, que estão no caminho certo e que vale a pena continuar na mesma linha e que seu trabalho árduo tem uma chance de ser coroado com sucesso se continuarem trabalhando para melhorar a si mesmos. Isso implica que é muito importante que os professores sempre considerem cuidadosamente o seu modo de se expressar na sala de aula, especialmente para dar *feedback* e refletir sobre o assunto com um colega.

SORRIA

A ideia de que o humor e a alegria são parte essencial do ensino bem-sucedido e têm uma influência positiva no processo de aprendizagem não é novidade. Podemos encontrar declarações nesse sentido desde os tempos antigos. Atualmente também temos descobertas empíricas para respaldar essas afirmações e demonstrar que o ensino pode ser mais bem-sucedido com humor e alegria. Isso não significa que os professores devam fazer os alunos rirem o tempo todo e muito menos que eles devam se transformar em palhaços. As correlações do uso do humor nos locais de trabalho em geral são substanciais ($r = 0,36$ com desempenho no trabalho, $0,29$ com enfrentamento efetivo, $0,21$ com saúde, $-0,23$ com esgotamento e $-0,20$ com estresse; MESMER-MAGNUS; GLEW; VISWESVARAN, 2012). Por mais importante que seja a aprendizagem, ela também precisa incluir fases que deem a todos os envolvidos a chance de rir de si mesmos, da matéria e da escola. O humor pode tirar a pressão de estarmos no limite de nossas habilidades, de cometermos erros e de não sabermos para onde ir. Psicologicamente falando, os professores sempre têm um trunfo que podem usar, porque um sorriso é contagiante: especialmente quando vem do coração, é sincero e autêntico e é compartilhado em uma comunidade. Um estudo sobre esse fenômeno foi realizado na década de 1990 (HATTIE; YATES, 2015, p. 250): os pesquisadores sorriram para estranhos em calçadões das grandes cidades, e mais da metade deles devolveu o sorriso instintivamente. É, portanto, nosso trabalho como professores fazer nossos alunos rirem e garantir que o humor e a alegria tenham um lugar em nossas salas de aula. Assim como um sorriso envia sinais positivos sobre a construção de relacionamentos, a falta dele envia sinais negativos. Os professores que entram na sala de aula mal-humorados não devem se surpreender com o fato de os alunos nunca rirem ou se irritarem com facilidade (a menos que estejam rindo pelas suas costas por você ser tão mal-humorado). Há tantos motivos para tornar a aprendizagem divertida e alegre, especialmente quando é desafiadora.

O EFEITO CAMALEÃO E O PODER DE REGRAS E RITUAIS

As regras e os rituais fazem parte de todas as comunidades e são uma característica distintiva das culturas. Eles orientam, inspiram confiança, criam um sentimento de pertencimento e de comunidade e são uma expressão de valorização mútua. Assim, vale a pena fazer uma lista de regras e rituais para a sala de aula como uma base comum e consistente para fortalecer as relações professor-aluno. Essa lista pode e deve incluir coisas simples, como o ritual de começar a aula todos os dias com uma saudação e concluir com uma despedida ou o ritual de terminar a aula todos os dias com bilhetes de saída para celebrar a aprendizagem do dia. Esses bilhetes podem ser solicitados no final da aula para documentar, avaliar a eficácia ou enfatizar os processos de aprendizagem (FISHER; FREY; FARNAN, 2004).

Interessante nesse contexto são os estudos sobre o chamado efeito camaleão. Eles demonstram que nós, sem querer, mudamos nosso comportamento para combinar com os outros com os quais interagimos em nosso ambiente social, incluindo nossa postura, movimentos casuais, gestos, expressões faciais e tempo de fala, para citar apenas alguns exemplos. Esse efeito já pode ser observado em crianças pequenas imitando seus pais, mas também é encontrado em escritórios, bem como em escolas e salas de aula. Por exemplo, se os professores fazem muitas perguntas que todos sabem que eles já sabem a resposta, muitas vezes os alunos fazem perguntas aos professores para as quais já sabem as respostas – o questionamento torna-se um desempenho, e não uma investigação. O efeito camaleão ilustra que as pessoas interagem inconscientemente com aqueles que as rodeiam e ajustam seu comportamento para se combinarem. Esse processo também é conhecido como mimetismo e foi explicado em termos neurocientíficos na teoria dos neurônios-espelho (HATTIE; YATES, 2015). Quanto mais intensos são nossos relacionamentos, mais nos imitamos uns aos outros.

As implicações dessas descobertas para a escola e para o ensino são evidentes: os professores podem servir como modelos por serem apaixonados e, ao trazer nossa competência e nossos princípios, permitimos que nossos alunos adotem princípios semelhantes. Assim, os professores precisam prestar atenção em como entram na sala de aula, como interagem com os alunos, como reagem quando cometem erros e quais gestos e expressões faciais usam. Peça para alguém vigiar esses sinais enquanto está ensinando ou, melhor, observe o que os alunos fazem e se pergunte: "Eles estão copiando o meu comportamento?".

Em uma das teorias mais poderosas que explicam a mudança, a teoria da ação racional (FISHBEIN; AJZEN, 1975), as normas subjetivas estão entre os mais importantes preditores de mudança. As normas subjetivas estão relacionadas à pressão social percebida para se envolver ou não em um comportamento (como deixar de fumar, ter uma imagem corporal positiva, trabalhar muito em uma tarefa). Portanto, as regras e os rituais que você estabelece em sua turma (ou escola) são muito importantes. Os alunos que seguem regras e rituais têm uma influência positiva nos colegas.

O oposto, ou seja, professores ou alunos com comportamentos negativos, pode ter um efeito negativo nos colegas. O comportamento indisciplinado pode ser contagioso e transformar outros alunos da turma em bagunceiros. Os estudos sobre controle de sala de aula mencionados no Capítulo 4 chamam atenção para essa questão e enfatizam a importância de controlar esse comportamento o mais rápido possível para evitar consequências negativas – esse comportamento negativo não pode se tornar uma "norma subjetiva". Fale com o aluno indisciplinado e aceite esse desafio para mudar o comportamento dele. Somente com essa mentalidade você pode ter sucesso.

UMA VEZ MENTIROSO, SEMPRE MENTIROSO: CREDIBILIDADE COMO O NÚCLEO DE UMA RELAÇÃO PROFESSOR-ALUNO INTACTA

Na maioria das situações, a falta de credibilidade de um líder torna a coexistência humana extremamente difícil. Portanto, não é de se surpreender que o fator "credibilidade do professor" alcance um tamanho de efeito de 0,90 no Visible Learning.

Como um aluno pode saber se um professor é confiável? A maioria deles diria que professores confiáveis são justos em seus julgamentos. Vimos, anteriormente, a importância de um senso de justiça, considerado muitas vezes um atributo mais desejado em um professor do que muitos outros atributos (se são rígidos, simpáticos ou solidários). Outros alunos diriam que professores confiáveis são sinceros. Também vimos anteriormente a importância da sinceridade em nossa discussão sobre o efeito IKEA e o estudo "ainda não" de Carol Dweck. Isso significa levar os alunos e seu trabalho a sério e dar-lhes a devida atenção, mantendo os caminhos de aprendizagem abertos, evitando *feedback* superficial e trabalhando com os alunos para ajudá-los a progredir em relação aos critérios de sucesso desejados das aulas. Da mesma forma, significa não minimizar a importância dos erros ou ignorá-los completamente. Esse não é o caminho para ganhar a confiança dos alunos, particularmente daqueles que estão cientes do que não sabem (ainda). As qualidades que são exigidas aqui e as qualidades que fornecem a chave para o fortalecimento da relação professor-alunos são a competência e o princípio relacionados ao fornecimento de *feedback* diferenciado ao aluno.

POR ONDE COMEÇO?

Os exemplos descritos neste capítulo enfatizam a influência que os professores podem ter em relação ao fator crucial dos relacionamentos na sala de aula. Tenha em mente os seguintes aspectos: seu comportamento geral, sua postura, seus gestos e suas expressões faciais, seu tom de voz, seu sorriso e seu contato visual. É importante não apenas *o que* os professores dizem em sala de aula, mas também *como* e *por que* dizem. Portanto, é importante considerar repetidas vezes, particularmente em situações difíceis, o que você diz e *como* e *por que* diz. Questione-se e observe seus efeitos nos alunos. Use as possibilidades de novas mídias e grave um vídeo de seu próprio ensino (o "microensino", que também inclui fazer vídeos, atinge um tamanho de efeito de 0,88) – isso é rápido e fácil de fazer com o celular. No entanto, não basta apenas gravar um vídeo, você também precisa analisá-lo e interpretá-lo. Fale com os alunos e com seus colegas para obter uma perspectiva externa. Perguntas como "O que eu espero?", "O que é motivador?", "O que me surpreende?" e "O que quero mudar?" podem fornecer uma base para essa reflexão.

As ideias apresentadas neste capítulo mostram como o princípio "Construo relacionamentos e confiança para que a aprendizagem ocorra em um ambiente seguro para cometer erros e aprender com os outros" se relaciona com os outros princípios discutidos neste livro. Dois exemplos rápidos são: primeiro, "foco na aprendizagem e na linguagem da aprendizagem" requer uma cultura de aprendizagem na qual os erros são bem-vindos e são uma parte necessária do processo de aprendizagem, o que não é possível sem uma relação professor-aluno intacta. Segundo, "dou *feedback* e ajudo os alunos a entendê-lo, interpretando e agindo de acordo com o *feedback* que recebo" ilustra a grande complexidade da interação entre os alunos e o professor e mostra como a relação professor-aluno pode ser fortalecida por meio de *feedback*. Portanto, é extremamente importante manter os outros capítulos deste livro em mente. Como em muitos dos princípios, o desenvolvimento de relacionamentos positivos é um meio para um fim: forma um recurso a ser utilizado em situações desafiadoras. Quando os alunos não sabem o próximo passo, quando cometem erros ou quando estão confusos, o poder da confiança desenvolvida pelo professor e entre os colegas pode, então, ser compensador. Quando há fortes relações positivas, nenhum aluno vai responder a um colega que comete um erro: "o burro vai tentar de novo" ou rir dos erros. As relações positivas levam à confiança para se envolver em desafio, para tentar uma atividade difícil, para construir a confiança para se envolver em trabalho árduo.

Lista de verificação

Reflita sobre as seguintes questões na próxima vez que planejar uma aula:
- Faça um balanço das expectativas que você tem em relação aos alunos.
- Evite atribuições negativas.
- Tente manter uma atitude aberta e positiva em relação aos processos de aprendizagem dos alunos.
- Lembre-se de que todos são capazes de aprender, mesmo em situações que pareçam sem esperança.
- Sempre que você perceber que os alunos estão tentando, mostre seu apreço por seu trabalho e suas realizações.
- Cuide a forma de se expressar e use frases que sinalizem aos alunos que podem alcançar o objetivo se tentarem. "Ainda não" é melhor que "não".
- Dê espaço para o humor e a alegria em sala de aula e ria com os alunos.
- Seja um modelo e faça uso do efeito camaleão.
- Certifique-se de permanecer confiável em seu comportamento. Seja honesto e justo, explicando as razões de suas decisões.

Exercícios

- Volte ao questionário para autorreflexão no início do capítulo e complete-o novamente com uma cor diferente. Onde e, mais importante, por que sua perspectiva sobre as declarações mudou? Discuta sua autoavaliação com um colega.
- Planeje sua próxima aula e inclua uma fase projetada para demonstrar sua gratidão pelas conquistas dos alunos. Consulte a lista de verificação no planejamento dessa fase. Discuta seu plano e sua aula com um colega.
- Ria ou faça um comentário engraçado sobre a escola ou o ensino em uma das aulas e tente determinar o efeito que tem nos alunos. Reflita sobre sua experiência com um colega.

10

Foco na aprendizagem e na linguagem da aprendizagem

QUESTIONÁRIO PARA AUTORREFLEXÃO

Avalie-se de acordo com as seguintes afirmações:
1 = discordo totalmente, 5 = concordo totalmente.

Sou muito bom em...

...identificar os pontos fortes e fracos dos alunos.

...determinar o conhecimento acadêmico prévio dos alunos.

Sei perfeitamente bem...

...que as experiências prévias dos alunos precisam ser levadas em consideração.

...o nível de desempenho dos alunos.

Meu objetivo é sempre...

...levar em consideração os pontos fortes e fracos dos alunos.

...levar em consideração o conhecimento acadêmico prévio dos alunos ao ensinar.

Estou plenamente convencido...

...de que é importante conhecer os pontos fortes e fracos dos alunos.

...de que deveria levar em consideração o conhecimento acadêmico prévio dos alunos ao ensinar.

> **Cenário**
>
> História de vida de uma aluna do 1º ano: Vitória gosta de ir à escola, ela quer aprender a ler, escrever e aritmética. Ela frequentou a educação infantil por um longo tempo e ligou muitos pontinhos, pintou e fez continhas básicas a fim de se preparar para aprender essas habilidades. Agora é o primeiro dia dela na escola. Ela finalmente está com as crianças grandes. E o que ela tem de fazer nas primeiras semanas de aula? Ligar pontinhos, pintar e fazer continhas básicas. Vitória pergunta à professora por que ela tem de fazer as mesmas coisas que fez na educação infantil, mas não se convence da resposta que recebe: "Porque todos nós começamos do zero".

QUAL É O ASSUNTO DESTE CAPÍTULO?

Esse cenário ilustra a mensagem principal deste capítulo: não começamos do zero quando aprendemos algo. Chegamos à aprendizagem com habilidades prévias, desejo e um sentimento de emoção em aprender. A aprendizagem é um processo ativo e autodirigido, mas o sucesso não depende apenas do aluno: muito também está nas mãos dos professores, que podem decidir se o aluno tem o potencial de assumir a aprendizagem sozinho, com os outros ou com assistência especializada. O conhecimento do nível inicial de aprendizagem dos alunos e a disposição para usá-lo, como ponto de partida para o pensamento instrutivo e para a ação, podem ser vistos nessa conexão como pré-requisitos para o sucesso do ensino e, consequentemente, também para o sucesso da aprendizagem.

Quando terminar de ler este capítulo, você vai poder usar essa mensagem como base para explicar:

- a importância dos fatores "programas piagetianos", "resultados anteriores", "personalidade" e "mapa conceitual";
- por que devemos nos ater ao termo "professor";
- o que é o efeito Dunning-Kruger e como lidar com ele;
- o que o princípio "Foco na aprendizagem e na linguagem da aprendizagem" tem a ver com os estudos do "gorila invisível";
- que aspectos da teoria da carga cognitiva são importantes para esse princípio;
- por que não é muito útil falar sobre estilos de aprendizagem;
- no que consiste o autoconceito e qual o seu significado para o sucesso da aprendizagem.

EM QUAIS FATORES DO VISIBLE LEARNING SE BASEIA ESSE PRINCÍPIO?

O conselho que diz que se deve começar com a aprendizagem, e não com o ensino, tornou-se bem conhecido, pelo menos desde a virada cognitivista na psicologia, mas o que isso realmente implica é menos claro. A maioria dos professores concorda com esse princípio, mas também não está segura sobre o seu significado prático para o ensino.

Talvez seja útil apresentar uma perspectiva histórica e começar do começo. No século XX, as teorias de ensino e de aprendizagem eram dominadas pelo *behaviorismo*. A ideia principal dessa abordagem é a de que a aprendizagem sempre acontece quando se envia o estímulo certo, que então se torna a tarefa de ensinar. Essa ideia foi derivada de numerosos experimentos com animais, um dos mais famosos foi o do cão de Pavlov. Nesse experimento, Ivan Pavlov demonstrou que poderia fazer um cachorro que saliva ao ver comida também salivar quando ouve uma campainha. Anteriormente, ele havia condicionado o cão durante um longo período, tocando uma campainha toda vez que mostrava a comida (críticos da abordagem, desde então, afirmaram que também observaram esse fenômeno em estudantes após o sinal do intervalo). A principal objeção para o behaviorismo é a de que ele não leva em conta os processos cognitivos que ocorrem durante a aprendizagem. Isso se deve às limitações da abordagem metodológica comum no auge do behaviorismo: transforma a aprendizagem em um processo passivo. A partir de uma perspectiva behaviorista, o que importa é essencialmente o estímulo externo. Tudo o que o professor precisa fazer é escolher os estímulos certos para fazer a aprendizagem acontecer, e, portanto, métodos, como aprender com modelos, desempenham um papel especial no behaviorismo – e não devemos esquecer o quanto aprendemos todos os dias de nossas vidas exatamente dessa maneira.

Pesquisadores então começaram a concentrar seus esforços para entender o que acontece nessa "caixa preta" e projetar experimentos com o objetivo de descobrir o que ocorre na cabeça dos aprendizes – assim nasceu o *cognitivismo*. Jean Piaget conduziu estudos inovadores nesse paradigma, a maioria deles com base em observações de experimentos com seus filhos. Piaget estabeleceu que os estímulos podem levar a várias reações e que essas reações dependem de estruturas cognitivas que se desenvolvem com o tempo: o aprendiz assimila os estímulos tentando alinhá-los com suas estruturas cognitivas existentes ou acomoda as estruturas existentes tentando alinhá-las com os estímulos. Quando os novos estímulos levam a divergências com as ideias atuais, há um desequilíbrio, que é um momento importante para a aprendizagem bem-sucedida. Isso transforma a aprendizagem em um processo ativo baseado predominantemente no processamento de informações. Consequentemente, o professor precisa ter conhecimento das estruturas cognitivas existentes nos alunos para influenciá-los.

O trabalho iniciado pelos cognitivistas foi intensificado ainda mais no movimento seguinte, o *construtivismo*. Esse não é o lugar para explicar em detalhes o desenvolvimento do construtivismo e, por isso, a seguir, apresentamos apenas alguns aspectos centrais da teoria que são necessários para entender o princípio "Foco na aprendizagem e na linguagem da aprendizagem": o construtivismo faz um esforço ainda mais concentrado do que o cognitivismo para obter acesso à caixa preta e determinar o que acontece quando as pessoas aprendem. No entanto, em muitos casos, é impossível prever como as informações são internalizadas e processadas. Como ilustração, considere este exemplo de Paul Watzlawick. Ele pergunta: quem está certo, o pessimista, que diz que o copo está meio vazio; ou o otimista, que diz que o copo está meio cheio? Há diferentes realidades. No entanto, o construtivismo enfatiza que a aprendizagem é um processo ativo que pode ser controlado pelo indivíduo, significando que, aqui, os professores também precisam estar cientes do nível inicial de aprendizagem dos alunos para reagir adequadamente às suas necessidades.

Como essa rápida visão geral demonstra, existem diferentes teorias de ensino e de aprendizagem que colocam alunos e professores em diferentes papéis. O discurso atual muitas vezes deixa a impressão de que o construtivismo deve estar certo porque é o último na sequência histórica das teorias de ensino e aprendizagem. No entanto, o cognitivismo e até mesmo o behaviorismo são teorias significativas até hoje. Isso fica claro até mesmo a partir do fato mencionado anteriormente de que as pessoas aprendem muito a partir de modelos quando crianças e até mesmo na idade adulta. Em última análise, o importante é organizar as várias teorias de ensino e aprendizagem em um sistema coerente. Identificar as diferentes maneiras pelas quais essas teorias consideram a possibilidade de cometer erros desempenha um papel importante nesse esforço: enquanto o behaviorismo tem o objetivo de prevenir erros, o cognitivismo e o construtivismo veem os erros como necessários ou mesmo desejáveis. Aprender significa cometer erros, e os erros tornam a aprendizagem visível.

Os resultados do Visible Learning também devem ser vistos e interpretados no contexto do desenvolvimento das teorias de ensino e aprendizagem. Diversos fatores ilustram o que significa o princípio "foco na aprendizagem e na linguagem da aprendizagem".

Programas piagetianos

O fator "programas piagetianos" atinge um tamanho de efeito de 1,28, um dos maiores efeitos no Visible Learning (ver Fig. 10.1). Entre as muitas contribuições de Jean Piaget está a ideia de que as crianças mudam a maneira como pensam e processam informação à medida que crescem. O pensamento delas se desenvolve qualitativamente por meio de etapas sucessivas sob a influência da maturação e do ambiente social e físico. Ele descreve quatro estágios de desenvolvimento: sensório-motor, pré-operatório, operatório concreto e operatório formal. No primeiro estágio (cerca de 0-2 anos), a criança exibe uma abordagem completamente egocêntrica do mundo, é incapaz de separar os pensamentos da ação e de reconhecer que a perspectiva do objeto é diferente dependendo de sua posição em relação ao objeto. A criança então passa para o estágio pré-operatório, de 2 a 7 anos, em que a permanência do objeto* é firmemente estabelecida e os pensamentos simbólicos se desenvolvem. Para passar para o próximo estágio, referido como estágio operatório concreto (7-11 anos), uma criança precisa ser capaz de executar o que Piaget denominou de operações, que são ações internalizadas que o indivíduo pode usar para manipular, transformar e retornar um objeto ao seu estado original. A criança compreende o princípio da conservação, que afirma que a quantidade de um objeto pode ser determinada como a mesma, apesar de uma mudança na sua forma ou no seu volume. Esse estágio também é marcado pelo fato de a criança começar a aplicar lógica a passos e etapas, avaliados pela tarefa A não B, na qual um objeto é escondido da criança em um de dois locais diferentes. A fase final de 11 a 16 anos, o estágio operatório formal, é caracterizada pelo pensamento abstrato e hipotético.

É importante lembrar que Piaget argumentou que o movimento entre os estágios ocorria por desequilíbrio. Ou seja, as crianças começam a perceber que o que estavam fazendo, pensando e tentando acomodar em seu pensamento atual era discrepante; portanto, novamente, o princípio de privilegiar erros e falta de enten-

	Programas piagetianos	
Posição	Número de metanálises	Ano de publicação
2	1	1981

Tamanho de efeito = 1,28

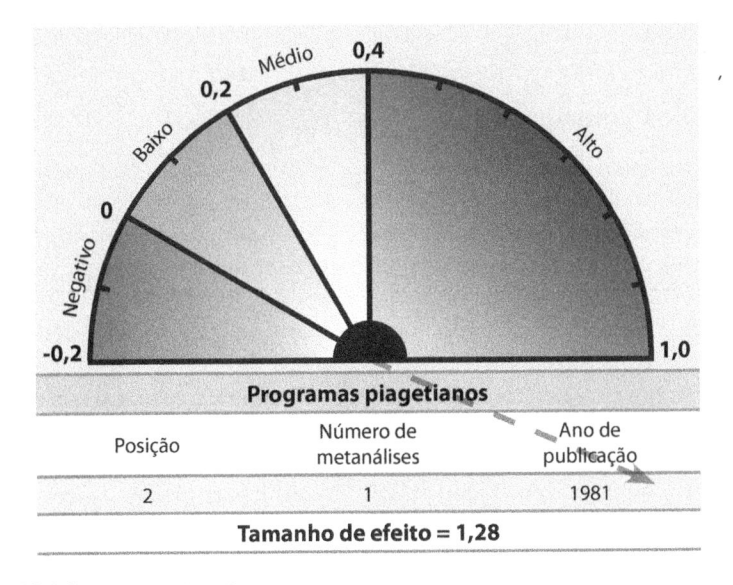

Figura 10.1 Programas piagetianos.
Fonte: Hattie e Zierer (2017).

* N. de R.T. Noção de que um objeto existe mesmo que ele não possa ser visto pela criança.

dimento, pois são a essência do crescimento. Bolton e Hattie (2017) mapearam as mudanças físicas no cérebro e o desenvolvimento da autorregulação entre 0-20 anos, e as principais mudanças em como nos autorregulamos estão quase perfeitamente relacionadas a esses quatro estágios de Piaget. A autorregulação está relacionada à capacidade de inibir distrações, atualizar e monitorar as representações de memória de trabalho e alternar entre tarefas ou conjuntos mentais.

Não estamos sugerindo um processo de correspondência, em que o ensino é focado em apoiar o pensamento atual da criança (e, na verdade, é difícil encontrar evidências para essa correspondência (ADEY; SHAYER, 2013), mas há muito apoio a programas que aumentam a taxa de desenvolvimento cognitivo das crianças. Shayer e Adey (1981) desenvolveram, por exemplo, uma série de projetos de aceleração cognitiva baseados no pressuposto de que o desenvolvimento cognitivo pode ser acelerado. O modelo é baseado em três grandes ideias: primeiro, a mente se desenvolve em relação ao desafio ou desequilíbrio, de modo que a intervenção deve fornecer algum conflito cognitivo; segundo, a mente tem uma capacidade crescente de se tornar consciente e assumir o controle de seus próprios processos, de modo que a intervenção deve estimular os alunos a serem metacognitivos; terceiro, o desenvolvimento cognitivo é um processo social promovido por discussões de alta qualidade entre pares que são deliberadamente estruturadas. Seus programas tiveram um sucesso notável, focaram a aprendizagem e seu desenvolvimento, e investigações futuras valem a pena (ADEY; SHAYER; YATES, 2001; SHAYER; ADEY, 1993; SHAYER, 1999).

Resultados anteriores

O fator "resultados anteriores" aponta em uma direção similar, com um tamanho de efeito igualmente alto de 0,65 em Visible Learning (ver Fig. 10.2). Os estudos mencionados investigaram questões como a importância do sucesso acadêmico anterior para o sucesso continuado no futuro. Não deve ser uma surpresa que as previsões realizadas com base nos resultados anteriores sejam geralmente bastante precisas. Um estudo que se tornou muito conhecido nesse contexto é o experimento do *marshmallow*, conduzido por Walter Mischel nos anos 1970. Envolveu uma tarefa na qual crianças pré-escolares tinham a opção de esperar em uma sala por 15 minutos para receber uma recompensa desejável, como dois *marshmallows*, ou interromper a espera a qualquer momento e aceitar uma recompensa menos desejável, como somente um único *marshmallow* (MISCHEL, 2014; para uma discussão, HATTIE; YATES, 2015). Poucas crianças dessa faixa etária foram capazes de esperar – e foram também aquelas que, de acordo com estudos longitudinais, tiveram mais sucesso em seus percursos educacionais e de carreira. Com frequência, a conclusão desse estudo é que algumas pessoas são mais bem-sucedidas na sua socialização em seus primeiros anos e que muitas das características que compõem o sucesso já estão fixadas na primeira infância. Essa interpretação é falsa e traz uma compreensão

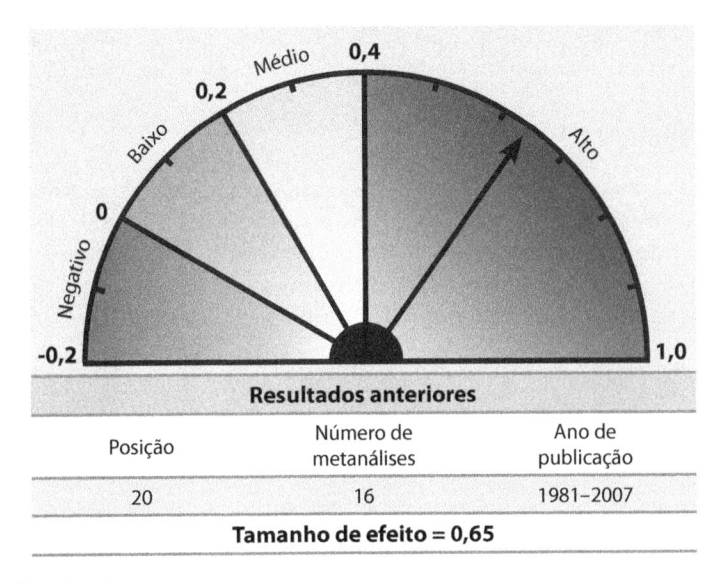

Figura 10.2 Resultados anteriores.
Fonte: Hattie e Zierer (2017).

equivocada da ideia principal por trás do experimento do *marshmallow* e do princípio "Foco na aprendizagem e na linguagem da aprendizagem". O resultado não apoia a hipótese, bastante comum até o momento em que o estudo foi realizado, de que a capacidade de resistir à tentação de obter uma recompensa mais valiosa leva ao sucesso. Em vez disso, demonstra a eficácia de uma habilidade diferente: depois que a tarefa foi atribuída, pôde-se observar que algumas das crianças da educação infantil começaram a desviar sua atenção – consciente ou inconscientemente – do *marshmallow*, como uma recompensa doce que poderiam curtir a qualquer momento, em direção ao avião, carro ou navio com o qual estavam brincando.

O tempo voou enquanto as crianças brincavam e, 15 minutos depois, elas recebiam seus dois *marshmallows*. Isso resume a ideia principal do princípio "Foco na aprendizagem e na linguagem da aprendizagem". As pessoas diferem em relação não só ao seu conhecimento e à sua capacidade, mas também em relação à sua vontade e ao seu julgamento, aos seus desejos, aos seus interesses e às suas necessidades e, portanto, também em relação à sua capacidade de concentrar sua atenção. Isso não mostra que as pessoas mais talentosas são sempre as mais bem-sucedidas, mas que o trabalho dos professores é dar aos alunos o apoio necessário para lidar com os desafios da vida. Foi fácil fazer o experimento do *marshmallow*: o simples fato de dizer às crianças para pensarem no *marshmallow* como um avião, carro ou navio foi o suficiente para ajudá-las a esperar por sua recompensa. Embora os resultados anteriores sejam, sem dúvida, um fator influente para a aprendizagem, não é de forma alguma um dogma – embora possa se tornar um se o professor tirar conclusões precipitadas a partir deles. Os resultados anteriores devem ser levados em consideração, mas não simplesmente aceitos como um fato natural.

Personalidade

Embora o fator "personalidade" alcance apenas um tamanho de efeito de 0,18 em Visible Learning, ainda é significativo para a aprendizagem visível e para o ensino bem-sucedido (ver Fig. 10.3). Isso ocorre principalmente porque a "personalidade" foi muito sintetizada e há disposições específicas que são mais importantes. Hoje é comum ver cinco grandes fatores como as principais dimensões da personalidade:

- *neuroticismo*, ou a capacidade de lidar com emoções negativas;
- *extroversão*, ou capacidade de participar de interações interpessoais;
- *abertura para experiência*, ou capacidade de buscar novas experiências;
- *conscienciosidade*, ou capacidade de agir de maneira controlada, proposital e precisa;
- *nível de socialização*, ou capacidade de ser cooperativo e empático.

Embora os cinco grandes fatores da personalidade possam ter poder de previsão em muitos contextos, eles são menos significativos em relação à aprendizagem bem-sucedida, com uma exceção importante: conscienciosidade. Esse parece ser um dos principais traços para os alunos no caminho para o sucesso acadêmico. Nesse

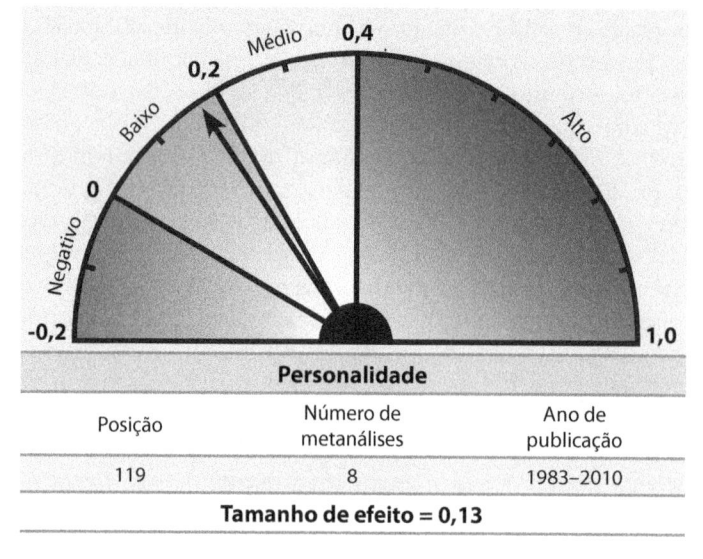

Personalidade		
Posição	Número de metanálises	Ano de publicação
119	8	1983–2010
Tamanho de efeito = 0,13		

Figura 10.3 Personalidade.
Fonte: Hattie e Zierer (2017).

contexto, uma das principais tarefas do professor em possibilitar a aprendizagem é observar o modo como os alunos trabalham em geral e sua consciência em particular.

Há uma tendência popular de considerar a conscienciosidade como "determinação" (que também pode incluir perseverança). Como em todas as variáveis de personalidade, é incorreto generalizar demais e dizer que uma pessoa tem "determinação" ou "conscientização", já que depende da tarefa e da situação. O momento decisivo no qual gostaríamos de ver essa habilidade sendo usada é em situações de tensão: quando o aluno comete um erro, para continuar na atividade se houver uma probabilidade razoável de ainda estar correta, e quando a superaprendizagem é um exercício desejável. Não queremos desenvolver "determinação" e dar cursos sobre o assunto, pois queremos desenvolver essa habilidade para que possa ser aplicada na hora certa para os fins corretos. É preciso saber quando ser consciencioso e para qual finalidade é mais importante sê-lo.

Mapeamento conceitual

Existem muitos métodos para levar em consideração os aprendizes e seu nível inicial de aprendizagem no processo de planejamento das aulas. Todos eles têm altos tamanhos de efeito. Para dar apenas um exemplo, o fator "mapeamento conceitual" tem um tamanho de efeito de 0,60 em Visible Learning (ver Fig. 10.4) – desde que desenvolvamos ou codesenvolvamos mapas conceituais com os alunos (e não apenas lhes dermos um). O que esse método envolve é essencialmente resumir e

Mapeamento conceitual		
Posição	Número de metanálises	Ano de publicação
27	7	1984–2009
Tamanho de efeito = 0,60		

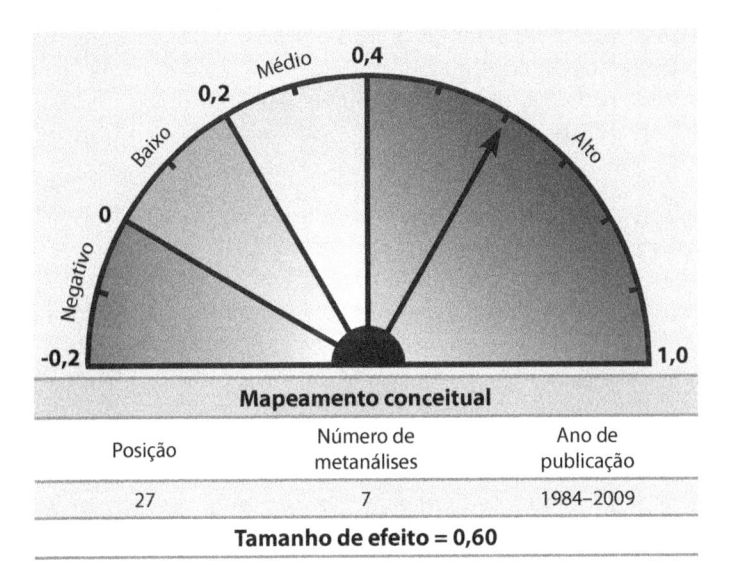

Figura 10.4 Mapeamento conceitual.
Fonte: Hattie e Zierer (2017).

estruturar o conhecimento dos alunos em um campo específico de conhecimento. O mapa oferece aos alunos informações do que funcionou no passado e como eles podem moldar e apoiar seu processo de aprendizagem no futuro. Os resultados das metanálises sobre esse fator indicam que o mapa conceitual é mais efetivo após a exposição inicial a um novo tópico. Em termos pedagógicos, portanto, está localizado próximo da compreensão superficial e na transição para uma compreensão profunda. Isso significa que fazer o balanço dos conhecimentos e das experiências anteriores é importante não apenas no início de uma nova sequência de ensino, mas durante todo o processo de aprendizagem. "Foco na aprendizagem e na linguagem da aprendizagem" é, portanto, um princípio importante para todos os alunos, do novato ao especialista.

FACILITADOR DE APRENDIZAGEM, CAPACITADOR DE APRENDIZAGEM, CONSELHEIRO DE APRENDIZAGEM? NÃO, *PROFESSOR*

Em retrospecto, não é de se surpreender que muitos educadores estivessem cheios de entusiasmo pela mudança de paradigma iniciada pelo construtivismo. Muitos tomaram essa mudança na percepção da aprendizagem como uma ocasião para apresentar palavras para descrever o novo papel do professor na sala de aula. "Facilitador de aprendizagem" e "capacitador de aprendizagem" são apenas algumas das sugestões levantadas nesse contexto. O problema é que o professor começa a considerar seu papel ao lado do aluno (o guia ao lado) em vez de ser aquele que entende o passado e reflete sobre o futuro. Quando os alunos estão sendo desafiados, geralmente experimentam o limite de sua compreensão, se divertem em desafios e, portanto, precisam de experiência para avançar (na zona de desenvolvimento proximal de Vygotsky,* em que ele alegou que nunca se aventuraria sem apoio).

O EFEITO DUNNING-KRUGER

David Dunning e Justin Kruger conduziram um experimento no qual pediram a um grupo de estudantes universitários para estimar suas pontuações em um teste depois de saírem da sala de exames (HATTIE; YATES, 2015). Descobriu-se que os alunos com baixo desempenho superestimaram sua pontuação em até 20%, enquanto os alunos com alto desempenho a subestimaram em até 5%. Sem rodeios, podemos concluir: pessoas incompetentes são incapazes de avaliar sua própria incompetência. Por outro lado, podemos enquadrá-las em termos socráticos e dizer, a partir da perspectiva das pessoas competentes, só sei que nada sei.

---

* N. de R.T. Caracterizada pela discrepância entre o nível mental real de uma criança (o que ela consegue fazer por si mesma) e o nível que ela atinge ao resolver problemas com o auxílio de outra pessoa (nível potencial).

Para o contexto escolar, o que esse resultado sugere é que os alunos nem sempre são capazes de avaliar com precisão a si mesmos e ao seu desempenho. Como consequência, o professor precisa permanecer atento e intervir, se necessário, sempre que espera que os alunos façam tais avaliações. Essa conexão de ambientes de aprendizagem abertos é projetada com muitos estágios diferentes, atingindo vários níveis de desempenho. Uma vez que o professor tenha explicado os estágios de tais ambientes para os alunos, geralmente cabe aos aprendizes escolher os que acham que são adequados para eles. No entanto, o efeito Dunning-Kruger adverte que essa maneira de fazer as coisas não necessariamente sai como o pretendido. Alunos com baixo desempenho geralmente escolhem atividades que são muito difíceis, ao passo que os alunos de alto desempenho tendem a escolher atividades que são fáceis demais. Assim, mesmo em um ambiente de aprendizagem aberto, são a competência e os princípios do professor que decidem se a aprendizagem é bem-sucedida. É desafiador para o aluno, com base em onde ele está atualmente, saber aonde precisa estar. Essa é outra razão pela qual precisamos desenvolver alunos capacitados em avaliação para que sejam mais capazes de conhecer de maneira confiável seu desempenho atual (e não superestimá-lo ou subestimá-lo).

O ESTUDO DO "GORILA INVISÍVEL"

Um experimento conduzido por Christopher Chabris e Daniel Simons fornece um exemplo semelhante do que pode acontecer quando são realizadas exigências excessivas aos alunos. Vídeos de várias versões do experimento podem ser encontrados no *site* invisiblegorilla.com ou no YouTube (HATTIE; YATES, 2015). Os alunos recebem um vídeo em que dois grupos de jogadores de basquete, vestidos com camisetas pretas e brancas, passam bolas de um lado para o outro. A tarefa dos alunos é contar os passes realizados pelo time vestindo camiseta branca. Alguns segundos de vídeo depois, uma pessoa em um traje de gorila aparece no lado direito da tela e atravessa a quadra, parando por um momento no meio e depois saindo em direção à esquerda.

Surpreendentemente, apenas pouco mais de 40% dos participantes veem o gorila. Para os demais, o gorila permanece invisível. A explicação para esse fenômeno está no fato de que os sujeitos em teste estão sob um alto nível de carga mental, porque estão tão focados na tarefa de contar os passes que acabam ignorando muitos outros aspectos da cena.

A implicação para a escola e o ensino é a de que é importante ter em mente o nível de aprendizagem inicial dos alunos e verificar se o plano pedagógico do processo de aprendizagem leva a uma carga desnecessária. Portanto, aqui também o objetivo é tornar a aprendizagem o ponto focal do ensino. Às vezes, ficamos tão preocupados com a atividade que esquecemos o que devemos fazer e que podemos receber auxílio para completar tarefas.

A TEORIA DA CARGA COGNITIVA E SUAS IMPLICAÇÕES PARA O ENSINO

O que acontece quando os alunos escolhem atividades que são muito difíceis ou quando o ambiente de aprendizagem não é planejado adequadamente? Em outras palavras, o que acontece quando o nível de tensão mental se torna muito alto para os alunos? Essas são questões abordadas pela teoria da carga cognitiva, desenvolvida por Paul Chandler e John Sweller (KIEL et al., 2014). Eles assumem a liderança do cognitivismo e de Piaget ao declarar que os processos de aprendizagem geram novos esquemas que estão ligados a esquemas existentes. Isso sempre envolve a presença de três tipos de carga cognitiva na memória de trabalho: intrínseca, externa e gerencial.

Primeiro, a carga intrínseca relaciona-se com a dificuldade das atividades e com o nível de aproveitamento dos alunos. Quanto mais difícil a tarefa, maior será a carga intrínseca. Isso significa que a experiência e o conhecimento prévios do aluno são muito importantes. Segundo, a carga externa depende da apresentação e do ambiente de aprendizagem em geral e do material de aprendizagem em particular. Por exemplo, se o material de aprendizagem está cheio de informações desnecessárias, é apresentado de uma maneira confusa e está repleto de referências cruzadas, a carga cognitiva será maior nessa área. Terceiro, a carga cognitiva gerencial resulta do esforço para entender o material de aprendizagem e, assim, adquirir conhecimento. A conexão entre esse tipo de carga cognitiva e as duas primeiras é evidente: quanto maior for a carga intrínseca e externa, maior será a carga gerencial. Essas considerações sugerem a conclusão de que o ensino deve ter como objetivo manter a carga externa o mais baixa possível para reservar o máximo de carga para a geração de esquema e aquisição de conhecimento.

A sobrecarga cognitiva pode, portanto, ter várias causas e decorrer essencialmente de duas fontes: em primeiro lugar, pode surgir do fato de estar sobrecarregada por fatores, como uma autoavaliação imprecisa – uma situação já abordada em nossa discussão sobre o efeito Dunning-Kruger. O tipo de carga que precisa ser ajustado nesse caso é a carga intrínseca. Em segundo lugar, pode surgir da sobrecarga por um uso excessivo de metodologia, por exemplo, folhas de atividades que são tão repletas de ferramentas de ensino que acabam escondendo o objetivo e o conteúdo de aprendizagem, deixando-os em segundo plano. As aulas de matemática do ensino fundamental, por exemplo, podem se confundir com a proliferação de árvores aritméticas, triângulos aritméticos e rodas aritméticas. Embora o uso de tais inovações evidencie certa criatividade pedagógica, em geral colocam uma tensão desnecessária na intenção pretendida. Portanto, o tipo de carga que precisa ser ajustada nesse caso é a carga externa, e o gorila invisível é um exemplo popular desse tipo de sobrecarga.

ESTILOS DE APRENDIZAGEM: UM MITO DA PESQUISA EDUCACIONAL EMPÍRICA

Uma das afirmações mais frequentes que lemos nos artigos de pesquisa dos nossos alunos e com as quais nos deparamos mesmo ocasionalmente na literatura: os alunos retêm 10% do que leem, 20% do que ouvem, 30% do que veem, 50% do que veem e ouvem, 70% do que eles próprios apresentam e 90% do que eles próprios fazem. A princípio, esses números podem parecer plausíveis, mas não têm nenhuma base em descobertas empíricas: nem um único estudo fornece evidências para eles. E se olharmos mais de perto, seremos forçados a admitir que nem é concebível que um estudo possa produzir provas tão claras. Mesmo a óbvia objeção – que também deve depender do que os alunos leem, ouvem, veem, veem e ouvem e do que eles próprios apresentam e fazem – deve nos tornar céticos quanto a essa afirmação.

Ainda assim, há (ou houve) uma tradição há muito estabelecida na pesquisa educacional empírica que tenta produzir essas ou figuras semelhantes de retenção da aprendizagem. Em retrospecto, pode-se dizer que a tentação de revolucionar a aprendizagem, ou talvez também a perspectiva de ganhar muito dinheiro, era evidentemente ambiciosa demais.

Como consequência, o fator "estilo de aprendizagem correspondente" originalmente alcançou um tamanho de efeito médio alto de 0,41 em Visible Learning. No entanto, a discussão sobre esse fator no Visible Learning já levantou objeções a vários dos estudos incluídos nesse resultado, o que levou a uma correção dos dados e à exclusão de três metanálises no *Aprendizagem visível para professores*. O resultado é um tamanho de efeito muito menor de 0,17. Esse é um caso claro em que a qualidade dos estudos (tamanhos de efeito implausíveis, pequenas amostras e erros estatísticos) reduz o que parece ser um efeito razoável próximo ao ponto zero. Qual é a razão para esse ceticismo sobre estilos de aprendizagem e que argumentos podem ser apresentados contra eles?

Não há justificativa para classificar os alunos de acordo com algumas crenças sobre como eles pensam. Há, no entanto, muitas justificativas para os professores usarem múltiplas maneiras de envolver as estratégias de pensamento dos alunos em seu ensino. Não temos um modo dominante de pensar, e os alunos mais bem-sucedidos são mais hábeis em escolher estratégias de aprendizagem apropriadas, dependendo de onde estão no ciclo de aprendizagem: eles têm várias estratégias e são adaptáveis na escolha ou na mudança, dependendo da situação (HATTIE; DONOGHUE, 2016).

Se quisermos extrair uma mensagem geral dessa tradição de pesquisa, podemos dizer o seguinte: a aprendizagem é eficaz na medida em que é agradável, e a melhor maneira de torná-la agradável não é garantindo que condições específicas sejam atendidas, mas planejando uma situação de aprendizagem que utiliza o conhecimento e as experiências anteriores dos alunos, vincula-os com o pensamento prévio deles e, assim, os apresenta com um desafio. Em suma, quando aprendemos, pode surgir uma emoção alegre desse sucesso – de modo que a aprendizagem possa gerar alegria. Em geral, o envolvimento segue, não necessariamente precede, o sucesso da aprendizagem.

AUTOCONCEITO: ESSENCIAL PARA UMA APRENDIZAGEM BEM-SUCEDIDA

Um capítulo sobre o princípio "Foco na aprendizagem e na linguagem da aprendizagem" não estaria completo sem uma discussão sobre um dos fatores mais influentes da aprendizagem bem-sucedida: o autoconceito. Isso nos permite ilustrar o que significa considerar o conhecimento prévio e as experiências dos alunos como o ponto de partida para o ensino.

Esse fator tem um tamanho de efeito de 0,47 no Visible Learning. O que se entende por autoconceito? Uma analogia frequentemente usada para responder a essa questão é o modelo de corda (Fig. 10.5; HATTIE, 1992).

O modelo da corda enfatiza que nosso autoconceito não consiste em uma única fibra, mas em muitos autoconceitos sobrepostos, e que a força da corda não depende de uma fibra que se estenda ao longo do seu comprimento, mas de muitas fibras entrelaçadas, que se referem aos processos de autoconceito. A seguir, abordaremos mais detalhadamente dois desses processos a título de ilustração: autoeficácia e motivação.

No que diz respeito à autoeficácia, há alguns alunos que tendem a atribuir seu sucesso à sorte e seus fracassos a deficiências em suas personalidades, o que tem um impacto negativo em seu autoconceito. Há outros alunos que tendem a atribuir seu sucesso ao esforço e tentam explicar seus fracassos dizendo a si mesmos que

Figura 10.5 Corda.

precisam se esforçar mais na próxima vez. Enquanto o primeiro grupo de alunos tem crenças de autoeficácia baixas, o segundo tem crenças de autoeficácia elevadas. Aqueles com crenças de autoeficácia elevadas têm melhores chances de serem bem-sucedidos a longo prazo do que aqueles com baixa autoeficácia, porque buscam desafios, se esforçam e estão entusiasmados com a aprendizagem. Talvez ainda mais importante: eles consideram os erros como uma oportunidade.

Diferenças na motivação têm um efeito similar na aprendizagem: há alguns alunos que aprendem porque esperam ganhar uma recompensa (motivação extrínseca) e há outros que aprendem porque estão interessados no material (motivação intrínseca). Como muitas pessoas esperam e sabem por experiência pessoal, as diferenças na motivação não se mostram como uma disposição para o desempenho. Em vez disso, elas se mostram em ganhos de aprendizagem de longo prazo, por um lado, e em profundidade de compreensão, por outro. Em ambos os casos, a motivação intrínseca é superior à motivação extrínseca.

Assim, os professores precisam saber como os alunos processam informações relacionadas a si mesmos. Isso lhes permite desenvolver e melhorar sua confiança em ser capazes de completar atividades desafiadoras, sua persistência em enfrentar os erros e fracassos, sua abertura e vontade de interagir com os colegas e seu orgulho em investir energia em atividades que levam a uma aprendizagem bem-sucedida. Antes de envolver os alunos na aprendizagem, é importante, portanto, não apenas fazer um balanço dos conhecimentos e das experiências anteriores deles, mas também conduzir uma análise minuciosa de seu autoconceito.

POR ONDE COMEÇO?

Manter um registro dos níveis iniciais de aprendizagem dos alunos em todos os momentos é, sem dúvida, um dos maiores desafios com os quais os professores são confrontados no cotidiano escolar: é difícil, demorado e muitas vezes não leva a nenhuma nova ideia. No entanto, ainda é um ingrediente importante na tarefa de tomar a aprendizagem como ponto de partida para o ensino. O que os aprendizes trazem para a tarefa em termos de habilidade, vontade e sentimento de emoção? Qual é o critério de sucesso desejado sobre o termo da aprendizagem? Como os alunos estão indo de onde estão para onde gostaríamos que fossem?

À luz das ideias apresentadas neste capítulo, várias questões parecem importantes. Por exemplo, parece não haver utilidade em analisar os estilos de aprendizagem, pois há poucas evidências de que sejam um fator influente para a aprendizagem. Por outro lado, parece essencial observar de perto a natureza de como os alunos estão aprendendo, em particular, as matérias escolares: o aluno ainda está pensando concretamente ou pode manipular ideias e fazer relações? Qual é a sensação de autoeficácia ou confiança do aluno em suas habilidades para atingir os critérios de sucesso? O aluno tem a consciência de continuar aprendendo para alcançar esse sucesso?

Isso nos dá uma seleção de fatores que podem servir como ponto de partida para o desenvolvimento do princípio "Foco na aprendizagem e na linguagem da aprendizagem". A seleção é baseada em evidências, mas não pretende ser exaustiva.

O próximo passo no desenvolvimento do princípio "Foco na aprendizagem e na linguagem da aprendizagem" é integrar os métodos descritos anteriormente para avaliar o conhecimento prévio e as experiências dos alunos em seu ensino. Ao fazer isso, considere as seguintes conclusões da pesquisa educacional empírica: na maioria das turmas, os alunos já conhecem 50% do conteúdo apresentado pelo professor (NUTHALL, 2007). Sem querer reduzir o ensino a uma atividade puramente utilitária, mas tendo em conta a responsabilidade pela aprendizagem escolar, precisamos diminuir esse desperdício de tempo de aprendizagem. É essencial avaliar o conhecimento e as experiências prévias dos alunos no início de uma sequência de ensino, talvez desenvolver um mapa conceitual após a primeira fase de aprendizagem e tornar claros os critérios de sucesso para os alunos no início de uma sequência de aulas.

Lista de verificação

Reflita sobre as seguintes questões na próxima vez que planejar uma aula:

- Considere os níveis uniestrutural, multiestrutural, relacional e abstrato ampliado.
- Preste atenção às crenças de autoeficácia dos alunos.
- Tente avaliar a motivação dos alunos.
- Tenha uma ideia da maneira como os alunos trabalham em situações desafiadoras, especialmente sua conscienciosidade.
- Tente evitar a sobrecarga cognitiva com aulas não estruturadas que consistem em atividades vagas, folhas de atividades confusas e ilustrações no quadro.
- Tome cuidado em todas as fases da aula, especialmente naquelas que envolvem atividades independentes, para evitar que o nível de desafio seja muito alto ou muito baixo e intervenha com cautela se você observar que esse é o caso.

Exercícios

- Volte ao questionário para autorreflexão no início do capítulo e complete-o novamente com uma cor diferente. Onde e, mais importante, por que sua perspectiva sobre as declarações mudou? Discuta sua autoavaliação com um colega.
- Analise o nível inicial de aprendizagem dos alunos em relação ao desempenho, às crenças de autoeficácia, à motivação e à conscienciosidade. Discuta sua análise com um colega familiarizado com sua turma.
- Use sua análise do nível inicial de aprendizagem ao planejar sua próxima aula e faça um mapa conceitual. Discuta seu plano e como você pretende executá-lo com um colega.

11

Aprendizagem visível: uma visão

> **Taylor Swift & Cia. ou como inspirar a paixão pela aprendizagem**
>
> Em março de 2015, visitei a International German School em Bruxelas. Depois de um curso de formação continuada muito estimulante e agradável, tive algumas horas disponíveis antes que meu voo de volta a Munique partisse. Decidi ir ao centro da cidade observar algumas pessoas e aproveitar o sol da primavera. Sentei-me em um banco em frente ao teatro de ópera. Não demorou muito para três meninas chamarem minha atenção e para eu fazer a seguinte observação, que me deixou uma impressão duradoura: essas três meninas, que deviam ter entre 13 e 15 anos, estavam tentando imitar os movimentos de dança que Taylor Swift faz no vídeo da música "Shake It Off". Era impressionante ver como elas se esforçavam, como tentavam repetidamente entrar um pouco mais na música – a intensidade da discussão e da prática dos movimentos, copiando e corrigindo umas às outras –, como cometiam erros como uma oportunidade e, por último, mas não menos importante, como se divertiam fazendo aquilo. A aprendizagem era visível nesses momentos. Uma hora passou voando enquanto eu observava, e, quando saí para ir ao aeroporto, as três meninas continuavam praticando. Eu me perguntei: por que a escola não pode ser assim?

O principal dessa observação não é o que essas três meninas fizeram. Muito mais impressionante é como e por que elas fizeram o que fizeram. E isso nos traz de volta à mensagem principal deste livro: o sucesso é baseado não apenas em competências, mas mais em princípios; menos no que fazemos e mais em como refletimos sobre o que fazemos. Embora não haja como negar a importância das competências, sem os princípios correspondentes elas geralmente permanecem ocultas ou são reveladas apenas de forma limitada.

Há uma citação que usávamos muito no passado e que captura muito bem o que é preciso para tornar a escola e o ensino bem-sucedidos. É de Michael Jordan, um dos jogadores de basquete de maior sucesso de todos os tempos, e é de um comercial que pode ser visto no YouTube. Gostaríamos de considerar essa citação como o tema principal para a conclusão deste livro: "Errei mais de 9 mil arremessos na minha carreira. Perdi quase 300 jogos. Confiaram em mim 26 vezes para fazer o arremesso decisivo do jogo e perdi. Fracassei várias vezes na minha vida e é por isso que fui bem-sucedido".

APRENDENDO COM A NATUREZA: O MODELO DA TEIA

Existem muitos livros sobre o ensino bem-sucedido. Dois que enriqueceram o campo da literatura pedagógica e educacional de língua alemã nos últimos anos são *Was ist guter Unterricht?** (MEYER, 2013) e *Unterrichtsqualität und Lehrerprofessionalität: Diagnose, Evaluation und Verbesserung des Unterrichts*** (HELMKE, 2010). Ambos os livros estão, sem dúvida, entre os clássicos nessa área. Há muitos livros igualmente profundos em inglês, como *Looking in classrooms*, de Thomas Good e Jere Brophy (2007), ou *Evidence based teaching*, de Geoff Petty (2014), que incluem muitos critérios ou características do bom ensino. Em nosso livro, também incluímos 10 princípios.

Se trabalharmos no pressuposto de que os critérios descritos por Meyer (2013), Helmke (2010), Good e Brophy (2007) ou Petty (2014) formam uma espécie de lista sequencial cujos itens podem ser trabalhados um a um e adicionados ao repertório de alguém, este livro segue um entendimento diferente do conhecimento educacional. Enquanto esses autores oferecem muito mais do que dez questões e dicas, eles também formam uma perspectiva de pensamento de nível superior. A questão não é trabalhar em uma lista de modo a se tornar um especialista em educação – e muitos cometeram esse erro ao ler *Visible Learning* (executando os dez primeiros itens da lista, mas não os últimos dez). Em vez disso, as ideias apresentadas em nosso livro formam um todo completo, uma totalidade, uma visão de mundo, e gostaríamos de caracterizá-las evocando a imagem de uma teia (plenamente conscientes de que as imagens reduzem a complexidade dos problemas e podem ofuscar certos aspectos). Ainda assim, uma imagem diz mais do que mil palavras e pode ajudar a esclarecer as questões tratadas neste livro. Portanto, estamos apresentando-a não no início do livro, mas no final, no ponto em que você, como leitor, já se deu ao trabalho de analisá-lo capítulo por capítulo (Fig. 11.1).

Teias em geral são conhecidas por sua grande durabilidade e por serem capazes de compensar pontos fracos por meio da força do todo – exigindo apenas um mínimo de material para fazê-las. As teias de aranha são particularmente interessantes nesse contexto. Pesquisadores descobriram recentemente que as aranhas

---

* N. de E. Em tradução livre, *O que é uma boa educação?*
** N. de E. Em tradução livre, *Qualidade de ensino e profissão docente*: diagnóstico, avaliação e melhoria do ensino.

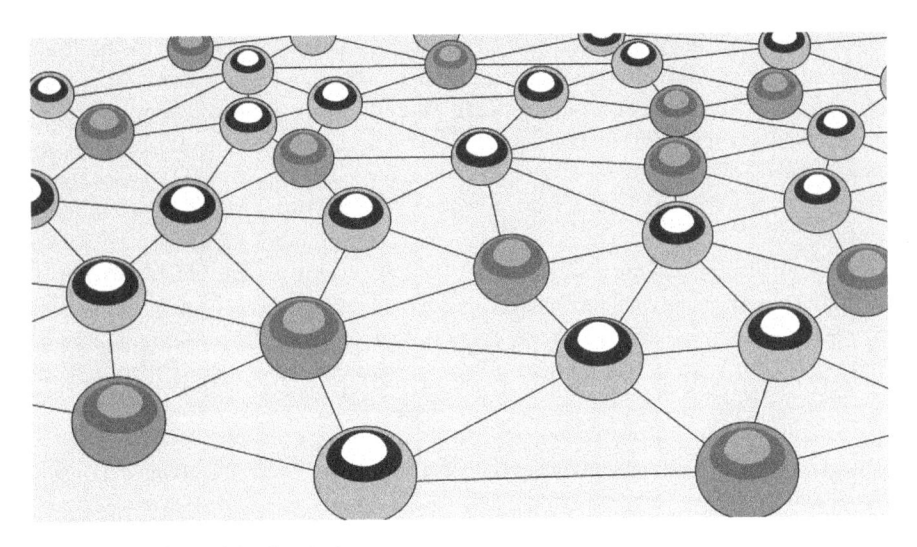

Figura 11.1 O modelo da teia 1.

criam teias muito fortes e, por isso, agora são usadas como modelos para teias artificiais em diferentes áreas (ver Fig. 11.2) (CRANFORD *et al.*, 2012).

Qual é o segredo das teias de aranha? A força de uma teia de aranha depende de dois fatores: primeiro, da natureza dos fios – se os fios forem resilientes e resistentes

Figura 11.2 O modelo da teia 2.

ao rasgo, eles formarão uma teia forte; em segundo lugar, da estrutura – pode ser mais estável ou instável dependendo da distribuição e da disposição dos fios e das aberturas. Quando esses dois fatores se juntam, reforçam a influência um do outro e equilibram as fraquezas um do outro, permanecendo estáveis ou retornando a um ponto estável mesmo quando uma rajada de vento faz um buraco nelas. Essa característica da teia é vital para a aranha, porque se leva menos tempo e se gasta menos energia para consertar um buraco do que para criar uma nova teia.

Se aplicarmos esse modelo ao livro e às ideias contidas nele, então os 10 princípios são os tópicos que compõem a teia: quanto mais fortes forem, maior será sua influência no pensamento e nas ações dos professores. Ao mesmo tempo, têm um relacionamento recíproco entre si. Se essa relação estiver solta, haverá falta de coerência – os princípios serão então mais parecidos com retalhos do que com um todo unificado. Se, por outro lado, apoiam e fortalecem uns aos outros, formarão juntos uma estrutura coerente e, portanto, uma teia estável. Mais uma vez, o todo será maior do que a soma de suas partes.

Como resultado, todos os princípios se relacionam com os outros, todos os princípios são um resultado dos outros, todos os princípios estão em uma relação recíproca com os outros e todos os princípios são sustentados e fortalecidos pelos outros. As demandas são altas, porque é necessário considerar todos os princípios. No entanto, isso também leva à necessária coerência nos contextos educacionais: é essencialmente uma questão de lógica, som, pensamento e ação consistentes em situações marcadas por incerteza, imprevisibilidade e, muitas vezes, dicotomia. Os princípios discutidos neste livro não devem, portanto, ser entendidos como características individuais, como um presente que algumas pessoas parecem ter recebido no nascimento. Em vez disso, eles são uma expressão do profissionalismo educacional, podem ser ensinados e aprendidos e formam a base de como os professores de alto impacto pensam e tomam decisões e fazem julgamentos, a todo momento, em salas de aula atarefadas, barulhentas e intensas.

ENSINO VISÍVEL: TORNANDO O PLANEJAMENTO DAS AULAS VISÍVEL

Embora não seja possível planejar todos os aspectos da educação e do ensino e os momentos de incerteza sejam parte do processo, os professores não podem deixar de planejar as aulas – mesmo que não seja por escrito. Uma objeção comum é a de que não sabemos se o planejamento das aulas realmente ajuda os alunos a aprender com mais sucesso. Isso leva ao questionamento do próprio processo de planejamento, e da demanda de que nos concentremos na aprendizagem, e não no ensino. Mas, de qualquer forma, o planejamento das aulas é essencial. No mínimo, conhecer a natureza do "impacto" que você deseja ter nos alunos em uma aula ou conjunto de aulas é a essência do planejamento bem-sucedido. Chamamos esse critério de sucesso de "impacto", e é preciso planejamento para adaptá-lo ao que os alunos já sabem e aprenderam e monitorar o progresso de todos os alunos dessa base para os critérios de sucesso (e então é aí que os princípios se encaixam). Esse planejamento é a reflexão e o julgamento do especialista (o professor e, também quando possível, o aluno) para saber onde cada aluno está no ciclo de aprendizagem para o sucesso, fazendo os ajustes e oferecendo diferentes maneiras de ensinar no momento, o que é o núcleo da arte e ciência do ensino.

Um bom planejamento aumenta a probabilidade de o ensino levar à aprendizagem. Isso pode ser ilustrado pelo fator "objetivos": quanto maior a clareza dos professores em relação aos objetivos (primeiro para si e depois para os alunos), maior a probabilidade de aprendizagem bem-sucedida; quanto melhor esses objetivos forem ajustados ao que os alunos já sabem e podem fazer, mais provável será que a aprendizagem seja bem-sucedida; quanto mais eles forem compartilhados e entendidos com os alunos, maior a probabilidade de que professores e alunos trabalhem em direção a esses objetivos; e quanto mais professores forem bem-sucedidos em alcançar um entendimento dos objetivos com os alunos, maior será a probabilidade de que a aprendizagem seja bem-sucedida (e desfrutada). Isso por si só demonstra a necessidade do planejamento de aulas.

A importância do planejamento não é diferente para líderes de escolas ou de sistemas. Conhecer a situação atual, ter excelentes diagnósticos, articular os critérios de sucesso e, depois, escolher a intervenção de alta probabilidade e avaliar continuamente o êxito – indo do estado atual aos critérios desejados de vitória e, com frequência, cheirar as rosas do sucesso dessa jornada – é a essência do bom ensino e do bom desenvolvimento do sistema.

A principal mensagem da pesquisa do Visible Learning é a de que várias influências refletem o que aconteceu e devem ser consideradas como declarações de probabilidade. A pesquisa é sobre o passado, que resume o que aconteceu. Assim como dirigir um carro, vale a pena prestar atenção contínua ao que está atrás de você para ajudar a avançar. De maneira semelhante, vale a pena usar ideias e métodos que funcionaram sistemicamente. Se você introduzir um programa de alta probabilidade, existe uma probabilidade maior de ter um efeito alto. É sábio escolher influências de alta probabilidade, mas a noção básica é o que fazer a seguir – "conheça o seu impacto": qual é o impacto na sua turma ou escola quando você introduz essas intervenções de alta probabilidade?

Isso levanta três questões centrais: o que é impacto? Como saberíamos que estamos tendo um impacto? Qual é a magnitude suficiente do impacto? Muitas vezes, não há uma única resposta para "o que é impacto", e usamos muitas, como melhora no desempenho; sentimento de pertencer ao lugar onde aprendemos; querer reinvestir em mais aprendizagem; ter atitudes positivas em relação ao conteúdo, vontade de explorar o que sabíamos no passado e sabemos agora com os outros, desenvolvendo a curiosidade e o pensamento crítico sobre o que estamos aprendendo, estimando o respeito por si mesmos e pelos outros e criando confiança para enfrentar mais desafios. Há muitas fontes para analisar o que entendemos por impacto, como avaliar a vontade e entusiasmar-se em aprender, observar e ouvir os alunos pensando em voz alta, usar a nota de testes para ver crescimento e aproveitamento, fazer que outros observem o impacto que você está tendo nos alunos e explorar o resultado dos trabalhos dos aprendizes. Para avaliar a magnitude, podemos usar moderação com os outros, referência a critérios normativos de crescimento e realização, entrevistas ou ouvir sentimentos de pertencer ao ambiente de aprendizagem, artefatos do trabalho do aluno ao longo do tempo ou referenciados para uma rubrica acordada, usando avaliações para triangular nossas crenças sobre o impacto e, mais importante, fornecendo oportunidades para os alunos conhecerem esse impacto e validando seus pontos de vista sobre seus julgamentos de crescimento. Para cada questão, não há uma resposta. É uma série de julgamentos triangulados, verificados com alunos e colegas, por isso a importância e o poder da eficácia coletiva que todos podem aprender, desde que essa eficácia seja alimentada com evidências de impacto.

De muitas maneiras, nosso argumento se alimenta do motivo pelo qual a maioria de nós ingressou na educação: ter um impacto positivo na vida de aprendizagem dos alunos. O princípio central "Sou um avaliador do meu impacto na aprendizagem dos alunos" destaca essa ideia. Isso pode ser realizado com o princípio de que usamos informações de avaliação para nos ajudar a entender nosso impacto e de que colaboramos com os outros para criticar e moderar nossas crenças sobre o impacto e a sua magnitude. Devemos acreditar que podemos mudar e melhorar a vida de aprendizagem dos alunos, devemos nos esforçar para enfrentar esse desafio e ver o potencial dos alunos que eles nem sequer veem em si mesmos, precisamos ensiná-los a ouvir e receber nossos comentários e a ouvir e receber *feedback* sobre nosso impacto e isso nos obriga a ouvir, a nos engajarmos em diálogo sobre a aprendizagem, a conhecer, a respeitar e informá-los de critérios apropriadamente desafiadores de aprendizagem bem-sucedida, a ter uma profunda compreensão do ciclo de aprendizagem e a construir tudo isso em meio a altos níveis de confiança e relacionamento, para que seja seguro aprender no ambiente em que se está trabalhando. O mesmo se aplica quando considerado da perspectiva dos líderes escolares na sala de professores e dos líderes de sistemas ao longo de um sistema.

NOSSA VISÃO DE UMA ESCOLA PARA O FUTURO

Ainda assim, nossa visão tem pouco a ver com os planos em geral propostos para reformar o sistema educacional: os reformadores muitas vezes propõem mais recursos, mais autonomia, mais competição internacional, melhores estudos comparativos, mais estatísticas, tecnologia inovadora, e muito mais, como um meio seguro de revolucionar a escola e o ensino; mas essas medidas não levarão a uma revolução (HATTIE, 2015). Não são os planos, nem os números, nem os fatos que desencadeiam revoluções. São as pessoas que fazem revoluções, por meio de suas visões, suas crenças e seus sonhos.

Educadores continuamente fazem alegações concorrentes de que é x ou y que realmente faz a diferença, tendo em vista a busca de maior responsabilização, padrões mais elevados e diferentes tipos de escolas. Cuidado com os educadores com soluções. A educação está cheia de estratégias, planos, leis e declarações de missão. Martin Luther King Jr. não proclamou: "Eu tenho uma estratégia" ou "eu tenho um plano"; em vez disso, ele disse: "Eu tenho um sonho".

Nós também temos o sonho de desenvolver a paixão em aprender e desenvolver um sistema de educação que valorize o convite a todos os alunos a vir a aprender, pertencer e reinvestir em sua própria aprendizagem.

Temos um sonho de um sistema educacional que desenvolva o respeito por si mesmo e pelos outros, que tenha sensibilidade para colaborar com os outros na busca da aprendizagem – não importa se for branco, negro, latino-americano, local, refugiado, inteligente, com dificuldades, etc.

Temos um sonho de um sistema de educação povoado por quem quer melhorar, por quem quer estimar a excelência, por quem quer conhecer o progresso e por quem sabe o que fazer quando não sabe o que fazer.

Temos o sonho de que os professores e os líderes das escolas sejam respeitados e valorizados, tanto em termos sociais como financeiros. Que vejam a si mesmos, e que também sejam vistos por nós, como os principais agentes de mudança na aprendizagem dos alunos, demonstrando assim a fé que temos nas escolas para realmente fazer a diferença para a sociedade. Certamente, a maior instituição civilizadora em nossa democracia são as escolas.

Temos um sonho de que os alunos aprendam a ter confiança para que queiram enfrentar desafios, para dizer "isso é difícil, e quero tentar", e não "isso é difícil, não consigo fazer".

Temos um sonho de nos livrarmos daquilo que não funciona, de nos livrarmos de tantas coisas que tentamos implantar na cabeça das crianças, de encontrar o equilíbrio entre a superfície e a profundidade, para ensinar de uma forma divertida e alegre que mostre que nossos alunos querem pertencer, voltar e aprender mais.

1. **O propósito da educação**
    - Queremos que todos os alunos aprendam conhecimento valioso e produtivo, para criticá-lo, reorganizá-lo, perturbá-lo e celebrá-lo e para aprender o que não aprenderiam se não fossem à escola.
    - O propósito da educação nunca deve ser o de atender às necessidades das crianças; que aspiração humilde é essa que ajuda a manter as crianças em seu lugar (o homem rico no castelo, os pobres no portão)? O propósito da educação não deveria ser ajudar os alunos a alcançar seu potencial, pois novamente isso reduz as aspirações para muitos e derrota o propósito da escola. O principal objetivo da educação é ajudar os alunos a exceder o que acham que é o seu potencial. Ver nos alunos algo que podem não ver em si mesmos e impregná-los com nossa paixão pela aprendizagem.

2. Estamos vivendo nosso sonho

- Mas estamos vivendo nosso sonho – porque há muito sucesso ao nosso redor AGORA. Ao contrário da afirmação de Martin Luther King Jr. de que ainda não há liberdade para seus povos, aqueles que são jovens em nossa sociedade, aqueles que vêm a nossas terras (buscando países com grandes sistemas de ensino) têm acesso a um sistema de escolarização que tem muitos oásis de excelência.
- Temos professores e escolas que ensinam crianças a aproveitar a vida e a compartilhar a liberdade e a busca da felicidade enquanto ainda são crianças.
- Nosso trabalho é localizar esses paraísos de esperança e convidar os outros a se unirem a eles.
- Vemos evidências de tantos alunos privilegiados em estar com esses professores e já vivendo o sonho. Vemos professores que querem compartilhar a paixão de seus conhecimentos; que privilegiam o progresso que conduz à conquista; que sabem quando passar da superfície para a profundidade, e vice-versa; que conhecem profundamente como melhorar a vida de aprendizagem dos alunos; que têm as sensibilidades sociais para saber como interagir com colegas para aprimorar, compartilhar e aproveitar sua experiência em ter um impacto profundo nos alunos.

3. Temos muito a fazer pela frente

- Temos muito o que fazer; muitas vezes ainda temos um sistema de educação baseado em alegações de Poliana,* que não oferece excelência para todos. Ainda há muitas desigualdades viciosas, muito pensamento deficitário, pouca confiança na especialização, muitas caças às bruxas e caças ao tesouro insuficientes.
- No entanto, há excelência ao nosso redor – será que temos a espinha dorsal, a coragem de identificar com segurança essas escolas, esses líderes e professores que estão fazendo grandes mudanças na vida de aprendizagem dos alunos, construindo coalizões de sucesso em torno desses educadores e depois apoiando comunidades colaborativas de tal excelência dentro e entre escolas?
- Existem muitas escolas, escolas do Visible Learning e outras, experimentando esse sucesso todos os dias e vivendo nossos sonhos.
- Esse é o nosso sonho para a educação que queremos para nossos filhos e netos e que cada criança experimente. Conheça o seu impacto, acenda a faísca da aprendizagem e vamos viver esse sonho.

---

* N. de R.T. Alegações que fazem o "jogo do contente", no sentido de enxergar as situações adversas pelo lado positivo. *Poliana* é um romance de Eleanor Porter.

Referências

ADEY, P.; SHAYER, M. Piagetian approaches. *In:* HATTIE, J.A.C.; ANDERMAN, E. (Eds.) *Handbook on student achievement*. New York: Routledge, 2013.

ADEY, P.; SHAYER, M.; YATES, C. *Thinking science:* the curriculum materials of the *CASE project*. 3rd ed. London: Nelson Thornes, 2001.

ALEXANDER, R. J.; ARMSTRONG, M. *Children, their world, their education:* final report and recommendations of the Cambridge primary review. New York: Taylor & Francis, 2010.

ARISTÓTELES. *Retórica*. São Paulo: WMF Martins Fontes, 2012.

BERLINER, D. C. *The development of expertise in pedagogy*. Washington, DC: AACTE Publications, 1988.

BIGGS, J.; COLLIS, K. *Evaluating the quality of learning:* the SOLO taxonomy. New York: Academic, 1982.

BLOOM, B. *Taxonomy of educational objectives (1956)*. New York: Pearson Education, 1984.

BOLLNOW, O. F. *Die pädagogische Atmosphäre*. Untersuchungen über die gefühlsmäßigen zwischenmenschlichen Voraussetzungen der Erziehung. Essen: Die blaue Eule, 2001 (Trabalho original publicado em 1968).

BOLTON, S.; HATTIE, J. A. C. Development of the brain, executive functioning, Piaget, and the prefrontal cortex. *Archive of Psychology,* v.1, n. 3, p. 1-36, 2017.

BROOKHART, S. M. *How to give effective feedback to your students*. Alexandria, VA: ASCD, 2017.

BROPHY, J. E. *Teaching*. New York: International Academy of Education and the International Bureau of Education, 1999. p. 8-9.

BUBER, M. *Ich und Du*. Heidelberg: Lambert Schneider, 1958.

CLINTON, J. et al. Evaluation of the Victorian Deaf Education Institute Real -Time Captioning Pilot Program, Final Report – August 2014. Melbourne: The University of Melbourne: Centre for Program Evaluation, 2014.

COE, R. Effect size. *In:* ARTHUR, J.; WARING, M.; COE, R.; HEDGES, L.V. (eds.). *Research methods and methodologies in education*. Thousand Oaks: Sage, 2012. p. 368-377.

CRANFORD, S. W. et al. Nonlinear material behaviour of spider silk yields robust webs. *Nature,* v. *482,* n. 7383, p. 72-76, 2012.

CSÍKSZENTMIHÁLYI, M. *Flow:* the psychology of optimal experience. New York: Harper, 2008.

DEWEY, J. *Democracy and education:* an introduction to the philosophy of education. Seattle: CreateSpace, 2009.

DWECK, C. Carol Dweck revisits the 'growth mindset'. *Education Week*, v. 35, n. 5, p. 20-24, 2015.

DWECK, C. *Mindset:* changing the way you think to fulfill your potential. New York: Hachette, 2017.

DWECK, C. *Mindset:* how you can fulfill your potential. New York: Random House, 2012.

EELLS, R. *Meta-analysis of the relationship between collective efficacy and student achievement.* Dissertação não publicada (Mestrado) - Loyola University of Chicago, Chicago, 2011.

ENDRES, A.; MARTIENSEN, J. *Mikroökonomik – Eine integrierte Darstellung traditioneller Praxis und moderner Konzepte in Theorie und Praxis.* Stuttgart: Kohlhammer, 2007.

FISHBEIN, M.; AJZEN, I. *Belief, attitude, intention, and behavior.* Reading: Addison-Wesley, 1975.

FISHER, D.; FREY, N.; FARNAN, N. Student teachers matter: the impact of student teachers on elementary-aged children in a professional development school. *Teacher Education Quarterly*, v. 31, n. 2, p. 43-56, 2004.

FLANDERS, N. A. *Analyzing teacher behavior.* Boston: AddisonWesley, 1970. p. 100-107.

FREIRE, P. *Pedagogia do oprimido.* Rio de Janeiro: Paz e Terra, 2013.

GAN, J. S. M. *The effects of prompts and explicit coaching on peer feedback quality.* Dissertação não publicada (Mestrado) – University of Auckland, Auckland, 2011.

GARDNER, H.; CSÍKSZENTMIHÁLYI, M.; DAMON, W. *Good work.* Stuttgart: Klett, 2005.

GARDNER, H.; CSÍKSZENTMIHÁLYI, M.; DAMON, W. *Good work:* when excellence and ethics meet. New York: Basic Books, 2001.

GOOD, T. L.; BROPHY, J. E. *Looking in classrooms.* 10th ed. London: Pearson, 2007.

GUSKEY, T. R. Lessons of mastery learning. *Educational Leadership*, v. 68, n. 2, p. 52, 2010.

HAIMOVITZ, K.; DWECK, C. S. What predicts children's fixed and growth intelligence mind-sets? Not their parents' views of intelligence but their parents' views of failure. *Psychological Science*, v. 27, n. 6, p. 859-869, 2016.

HATTIE, J. *Aprendizagem visível para professores:* como maximizar o impacto da aprendizagem. Porto Alegre: Penso, 2017.

HATTIE, J. *Lernen sichtbar machen.* Baltmannsweiler: Schneider, 2013.

HATTIE, J. *Lernen sichtbar machen aus psychologischer Perspektive.* Baltmannsweiler: Schneider, 2015.

HATTIE, J. *Lernen sichtbar machen für Lehrpersonen.* Baltmannsweiler: Schneider, 2014.

HATTIE, J. *Self-concept.* Hillsdale: Lawrence Erlbaum, 1992.

HATTIE, J. *Visible learning.* London: Routledge, 2009.

HATTIE, J. *Visible learning for teachers.* London: Routledge, 2012.

HATTIE, J.; MASTERS, D. *The evaluation of a student feedback survey.* Auckland: Cognition, 2001.

HATTIE, J.; TIMPERLEY, H. The power of feedback. *Review of Educational Research*, v. 77, n. 1, p. 81-112, 2007.

HATTIE, J.; YATES, G. *Visible learning and the science of how we learn.* New York: Routledge, 2015.

HATTIE, J.; ZIERER, K. Kenne deinen Einfl uss! "Visible Learning" für die Unterrichtspraxis. Baltmannsweiler: Schneider, 2017.

HATTIE, J. A.; DONOGHUE, G. M. Learning strategies: a synthesis and conceptual model. *Science of Learning*, n. 1, p. 16013, 2016.

HAYES, D. Changing your Wordpress theme from an external PHP script. *WPSHOUT*. 2014. Disponível em: https://wpshout.com/change-wordpress-theme-external-php/. Acesso em: 1 fev 2019.

HELMKE, A. *Unterrichtsqualität und Lehrerprofessionalität. Diagnose, Evaluation und Verbesserung des Unterrichts.* Stuttgart: Klett, 2010.

HERBART, J.-F. *Allgemeine Pädagogik aus dem Zweck der Erziehung abgeleitet.* Bochum: Kamp, 1808.

KELLER, J. *Motivational design for learning and performance.* The ARCS Model Approach. London: Springer, 2010.

KIEL, E. et al. *Unterricht planen, durchführen, refl ektieren.* Berlin: Cornelsen, 2014.

KING JR., M. L. "I Have a dream." Discurso. Lincoln Memorial, Washington, D. C., 28 ago. 1963.

KLAFKI, W. *Neue Studien zur Bildungstheorie und Didaktik – Zeitgemäße Allgemeinbildung und kritisch-konstruktive Didaktik, 5., unveränderte Aufl age.* Weinheim/Basel: Beltz, 1996.

KORPERSHOEK, H. et al. A meta-analysis of the effects of classroom management strategies and classroom management programs on students' academic, behavioral, emotional, and motivational outcomes. *Review of Educational Research*, v. 86, n. 3, 2016.

LIPSEY, M.; WILSON, D. *Practical meta-analysis.* Thousand Oaks: Sage, 2001.

LITTLETON, K. et al. Talking and thinking together at key stage 1. *Early Years*, v. 25, n. 2, p. 167-182, 2005.

LOMAS, J. D. et al. Is difficulty overrated?: the effects of choice, novelty and suspense on intrinsic motivation in educational games. In: CONFERENCE ON HUMAN FACTORS IN COMPUTING SYSTEMS, 2017. Denver. *Proceedings [...].*Denver: ACM, 2017. p. 1028-1039.

MAGER, R. *Preparing instructional objectives:* a critical tool in the effective performance. London: Kogan Page, 1997.

MARTIN, A. J. et al. Personal best (PB) goal structure, individual PB goals, engagement, and achievement: a study of chinese-and english-speaking background students in Australian schools. *British Journal of Educational Psychology*, v. 86, n.1, p. 75-91, 2016.

MARTIN, A. J. The role of personal best (PB) goals in the achievement and behavioral engagement of students with ADHD and students without ADHD. *Contemporary Educational Psychology*, v. 37, n. 2, p. 91-105, 2012.

MERRILL, M. D. First principles of instruction. *Educational Technology Research and Development*, v. 50, n. 3, p. 43-59, 2002.

MESMER-MAGNUS, J.; GLEW, D. J.; VISWESVARAN, C. A meta-analysis of positive humor in the workplace. *Journal of Managerial Psychology*, v. 27, n. 2, p. 155-190, 2012.

MET. *Learning about teaching.* Seattle: Bill & Melinda Gates Foundation, 2010.

MEYER, H. L. *Was ist guter Unterricht?* 9. aufl. Berlin: Cornelsen Scriptor, 2013.

MISCHEL, W. *The Marshmallow test:* mastering self-control. New York: Little Brown, 2014.

MITCHELL, D. *What really works in special and inclusive education:* using evidence-based teaching strategies. New York: Routledge, 2014.

MURPHY, M. C.; DWECK, C. S. Mindsets shape consumer behavior. *Journal of Consumer Psychology*, v. 26, n. 1, p. 127-136, 2016.

NOHL, H. *Die pädagogische Bewegung in Deutschland und ihre Theorie*. 7. aufl. Frankfurt: V. Klostermann, 1970.

NORTON, M. I., MOCHON, D., & ARIELY, D. The IKEA effect: when labor leads to love. *Journal of Consumer Psychology*, v. 22, n. 3, p. 453-460, 2012.

NUTHALL, G. A. *The hidden lives of learners*. Wellington: New Zealand Council for Educational Research, 2007.

NYSTRAND, M. *Opening dialogue:* understanding the dynamics of language and learning in the English classroom. New York: Teachers College, 1997.

PAAS, F. G.; VAN MERRIËNBOER, J. J. Variability of worked examples and transfer of geometrical problem-solving skills: a cognitive-load approach. *Journal of Educational Psychology*, v. 86, n. 1, p. 122, 1994.

PETTY, G. *Evidence based teaching*. Oxford: Oxford University, 2014.

RIDLEY, M. *The rational optimist:* how prosperity evolves. New York: Harper Perennial, 2010.

RUBIE-DAVIES, C. *Becoming a high expectation teacher:* raising the bar. London: Routledge, 2014.

RUBIE-DAVIES, C. *High and low expectation teachers*. In: TRUSZ, S.; BABEL, P. *Interpersonal and intrapersonal expectancies*. New York: Routledge, 2016.

RUTTER, M. et al. *15 000 Stunden:* schulen und ihre wirkung auf die kinder. Basel: Weinheim/Basel, 1980.

SCRIVEN, M. The methodology of evaluation. *In:* TYLER, W.; GAGNE, R. M.; SCRIVEN, M. (eds.). *Perspectives of curriculum evaluation*. Chicago: Rand McNally, 1967. p. 39-83. (AERA Monograph Series on Curriculum Evaluation, 1).

SHAYER, M. Cognitive acceleration through science education II: Its effects and scope. *International Journal of Science Education*, v. 21, n. 8, p. 883-902, 1999.

SHAYER, M.; ADEY, P. S. Accelerating the development of formal thinking in middle and high school students IV: three years after a two-year intervention. *Journal of Research in Science Teaching*, v. 30, n. 4, p. 351-366, 1993.

SHAYER, M.; ADEY, P. S. *Towards a science of science teaching*. London: Heinemann Educational Books, 1981.

SINEK, S. *Start with why:* how great leaders inspire everyone to take action. New York: Penguin, 2009.

SNOOK, I. et al. Invisible learnings? A commentary on John Hattie's book: visible learning: a synthesis of over 800 meta-analyses relating to achievement. *Journal of Educational Studies*, v. 44, n. 1, p. 93, 2009.

VAN DEN BERGH, L.; ROS, A.; BEIJAARD, D. *Feedback van basisschoolleerkrachten tijdens actief leren de huidige praktijk*. Enschede: ORD, 2010.

WERNKE, S.; ZIERER, K. *Lehrer als Eklektiker!? 58 Grundzüge einer Eklektischen Didaktik*. *Friedrich Jahresheft "Lehren"*, 2016.

WILIAM, D.; LEAHY, S. *Embedding formative assessment*: practical techniques for F-12 classrooms. Cheltenham: Hawker Brownlow Education, 2015.

YEAGER, D. S.; DWECK, C. S. Mindsets that promote resilience: when students believe that personal characteristics can be developed. *Educational Psychologist*, v. 47, n. 4, p. 302-314, 2012.

YOUNG, M. Overcoming the crisis in curriculum theory: a knowledge-based approach. *Journal of Curriculum Studies*, v. 45, n. 2, p. 101-118, 2013.

ZHU, X.; SIMON, H. A. Learning mathematics from examples and by doing. *Cognition and Instruction*, v. 4, n. 3, p. 137-166, 1987.

ZIERER, K. Alles eine Frage der Technik? Erfolgreiches Lehren als Symbiose von Kompetenz und Haltung. *Friedrich Jahresheft "Lehren"*, 2016a.

ZIERER, K. *Hattie für gestresste Lehrer*. Kernbotschaften und Handlungsempfehlungen aus John Hatties "Visible Learning" und "Visible Learning for Teachers". Baltmannsweiler: Schneider, 2016b.

Índice

As páginas em **negrito** indicam quadros e as em *itálico* indicam figuras.

A

abertura para experiência, 136
absorção, 93
aceleração de ano, 58-60, *58-59*
Adey, P., 133-134
Alexander, R., 92-93
alunos com resultados discrepantes, 9
ansiedade, reduzindo no aluno, 122-124, *122-123*
Apple (empresa de computadores), viii-xi
aprendizagem
    baseada em problemas, 43-44, *43-44*
    colegas e, 97-99
    competitiva, 97-98
    cooperativa, 97-99
    critérios de sucesso de, 41
    deliberada, 100-101
    em pequenos grupos, 95-98, *96-97*
    estilos de, 140-142
    estudo do "gorila invisível" e, 139-140
    feedback e, 73
    fluxo e, 59-61, *60-61*
    implicações dos objetivos de, 112-114
    individualizada, 97-98
    intenções de, 99-100, *111-113*, 112-114
    modelo da teia e, 146-148, *146*
    motivação para, 43-46
    objetivos de, 61-63
    observação e, 145, **145**
    para o domínio, 110-111, *110-111*
    passiva, processo de, 131
    processo de, 57-59, 131
    ver também Visible Learning
Armstrong, M., 92-93
atividade
    de aquário, 104, *104*
    de enigma de grupo, 103-104, *103*
    de quebra-cabeça, 102-103
    do jogo americano, 104-105, *105*
autoconceito, 141-143
autorregulação, 74-75, *76-77*, 85-86, 133-134
avaliação formativa, fornecimento de, 3-6, 4-5. *Ver também feedback*

B

behaviorismo, 131
Biggs, J., 61-62
Bloom, B., 110-111
Bollnow, O. F., 118-120
bom trabalho, x-xi, *xi*
Brophy, J., 54-55, 145-146
Buber, M., 48-49

C

campanha presidencial de Obama (Barack), 36-37, *36-37*
cão de Pavlov, 131

Chabris, C., 139
Chandler, P., 139-140
círculo dourado, viii-x
clareza do professor, 54-57, *56*
Clinton, J., 94-95
cognitivismo, 131
colegas e aprendizagem, 97-99
Collis, K., 61-62
Comece pelo porquê (Sinek), viii
"Como grandes líderes inspiram ação" (TEDTalk), viii
competência, xi-xiv
comportamento moral, 63-64
compromisso, desenvolvimento de, 99-100
conceito não "não", mas "ainda não", 123-124
conhecimento, xii-xiv, *xiii*
    prévio, 55-57
    sólido em educação, vii-viii
conscienciosidade, 136-137
construtivismo, 131-132, 138-139
contribuições, 93
cooperação, 26-33
credibilidade do professor, 125-127
critérios de sucesso
    do impacto, 148-151
    ensino direto e, 99-100
    implicações de, 112-114
    intenções de aprendizagem, *111-113*, 112-114
    objetivos e, 110-112
    para a aprendizagem, 41
    Princípio 7-8, 110-114, *111-113*
Csíkszentmihályi, M., x-xiii, 59-60

D

Damon, W., x
desempenho
    fórmula, 14-15
    nível, 64-65, 77-79
    níveis SOLO de, 64-65
    papel, 77-79
    pedagógico, 14-17
    prévio, 134-136, *134-135*
    progresso e, 3-4, *3-4*
    ver também Visible Learning
desenvolvimento
    profissional, 25-27, *26-27*
    proximal, 138-139
DIA (diagnóstico, intervenção, avaliação), 6-8
DIIA (diagnóstico, intervenção, implementação e avaliação), 7
diálogo e tamanho da turma, 100-101
diálogo por *scaffolding*, 93
Dunning, D., 138-139
Dweck, C., 37-40, 123-124

E

Eells, R., 22-23
efeito
    camaleão, 125-126
    Dunning-Kruger 138-139
    IKEA, 118, 123
    Pigmaleão, 118-120
eficácia coletiva, 22-25
encontre o x, vii-viii, 68-69, *69*
engajamento, desenvolvimento de, 99-100
ensino
    direto, 99-101
    e aprendizagem deliberados, 100-101
    em equipe, 29-30
    visível, 148-151
entrega, 94
erros, cultura de, 82-83
estilos de aprendizagem, 140-142
estratégias
    de controle de sala de aula, 40-41
    de prevenção, 40-41
    metacognitivas, 70-72, *71-72*
estrutura dialógica do *feedback*, 80-81, *81*

estudo "gorila invisível", 139-140
etapas da solução, 109-110
exemplos trabalhados, 109-110, *110*
expectativas do professor, 119-121, *119-120*
extroversão, 135-136

F

"faça o seu melhor", 57-58
fechamento em ensino direto, 99-100
Federer, R., 77-78
Feedback
   abrangente, 79-80
   aprendizagem e, 73
   baseado em desempenho, 74-75
   baseado na pessoa, 74-75
   em diálogo por *scaffolding*, 93
   ensino bem-sucedido e, 73
   entre colegas, 80-82
   erros e, cultura de, 82-83
   estrutura dialógica do, 80-81, *81*
   eu, 74-75
   gráfico de barras, 87, *87*
   matriz, 79-80, *83-84*
   meta, 86-87, *86-87*
   níveis de, 75-77, *76-77*, 80, *84*
   sistema de coordenadas, 85-86, *85-86*
   sobre o futuro, 78-79, *79-80*
   sobre o passado, 78-79, *79-80*
   sobre o presente, 78-79, *79-80*
Flanders, N., 92-93
fluxo, 59-61, *60-61*
folha de atividades ,16-17
fornecimento de avaliação formativa, 3-6, *4-5*
fracasso, 145-146
função cosseno, 17-19, *18*
função seno, 17-19, *18*

G

Gardner, H., x-xiii

Good, T., 145-146
"Good Work Project" (2005), x-xi

H

habilidade, xiii-xiv, *xiii-xiv*
habilidades de estudo, 72-73, *72*
Helmke, A., 54-55, 145-146
Herbart, J. F., 47-48

I

inteligência coletiva como produto de troca e cooperação, 26-29
intenções de aprendizagem, 99-100, *111-113*
interações, 92-93
intercâmbios, 93
irmãos Wright, ix-x

J

Jacobsen, L. F., 118-120
jogo de computador Angry Birds, 65
Jordan, M., 145-146
julgamento, xiii-xiv, *xiii*

K

Kambrya College, 113-116
Keller, J., 44-45
King, M. L. Jr., ix-x, 150-151
Klafki, W., 46-47
Kruger, J., 138-139

L

Lady Gaga, 77-78
Langley, S.P., ix-x
latitude, 17-18, *18*
liderança, vii-xi
limiar, 47-49
Littleton, K., 92-93
Lomas, J. D., 64-65
longitude, 17-18, *18*

M

Mager, R., 56-57
mapeamento conceitual, 137-138, *137*
massa crítica, 47-49
Mercer, N., 94-95
metaestudo Visible Learning, xiv-xv
metanálises, xiv-xvi, *xvi*
Meyer, H., 54-55, 145-146
microensino, 24-25, *25-26*
Mischel, W., 134-135
modelo
    ACAC, xiii-xiv, *xiii*
    ARCS, 45-46, *46*, *49-50*
    da corda, 141-143, *141-142*
    da teia, 145-149, *147*
motivação, 43-46, 142-143
mudança, 36-37, *36-37*

N

navalha de Ockham, 17
neuroticismo, 135-136
nível
    da tarefa, *62-63*
    de desempenho, 64-65, 77-79
    de *feedback*, 75-78, *76-77*, 80, *83-84*
    de realização SOLO, 64-65
    de socialização, 136-137
Nohl, H., 118-120
Nuthall, G., 54-55, 80-82
Nystrand, M., 92-93

O

objetivos
    clareza de, 57-58
    conhecimento prévio e, 55-57
    critérios de sucesso e, 110-112
    critérios para, 56-58
    curriculares, 55-59
    de aprendizagem, 61-63
    Princípio 4-5, 55-59, *56-57*
    processo de aprendizagem e, 57-59
    recordes pessoais e, 57-59
    tamanho de efeito de, 55-57, *56-57*
observação, 145, **145**
organizadores avançados, 42-43, *42*

P

Paas, F. G., 109-110
paixão, x-xii
papel
    avançado do aluno, 77-79
    de especialista, 77-79
    do professor, 138-139
    novato, 77-79
Pavlov, I., 131
pergunta como, vii-ix, *viii*, xii-xiii, 126-127
pergunta o que, vii-ix, *viii*, xii-xiii, 126-127
pergunta por que, vii-xiii, xiv, *viii*, 126-127
perguntas, 69-71, *70-71*, 93
personalidade, 135-138, *136-137*
pesquisa educacional empírica, mito de, 140-142
Petty, G., 145-146
Piaget, J., 131-134
planejamento de aula, 148-151
prática
    guiada, 99-100
    independente, 99-100
    independente e orientada, 99-100
Princípio 1 (Sou um avaliador do meu impacto na aprendizagem dos alunos)
    acrônimo DIA e, 6-8
    cenário, **2**
    exercícios, **10**
    fatores do Visible Learning nos quais se baseia o princípio, 2-4
    fornecimento de avaliação formativa e, 4-5, *5*
    lista de verificação, **10**

questionário para autorreflexão, **1**
recomendações para a ação, 7-9, *8-9*
resposta à intervenção e, 5-7, *6-7*
visão geral, 2
Princípio 2 (Vejo avaliação como um fator que informa meu impacto e os próximos passos)
cenário, **12**
exercícios, **20**
fatores do Visible Learning nos quais se baseia o princípio, 12-13
folha de atividades e, 16-17
lista de verificação, **20**
questionário para autorreflexão, **11**
recomendações para a ação, 17-20
tempo na atividade e, 13-15, *13-14*
trabalhos e, 14-17, 19-20
visão geral, 12-13
Princípio 3 (Colaboro com os colegas e alunos sobre minhas concepções de progresso e meu impacto)
cenário, **22**
desenvolvimento profissional e, 25-27, *26-27*
eficácia coletiva e, 22-25
ensino em equipe e, 29-30
exercícios, **34**
fatores do Visible Learning nos quais se baseia o princípio, 21-23
inteligência coletiva como produto de troca e cooperação e, 26-29
lista de verificação, **33**
microensino e, 24-25, *25-26*
questionário para autorreflexão, **21**
recomendações para a ação, 30-33
visão geral, 21-22
Princípio 4 (Sou um agente de mudanças e acredito que todos os alunos podem melhorar)
aprendizagem baseada em problemas e, 43-44, *43-44*

cenário, **36**
controle de sala de aula e, 39-41, *40-41*
exercícios, **52**
fatores do Visible Learning nos quais se baseia o princípio, 36-38
fornecimento de critérios de sucesso para aprendizagem e, 41
lista de verificação, **52**
massa crítica e, 47-49
motivação e, 43-46
organizadores avançados e, 42-44, *42*
questionário para autorreflexão, **35**
recomendações para a ação, 48-52
variedade de métodos baseada em evidências e, 45-48
visão geral, 36-37
Princípio 5 (Esforço-me para que os alunos sejam desafiados, e não apenas para que "façam o seu melhor")
cenário, **54**
clareza do professor e, 54-57, *55-57*
exercícios, **66**
fatores do Visible Learning nos quais se baseia o princípio, 54-55
fluxo e, 59-61, *60-61*
lista de verificação, **66**
nível da tarefa e, *62-63*
objetivos e, 55-59, *56-57*
princípio de Cachinhos Dourados e, 63-65
pular um ano escolar e, 58-60, *58-59*
questionário para autorreflexão, **53**
recomendações para a ação, 64-66
taxonomias dos objetivos de aprendizagem e, 61-63
visão geral, 54
Princípio 6 (Dou *feedback* e ajudo os alunos a entendê-lo, interpretando e agindo de acordo com o *feedback* que recebo)
cenário, **68**
cultura de erros, 82-83

estratégias metacognitivas e, 70-72, *71-72*
estrutura dialógica do *feedback* e, 80-81, *81*
estudar habilidades e, 71-73, *72-73*
exercícios, **89**
fatores do Visible Learning nos quais se baseia o princípio, 68-70
feedback abrangente e, 79-80
feedback baseado em desempenho e, 74-75
feedback baseado na pessoa e, 74-75
feedback dos colegas e, 80-82
feedback e, 73
lista de verificação, **88**
papel do nível para desempenho e, 77-79
perspectivas de *feedback* e, 78-80, *79-80, 80*
questionamentos e, 69-71, *70-71*
questionário para autorreflexão, **67**
recomendações para a ação, 83-88
reunindo os níveis de *feedback* e, 75-78, *76-77*, 80, *83-84*
visão geral, 68-69
Princípio 7 (Envolvo-me tanto em diálogo quanto em monólogo)
aprendizagem cooperativa e, 97-99
aprendizagem em pequenos grupos e, 95-98, *96-97*
cenário, **92**
discussão em sala de aula e, 94-95, *94*
ensino direto e, 99-101
exercícios, **106**
fatores do Visible Learning nos quais se baseia o princípio, 92-94
lista de verificação, **105**
questionário para autorreflexão, **91**
recomendações para a ação, 101-105
tamanho da turma e, 100-101
tutoria entre colegas e, 94-96, *95-96*
visão geral, 92

Princípio 8 (Explico aos alunos de forma clara como é o impacto bem-sucedido desde o início)
aprendizagem para o domínio e, 109-111, *110-111*
critérios de sucesso de intenções de aprendizagem e, *111-113*, 112-114
critérios de sucesso e, 110-114, *111-113*
exemplos trabalhados e, *108-110*, 109-110
exercícios, **116**
fatores do Visible Learning nos quais se baseia o princípio, 108-110
lista de verificação, **116**
objetivos e, 110-112
questionário para autorreflexão, **107**
recomendações para a ação, 113-116
visão geral, 108
Princípio 9 (Construo relacionamentos e confiança para que a aprendizagem ocorra em um ambiente seguro para cometer erros e aprender com os outros)
cenário, **118**
conceito não "não", mas "ainda não" e, 123-124, 125-126
credibilidade do professor e, 125-127
efeito camaleão e, 125-126
efeito IKEA e, 118, 123
exercícios, **128**
expectativas do professor e, 118-121, *119*
fatores do Visible Learning nos quais se baseia o princípio, 118-120
lista de verificação, **128**
questionário para autorreflexão, **117**
recomendações para a ação, 126-128
redução da ansiedade do aluno e, 122-124, *122-123*
regras e rituais e, 125-126

relação professor-aluno e, 120-122, *121-122*, 125-127
sorria e, 124-125
visão geral, 117-118
Princípio 10 (Foco na aprendizagem e na linguagem da aprendizagem)
    autoconceito e, 141-143
    cenário, **130**
    efeito Dunning-Kruger e, 138-139
    estilos de aprendizagem e, 140-142
    estudo "gorila invisível" e, 139-140
    exercícios, **144**
    fatores do Visible Learning nos quais se baseia o princípio, 131-132
    lista de verificação, **144**
    mapeamento conceitual e, 137-139, *137-138*
    modelo da corda e, 142-143, *142*
    papel do professor e, 138-139
    personalidade e, 135-138, *136-137*
    programas piagetianos e, 132-134, *132-133*
    questionário para autorreflexão, **129**
    realizações anteriores e, 134-136, *134-135*
    recomendações para a ação, 143-144
    teoria da carga cognitiva e, 139-141
    visão geral, 131-132
Princípio de Cachinhos Dourados, 63-65
princípios
    audiências para, xviii-xx
    categorização dos, xi-xiii
    conhecimento em educação e, xi-xiii
    diferenças entre as características dos, xii-xiii
    ilustração organizacional de, xvi-xviii
    para o Visible Learning, xii-xiii
    sucesso e, 145-146
processamento de informações, 142-143
professores
    boas lembranças dos, vii-viii
    clareza dos, 54-55, *55-57*
    credibilidade de, 125-127
    ensino direto e, 99-101
    expectativas dos, 118-121, *119-120*
    papel dos, 138-139
    sorria e, 124-125
    sucesso dos, vii-viii
    teoria da carga cognitiva e, 139-141
programas piagetianos, 132-134, *133*
progresso para a proficiência, 3-4, *3-4*
Projeto MET (2010), 55
pular um ano escolar, 58-60, *58-59*

R

realização
    anterior, 134-136, *135*
    pedagógica, 14-17
recordes pessoais, 57-59, 63-65
regras, poder das, 125-126
relacionamentos
    professor-aluno, 120-122, *121-122*, 125-127
    sala de aula, 93-94
resposta à intervenção, 5-7
respostas, 93
Revolution School (documentário), 113-116
Ridley, M., 27-28
rituais, poder dos, 125-126
Rosenthal, R., 118-120
Rubie-Davies, C., 119-121

S

sala de aula
    clima, 93-94
    controle, 39-41, *40-41*
    discussão, 93-95, *94*
    organização, 93-94
    relacionamentos, 93-94
scaffolding, 93
Scriven, M., 4-5

Shayer, M., 133-134
Simon, H. A., 109-110
Simons, D., 139
Sinek, S., vii-xiii
sobrecarga cognitiva, 154-155
sorria, 124-125
sucesso
    competência e, 145
    de liderança, vii-xi
    de professores, vii-viii
    exemplos de, viii-x
    fracasso e, 145-146
    impacto, 148-151
    no comportamento escolar, xii-xiii
    para aprendizagem, 41
    princípios e, 145-146
Sweller, J., 139-140
Swift, T., **145**

T

tamanho da turma, 100-101
tamanho de efeito
    de aceleração de ano, 58-59, *58-59*
    de aluno individual, cálculo, 7-9, *8-9*
    de aprendizagem baseada em problemas, 43-44, *43-44*
    de aprendizagem em pequenos grupos, 96-97, *96-97*
    de aprendizagem para o domínio, *110-111*
    de clareza do professor, 54-55, *55*
    de controle de sala de aula, 39-40, *40*
    de desenvolvimento profissional, 25-26, *26-27*
    de discussão em sala de aula, 93-94, *94*
    de distribuição da variabilidade, xv-xvi, xvi-xvii
    de estratégias metacognitivas, 70-71, *71-72*
    de exemplos trabalhados, *108-110*
    de expectativas do professor, 118-120, *119-120*
    de fornecimento de avaliação formativa, 3-4, *4-5*
    de habilidades de estudo, 71-72, *72-73*
    de mapeamento de conceito, 137-138, *137-138*
    de microensino, 24-25, *25-26*
    de objetivos, 55-57, *56-57*
    de organizadores avançados, 42, *42*
    de personalidade, 135-136, *136-137*
    de programas piagetianos, 132-133, *132-133*
    de questionamento 69-70, *70-71*
    de realização anterior, 134-135, *134-135*
    de redução da ansiedade, 122-123, *122-123*
    de relação professor-aluno, 120-121, *121-122*
    de resposta à intervenção, 5-6, *6-7*
    de tempo na atividade, 13-14, *13-14*
    de tutoria entre colegas, 95-96, *95-96*
tamanho pequeno da amostra, cuidado com o, 9
tarefa, nível da, *62-63*
taxonomia e modelo SOLO, 61-63, *62*, 111-114, *111-112*
taxonomias de objetivos de aprendizagem, 61-63
tempo na atividade, 13-15, *13-14*
teoria da carga cognitiva, 139
teóricos do jogo, 47-48
testes, 14-19
The rational optimist (Ridley), 27
trabalhos, 14-17, 19-20
3 Es, x-xii, *x-xii*
tutoria entre colegas, 95, *96*

U

US National Board for Professional Teaching Standards, 61

V

Van Merriënboer, J. J., 109-110
variedade de métodos baseada em evidências, 45-48
visão, x-xi
Visible Learning
    audiência para, xviii-xx
    círculo do, 115-116, *115*
    cooperação em, 32-33
    dança de Taylor Swift e, aprendendo **91**
    definição do, xiv-xvii
    ensino e, 148-151
    fracasso e, 145-146
    impacto e, 149-151
    metaestudo do, xvii-xviii, 149-150
    modelo da teia e, 146-148, *147*
    observação e, 145, **145**
    planejamento e, 148-151
    Princípio 1 e fatores que são base para, 2-4
    Princípio 2 e fatores que são base para, 12-13
    Princípio 3 e fatores que são base para, 21-23
    Princípio 4 e fatores que são base para, 36-40
    Princípio 5 e fatores que são base para, 54-55
    Princípio 6 e fatores que são base para, 68-70
    Princípio 7 e fatores que são base para, 92-94
    Princípio 8 e fatores que são base para, 118-119
    Princípio 9 e fatores que são base para, 118-120
    Princípio 10 e fatores que são base para, 131-132
    princípio para, xii-xiii
    visão do, 150-152
vontade, xiii-xiv, *xiii*

W

Watzlawick, P., 132
William de Ockham, 17
Woods, T., 77-78

Y

Young, M., 2-3

Z

Zhu, X., 109